JN068290

よくわかる！相続への対応

三訂版

公認会計士・税理士　辻中 修 著

三恵社

はしがき

本書は、「相続全般に関し、多くの人が理解しやすい本」であることを基本的なスタンスとし、その上で、最新の改正事項や創設事項を盛り込み、また、事例等を示しながら、身近な相続に関する解説書として、多くの方々に利用していただくことを目指しています。

前回の改定版以降、相続に係る民法の改正・施行、相続税・贈与税の税制改正が相次いで行われ、相続をとりまく環境が変化しています。改正の概要は、次のとおりです。

平成30年7月6日に民法（相続）が改正され、令和1年から順次施行されています。自筆証書遺言の作成方法の簡易化（令和1年1月13日施行）と遺言書保管法による法務局での自筆証書遺言の保管ができるようになりました（令和2年7月10日施行）。配偶者保護のため、居住用不動産が遺贈又は贈与された場合には遺産分割の対象から除外できようになり（令和1年7月1日施行）、また配偶者の居住権を保護するため配偶者短期居住権や配偶者居住権が認められました（令和2年4月1日施行）。そのほか、遺産分割前の預貯金の払い戻し制度の創設、遺留分減殺請求による権利を金銭債権とする遺留分制度の改正、無償で被相続人の療養看護等を行なった場合に相続人に対し金銭の請求を認める特別寄与制度の創設がなされました（いずれも令和1年7月1日施行）。

また、相続税・贈与税の平成29年改正では、事業承継税制、一時居住者・非居住者の納税義務、医療法人に係る相続税・贈与税、物納順位、取引相場のない株式評価、広大地の評価等の見直しがなされました。

平成30年改正では、小規模宅地の特例、事業承継税制、一般社団法人に係る相続税・贈与税、農地の納税猶予制度、非居住者の納税義務等について見直しがなされました。

令和1年の改正では、個人事業者の納税猶予制度の創設、小規模宅地の特例、教育資金や結婚・子育ての一括贈与非課税制度の見直し、民法改正の伴い特別寄与料請求権、配偶者居住権等の創設がなされました。

少子高齢化・人口減少が続く日本社会では、死亡者の数が年々増加しています。平成30年には1,362,470人が死亡（被相続人）となり、その内相続税の申告書を提出した被相続人数は 116,341 人であり、課税割合は8.5%（前年8.3%）となっています。平成27年以降、基礎控除額（3千万円＋6百万円×法定相続人数）が引下げられたことで、相続税の申告は、一部の資産家の問題でなくなり、国民にとり身近なものになりつつあります。また、相続に関する争いも増加傾向にあり、生前において、円滑な相続ができるような対応が求められます。

最近の税制改正では、海外居住者（非居住者）又は海外財産に対する課税が強化されています。納税義務者の範囲が拡大し、海外居住者であっても相続税や贈与税を納付しなければならないケースが増加しています。また、本人が海外に居住を移転する場合や海外に居住する親族等が贈与又は相続により有価証券等を取得した場合には、有価証券を譲渡したものとして、その評価益に譲渡所得税のみなし課税がなされます。

本書は、相続に関する専門家を対象とした内容ではありませんが、相続全般のことを知りたい人、仕事で相続を含めた提案をしている金融機関や不動産・建設会社等の人等を対象とした内容となっています。多くの方に利用していただき、相続に対する事前の対応が適切になされ、相続が円滑に進むことを期待しています。

最後に、この三訂版を発行するにあたり、税理士法人みらいの社員に協力していただくとともに、出版社及び印刷会社の方に大変お世話になりました、心から感謝申し上げます。

令和2年12月

税理士法人みらい

公認会計士・税理士　辻中　修

目　次

第一章　相続と問題

第二章　相続の基礎知識

第三章　課税財産と相続税の計算

第四章 財産の評価方法

第五章　相続税の申告と納税

第六章　相続対策

第七章　贈与税の概要

第八章　国際課税の概要

〈巻末資料〉

◆◆　第一章　相続と問題　◆◆

1.環境の変化

（1）単独相続から共同相続

相続とは、亡くなった人の財産（資産や債務）を引き継ぐことです。日本の相続制度は、昭和22年の民法改正により大きく変化しました。

①　戸主による単独相続

昭和22年以前の旧民法下では、戸主である者が家督相続（単独相続）により家のすべての財産を相続していました。また、家は戸主と家族から構成され、戸主が家を統率するとともに家族に対する扶養義務を負っていました。

②　共同相続

第二次世界大戦後の昭和22年、新憲法の施行と同時に民法改正も行われ、家制度及び家督相続制度は廃止され、現在の共同相続である遺産相続制度が誕生しました。

（2）社会の変化

①　核家族化

戦後、日本では憲法や民法等の改正により形式的平等社会となり、高度経済成長、高等教育の浸透の中で男女平等化が進みました。また、経済発展に伴い仕事の関係等で家族が離れて生活するようになり、親子、兄弟姉妹が経済的に独立し、次第に日本独自の家制度が実質的に崩壊し、核家族社会へと変化してきました。

②　高齢者の自立

現在、少子高齢化が進み、子供が高齢者と離れて生活し、高齢者は自宅又は各種の高齢者施設で生活するようになってきました。子が老いた親を扶養するという従来の家族の在り方が次第に変化し、高齢者は自己の財産で老後を過ごすようになり、家を守るためや子孫のために財産を残すという考え方に変化が生じています。

他方、子供は親と離れて生活し、親の面倒をみる機会も少なくなり、次第に老親との関係が希薄になってきています。

このような社会の変化に対応し、老人介護制度、年金制度、財産の信託制度、後見人制度、特別寄与料請求権等新たな法制度が導入され、これらの制度を利用し、子供と離れて生活する高齢者が増えてきています。

今後、高齢化社会の進展に伴い、さらに家族の在り方は多様化し、子供への財産の残し方も変化すると予測されます。

③　グローバル化

急速に拡大する経済のグローバル化に伴い、多くの企業が海外に進出し、多くの日本人が海外に居住するようになってきました。この企業の海外進出や人の海外移住に伴い、財産が海外に移転しています。

このため、海外に居住する日本人が国内外の財産を相続し、また国内に居住する日本人（又は外国籍の人）が海外財産を相続することも増えています。

④　負担の増加

世界でも類を見ない少子高齢化が進む中、低い経済成長と人口減少により税収が伸び悩み、国家財政は多額の債務を有し、厳しい状態にあります。今後、労働人口の減少や高齢者の増加により、財政状況はさらに悪化する見込みです。このため、国民の税金負担や年金・医療・介護費用負担の増加は、避けられません。

負担が増加する国民にとって、親の財産に対する期待は高まるばかりです。

⑤　未体験社会

今後の日本は、65 歳以上の人口が 40%を超え、世界中のどの国も経験したことのない高齢化社会に入っていくと予測されています。そこはこれまでの社会制度（社会保障制度、税制等）では対応できない未体験社会であり、新たな社会制度が必要とされます。

この未体験社会では、家族制度、社会保障制度、教育制度、行政、税制、企業等も変化し、新たな制度が構築されるものと考えられます。

（3）相続のあり方

①　相続への期待と争い

家族のあり方や社会制度を含めた社会全体の変化に加え、少子高齢化・人口減少社会の中で、新興国の成長と国際競争の激化、平均寿命が伸びたことによる長い老後への不安、今後進展するAI・ロボット等による雇用環境の変化、低い経済成長と財政の悪化等、国民を取り巻く経済環境は厳しくなる一方です。他方、介護費用・年金・税金負担は増加傾向にあります。このため、親の相続財産に対する期待は、年々高まる傾向にあります。

また、長男や嫡出子が多くの財産を相続した時代と異なり、法の下の平等、権利意識の高まり、親の介護をしない相続人の増加等から、各相続人は親の財産に対し、法律上の権利（法定相続分）を要求するようになり、その結果、相続人間での遺産を巡る争いが増加する傾向にあります。

②　相続税申告者の割合増加と高い負担

平成27年1月1日以後開始する相続から、課税最低限度額が引下げられました。配偶者と子供2人の場合、課税価格（資産から債務と葬式費用を控除した金額）が4,800万円を超えると、原則として、相続税の申告が必要となります。

また、相続財産に対する課税も強化されており、適用される税率は、課税価格の金額に応じて、10%から55%の税率が適用されます。このような高い税率は、他国では、あまり例を見ないものです。

③　相続のあり方

家族のあり方の変化、高齢者をとりまく社会制度の変化、国家財政の悪化等の中で、平成30年、民法（親族法）が改正され、配偶者の保護、自筆遺言書の保管制度創設、遺留分制度の見直し、特別寄与制度の創設等がなされ、令和1年から順次施行されています。

このような社会・法制度等の変化は、人々の相続に対する認識や考え方を反映したものですが、同時に、環境の変化は、人々の相続のあり方に影響を与え、相続人間の遺産分割のあり方にも影響をもたらします。

2.相続の問題

（1）相続と手続き

①　相続とは

相続とは、人の死亡による財産上の権利義務の包括的な承継であり、具体的には、相続人（受遺者を含む）が被相続人（死亡した者）の財産である資産や債務を法律的に引き継ぐことです。相続では、相続の放棄や限定承認をしない限り、土地や株式等のプラスの資産ばかりでなく、借金等のマイナスの債務も包括的に引き継ぐことになります。

預金・土地・株式等の資産の総額が借入金等の債務の額を上回る場合には、そのまま相続しても問題はありませんが、資産がなく借入金だけある場合や資産はあるが借入金の額が資産を上回る場合には、自分のために相続の開始があったことを知った時から３ケ月以内に、家庭裁判所において相続の放棄又は限定承認をしなければ、これら借入金等の債務を相続することになります。

このように、相続の開始があった場合には、相続人は財産である資産や債務の内容をよく検討し、どのような方法で相続するかを早く判断しなければなりません。また、配偶者及び子（第一順位の法定相続人）が相続の放棄を行うと第二順位の法定相続人が相続人となります。自分は相続人でないと安心せず、先順位の相続人が相続の放棄をしたかどうかについて、注意を払う必要があります。

相続の放棄や限定承認については、第二章の２の（2）を参照して下さい。

■ Check Point !!

☑　相続とは、資産ばかりでなく、借入金等の債務も引き継ぐことです。借入金等の債務が資産を上回る場合、早急に相続の放棄や限定承認を検討し、対応して下さい。

② 煩雑な手続き

相続とは長年生きてきた人の生涯の清算であり、死亡届に始まり、遺産の調査、相続人間の話し合い、遺産の分割、相続税の計算・納税というような煩雑な手続きが要求されます。この手続きのため、相続人は多くの必要書類を収集・作成し、関係機関に申告すると同時にそれらの書類を提出しなければなりません。

このような煩雑な手続きを円滑に進めるには、事前に必要な知識をもち、必要に応じて信頼できる専門家に相談することが望まれます。

（2）相続と税金

相続により財産を取得した場合に課される税金には、相続税と不動産登記に伴う登録免許税があります。また、相続対策では相続税以外の税金も関係してきます。

① 相続税

相続により財産を取得すると相続税が課されると考えている人がいますが、相続税は一定額以上の相続財産がある場合に課される税金であり、実際に相続税を納税している人は10%未満であり、多くの相続では相続税が課されることはありません。

相続税の申告書を提出しなければならない人の全てが、相続税を納めるわけではありません。相続税の申告書を提出しなければならない人は、配偶者の税額軽減や小規模宅地等の課税価格の特例を適用しないで計算した場合に、納付すべき相続税が発生する人です。相続税の申告書を提出した人のうち、配偶者の税額軽減や小規模宅地等の課税価格の特例を適用することで相続税が減少し、結果として相続税の納税が不要となる場合が多くあります。

② 登録免許税

相続による不動産の所有権移転登記の場合、通常の所有権移転登記と比較し、登録免許税の税率は課税標準（固定資産税評価）の1,000分の4と低税率となっています。

③ 相続対策と税金

将来発生する相続に対し事前に対策を講じる場合には、相続税はもちろんのこと、贈与税や所得税も関連してきます。さらに、会社を経営している場合には法人税に対する対策も必要となります。

事前に、相続対策を実施する場合、租税負担（相続税、贈与税、所得税等）の軽減ばかりでなく、相続人間の争い、推定相続人の生活、遺留分の放棄等を総合的に勘案することが望まれます。

（３）相続に関する法令

相続に関する法令には民法、税法、不動産登記法等がありますが、その内容は多岐にわたります。これらの知識があると、事前に相続対策を検討し、これを実行することで、実際の相続をスムーズに進めることができます。一方、これらの知識がない場合、税法上の特例を利用しないことによる無駄な税金の負担、一定の期限までに法的手続きをとらないことによる不利益、加算税等の追加負担、借金の引継等、多くの問題が生じることがあります。

①　民法

民法では、相続に関する法律上の様々な規定（相続人、相続分、遺産の分割、相続の承認と放棄、遺言、遺留分等）があります。また、そこには相続に関する書式の作成方法、期限の定め等があり、規定に沿った書式を作成し、一定期限までに所定の行為を行うことが求められます。この法律に規定する書式や期限内の行為がない場合、問題が生じ、不利益を被る結果となります。その具体的な内容については、第二章を参照して下さい。

②　税法

相続税法では、課税財産や非課税財産、財産から控除できる債務、生前贈与に対する課税、相続税の計算方法や納付の方法が規定されています。また、財産の評価方法は、相続税法並びに相続税財産評価基本通達に規定されています。これらの規定に関する知識がない場合、生前に対策をする人と比較し、特典の利用機会を逃し、申告手続きの失念、余分な租税負担をすることがあります。その具体的な内容については、第四章から第六章及び第八章を参照して下さい。

③　不動産登記法

相続により土地や建物等の不動産を取得した場合、通常、相続人は自己の登記名義とするために不動産名義の変更登記を行います。

相続人の中には、不動産名義の変更登記を行わないで、長年放置している人もいます。このような人が後日不動産を処分し、又は担保の用に供する場合には、不動産登記名義の変更が必要となります。名義変更のためには相続を証する書類等を各相続人から入手する必要があります。相続発生後長い期間が経過すると、各相続人の生活環境も変わります。高齢者となり、居住地が変わり、中には死亡している場合もあります。このような場合、名義変更に必要な書類を入手するには、煩雑な手間や費用が多くかかります。

■ *Check Point !!*

☑　先代が相続登記を失念していた場合、令和３年３月31日までは、失念していた相続登記の登録免許税が免税（0円）される措置があります。

（4）相続に関する争い

相続にかかる遺産分割協議は、共同相続人間の話し合いの中で進められます。どんなに仲の良い親族でも、金銭が絡むと話は異なり、欲と感情が絡みあい、相続の話がなかなか進まない場合があります。

相続人間での協議で解決することができない場合、家庭裁判所等の司法機関で調停や裁判となったり、数十年間遺産が分割されずにそのまま放置されたり、合意に達しても不満を抱えたまま親族としての付き合いが途絶えることもあります。

家族制度、老親の扶養、権利意識の高まり等を背景に、相続に関する争いは増加傾向にあります。

①　家庭裁判所での相続関連件数

平成 30 年度において、家庭裁判所での相続関連件数（審判事件、調停事件）は、約 280 千件（平成 27 年は約 250 千件）であり、その中で最も多いのが相続放棄の件数（215 千件）です。相続の放棄は、相続の開始を知った日から 3 ケ月以内に家庭裁判所に対し手続きをしなければなりません。この期限を過ぎると、資産より負債が多い場合でも、負債に対し責任を負うことになります。相続放棄の件数が多い理由は、多くの債務を抱えた被相続人（死亡者）が多いことを意味しています。

そのほか、相続関連件数では、相続人不分明に係る財産管理人選任（21 千件）、遺言書の検認（17 千件）、遺産分割の調停（13 千件）、遺留分の放棄（1 千件）等があります。

家庭裁判所において、相続関連事案の件数の推移は、図表 1-1 全国の家庭裁判所での審判・調停事件数のとおりです。遺留分を放棄する件数は減少していますが、その他の件数は増加しています。独居老人等が死亡すること等により、相続人不分明件数が増加しています。また、遺産分割の調停、遺言書の検認等も年々増加しています。

【図表 1-1 全国の家庭裁判所での審判・調停事件数】

事件名	平成 7 年	平成 17 年	平成 27 年	平成 30 年
相続放棄の受理	62,603	149,375	189,296	215,320
相続人不分明	4,696	10,736	18,618	21,122
遺言書の検認	8,065	12,347	16,888	17,487
遺産分割の調停	8,165	10,130	12,980	13,739
遺留分放棄の受理	1,554	1,052	1,176	950

（司法統計から作成）

②　遺産総額 5,000 万円以下の争い

相続で争いをしている人は、遺産総額が 5,000 万円以下で、相続税の申告の必要のない（相続税が課税されない）人が大半です。この要因として、家計の厳し

さから相続に期待する人が多くなっていること、分ける財産が少ないこと、核家族化の進展等が考えられます。今後、社会環境の変化の中で、相続に関する争いが増加すると予想されます。

■ Check Point !!

☑ 相続に関する争いは、遺産総額が少ない人に多くみられます。遺産総額が少ない場合でも、遺産分割に関する対策は事前に行うことが望まれます。

（5）相続税の申告と課税

①相続税の課税対象割合の状況

日本では、高齢者人口が年々増加し、これに伴い死亡者数が増加しています。死亡者数の推移は、平成21年には114万人でしたが、平成30年には136万人と19.3%増加しています。また、相続税の申告書を提出した被相続人（死亡者）は、平成21年には46千人（課税割合4.0%）でしたが、平成30年には116千人（課税割合8.5%）に増加しています。

【図表1-2　被相続人数の推移と課税対象被相続人数】

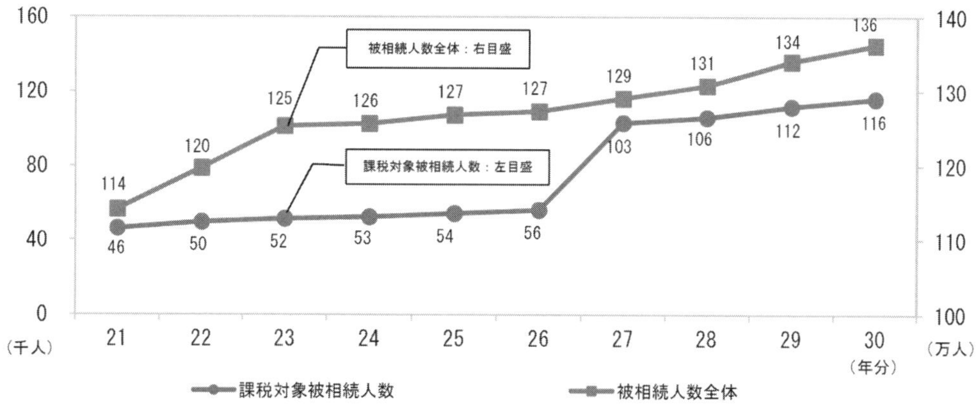

（出典：国税庁）

相続税の課税割合（死亡者数に対する相続税の申告書を提出した被相続人数）は、平成26年までは、4.0%~4.4%でしたが、平成27年以降、8.0%~8.5%であり、ほぼ倍増しています。平成 27 年に申告書を提出した被相続人が急に増加しているのは、税制改正により、課税最低限（基礎控除額）が引き下げられたことが要因です。

課税割合が増加する要因は、税制改正（課税最低限の引下げ）が最大の要因ですが、このほか、土地や有価証券等の資産価格の上昇、節約や所得増加による貯蓄率（節約）の上昇、少子化（法定相続人の減少）等があげられます。

② 相続財産の状況

相続税の申告をした人々がどのような財産を有していたかを表すのが、図表1-3 相続財産の資産別金額の推移です。

平成30年の相続財産は、総額で17兆3,179億円であり、これを申告した被相続人で割ると、被相続人一人当たりの単純平均相続財産は1億4,885万円となります。また、相続財産の構成は、土地が 35.1%と最も多く、次いで現預金等が32.3%、有価証券が16.0%、保険金等その他の財産が11.3%、家屋が5.3%です。

【図表 1-3 相続財産の資産別金額の推移】

（単位：億円）

年分＼項目	土地	家屋	有価証券	現金・預貯金等	その他	合計
平成21年	54,938	6,059	13,307	24,682	11,606	110,593
22	55,332	6,591	13,889	26,670	12,071	114,555
23	53,781	6,716	15,209	28,531	12,806	117,043
24	53,699	6,232	14,351	29,988	12,978	117,248
25	52,073	6,494	20,676	32,548	13,536	125,326
26	51,469	6,732	18,966	33,054	13,865	124,086
27	59,400	8,343	23,368	47,996	17,256	156,362
28	60,359	8,716	22,817	49,426	17,345	158,663
29	60,960	9,040	25,404	52,836	18,688	166,928
30	60,818	9,147	27,733	55,890	19,591	173,179

（出典：国税庁）

相続財産の中で、各資産の構成比が大きく変化してきています。相続財産の資産別構成比の推移を表すのが図表 1－4 相続財産の資産別構成比の推移です。過去 10 年間で、人々の資産保有が土地から金融資産に大きくシフトしていることがわかります。土地の割合が大きく減少（49.6%から 35.1%に減少）する一方で、現金預金の割合が大きく増加（22.3%から 32.3%に増加）し、また、有価証券やその他（生命保険等）も増加しています。

過去 10 年間、国民所得がほとんど増加していなことから、人々は土地や建物に関しては現状維持のまま、生活費等を節約することで現金預金を増加させ、保険掛金をかけ続け、死亡時には、かなりの金額を保有していることが分かります。また、リーマンショック後の株式価格の上昇が、有価証券の財産価格を増加させています。

【図表 1-4　相続財産の資産別構成比の推移】

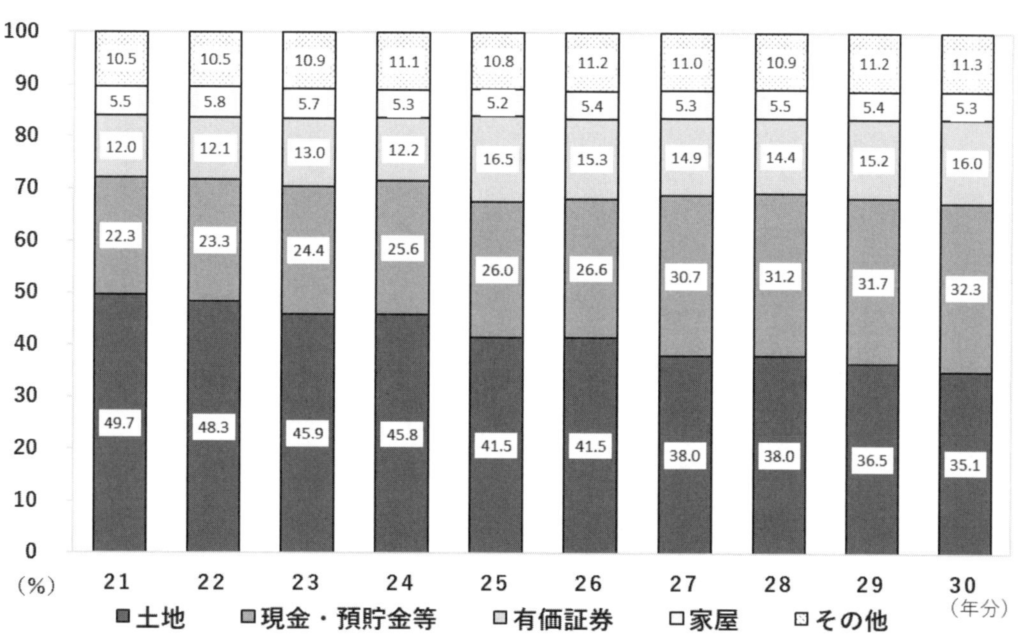

（出典：国税庁）

③　無申告と税務調査

相続税の申告をしなければならないにも関わらず、申告をしていない人が増加しています（図表 1-5 無申告事案に係る調査事績の推移）。無申告で税務当局の調査を受けた件数は、平成 28 年以降増加し、平成 30 年度には 1,232 件で、その申告漏れ課税価格は 1,148 億円です。

無申告に関する調査事績数が増加した要因として、平成 27 年から課税最低限の引下げにより相続税の申告をすべき人が増加したこと、国税庁が保有する納税者の財産データが充実してきたこと、また、相続人において取得した財産の評価額がわからないこと、どの程度の財産がある場合に相続税の申告をすべきか知らないこと等があげられます。これらの知識があっても故意に申告しない場合もあります。

相続税の申告が必要な者が申告をしない場合には、無申告加算税や延滞税が別途課されます。また、故意に相続税の申告をしない場合には、さらに重加算税が課されます。

【図表 1-5　無申告事案に係る調査事績の推移】

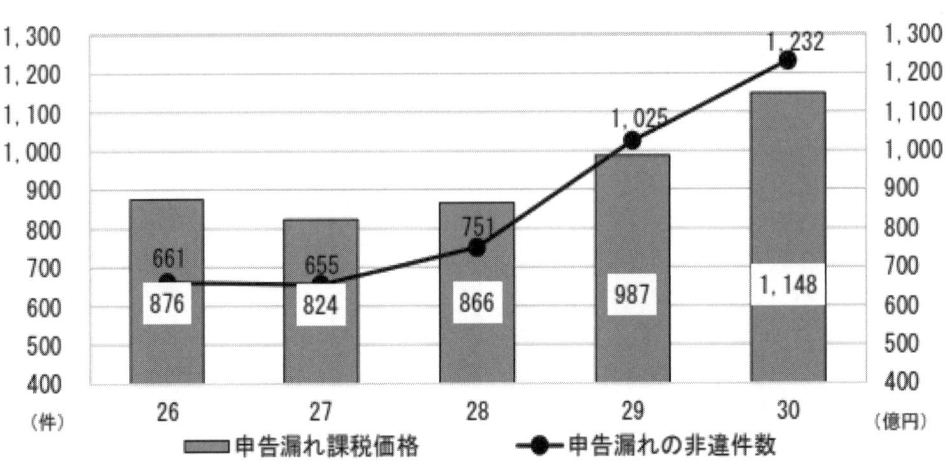

（出典：国税庁）

また、相続税の税務調査件数（実地調査件数）は、平成 30 年 12,463 件で、このうち 85.7%において申告漏れがありました。申告漏れ金額は 3,538 億円で、そのうち重加算税対象金額は 589 億円でした（図表 1-6 相続税の調査事績参照）。

税務調査では、実地調査以外に、納税者に文書や電話による連絡または来署依頼の方法で、申告漏れや計算誤まり等の是正を行う「簡易接触」を行っています。

この簡易接触の件数は、平成30年度10,332件で、そのうち5,878件（56.9%）で申告漏れ等がありました。

申告漏れに関しては、延滞税に加え、無申告加算税、過少申告加算税、重加算税が課されます。また、税務調査では、税務当局の調査官による実地調査や金融機関調査、質問への対応に加え、問題がある場合には修正申告や追加納税（加算税を含む）等に対応しなければなりません。相続税の申告に当たっては、申告期限までに正しい申告が望まれます。

【図表1-6　相続税の調査事績】

項目 ＼ 事務年度等		平成29事務年度	平成30事務年度	対前事務年度比
①	実地調査件数	件 12,576	件 12,463	% 99.1
②	申告漏れ等の非違件数	件 10,521	件 10,684	% 101.5
③	非違割合（②／①）	% 83.7	% 85.7	ポイント 2.1
④	重加算税賦課件数	件 1,504	件 1,762	% 117.2
⑤	重加算税賦課割合（④／②）	% 14.3	% 16.5	ポイント 2.2
⑥	申告漏れ課税価格（注）	億円 3,523	億円 3,538	% 100.4
⑦	⑥のうち重加算税賦課対象	億円 576	億円 589	% 102.4

（国税庁HPより作成）

■ **Check Point !!**

☑　正しい申告と納税が、結果的には少ない税金負担となり、また、手間も少なくなります。

（6）海外財産への課税

グローバル化の進展により、多くの企業や人は、海外に投資し、海外で働き、海外に生活の拠点を有すると同時に、海外において多くの資産（土地、借地権、建物、預金、株式等）を保有するようになってきています。

日本の相続税及び贈与税の最高税率は、55%であり、世界の他の国と比較し、高く、その税負担を回避するため、日本から出国し、税負担の少ない国に移住し、そこで生活する者も増加しています。

日本の課税当局が国外にある財産を把握し、これに相続税や贈与税を課税するには、国家間の法律、調査権限、情報の収集等に関し、多くの障害があり、難しい状況が続いていました。

しかし、租税条約の締結、課税当局間の情報交換・収集に関する多国間協力等が進められております。このため、従来では捕捉できなかった課税財産の把握が可能となり、海外財産に対し、課税されるケースが増加しています。

①　海外財産に対する税務調査

海外財産関連事案に係る調査事績に推移は、図表 1-7 海外資産関連事案に係る調査事績の推移のとおりです。平成 30 年度の申告漏れ件数は、144 件であり、申告漏れ金額は 59 億円でした。

【図表 1-7　海外資産関連事案に係る調査事績の推移】

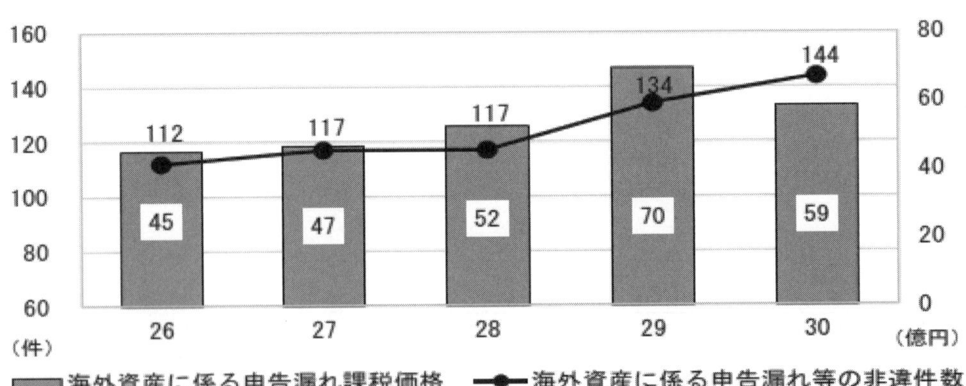

（出典：国税庁）

② 海外財産に対する相続税・贈与税の納税義務

相続税や贈与税を納める義務のある者を納税義務者といいます。納税義務者の範囲は、グローバル化の進展とともに変化し、その範囲が広がり、今日では日本とのかかわりのある者はほとんど、日本の相続税・贈与税の納税義務が課されるようになりました。

納税義務者は無制限納税義務者と制限納税義務者に区分され、無制限納税義務者は、日本ばかりでなく、全世界の財産が課税対象となります。加えて、無制限納税義務者の範囲は広くなり、日本に居住していない場合でも無制限納税義務者になる範囲が拡大しています。納税義務者に関する内容は、第三章の1（1）の項に記載されています。

③ 出国課税

平成27年7月1日以後、日本から出国する場合（日本の居住者から非居住者になる場合）、日本国内に1億円以上の対象資産（株式や投資信託等の有価証券、未決済の信用取引やデリバティブ取引等）を有する者は、その有する対象資産を出国日に譲渡したとみなし、その含み益に対し譲渡所得税が課されます。この場合、一定の要件を満たす場合には一定期間（5年又は10年）の納税猶予が認められます。なお、一定期間内に帰国した場合には、更正の請求により、納税した譲渡所得税の還付を受けることができます。

また、平成27年7月1日以後、日本国内に1億円以上の対象資産を保有する者が海外に居住する親族等に対象資産（一部又は全部）を贈与した場合、受贈者が負担する贈与税に加え、贈与した者はその贈与資産を贈与日に譲渡したものとみなし、含み益に対し譲渡所得税が課されます。これは、海外に居住する者が相続や遺贈により、対象資産を取得した場合も同様です。

④ 贈与税の連帯納税義務

日本国内に住所を有しない者に対し財産を贈与した場合、贈与を受けた者が贈与税を納付しないときは、財産の贈与者は、連帯納付義務に基づき、その贈与税を負担することになります（相続税法第34条4項）。海外にいる子供や特殊関係者に贈与する場合には、注意が必要です。

（7）社会的費用の増加と資産課税

①　少子高齢化社会

日本社会は、世界でも例をみない少子高齢化と人口減少が進んでいます。日本の人口は平成 20 年を境に、今後 100 年以上にわたり人口減少が継続し、1 億 2 千 8 百万人あった人口は、次第に減少し、2100 年には 5 千万人を下回ると推計されています（総務省統計局）。

人口減少の要因は、出生率の低下であり、その出生率の低下の原因としては、女性の社会進出、未婚者の増加、高学歴化、子育て費用負担、国民所得の増加等多くのことがあげられています。

【図表 1-8　総人口に占める高齢者（65 歳、70 歳、75 歳、80 歳）の割合】

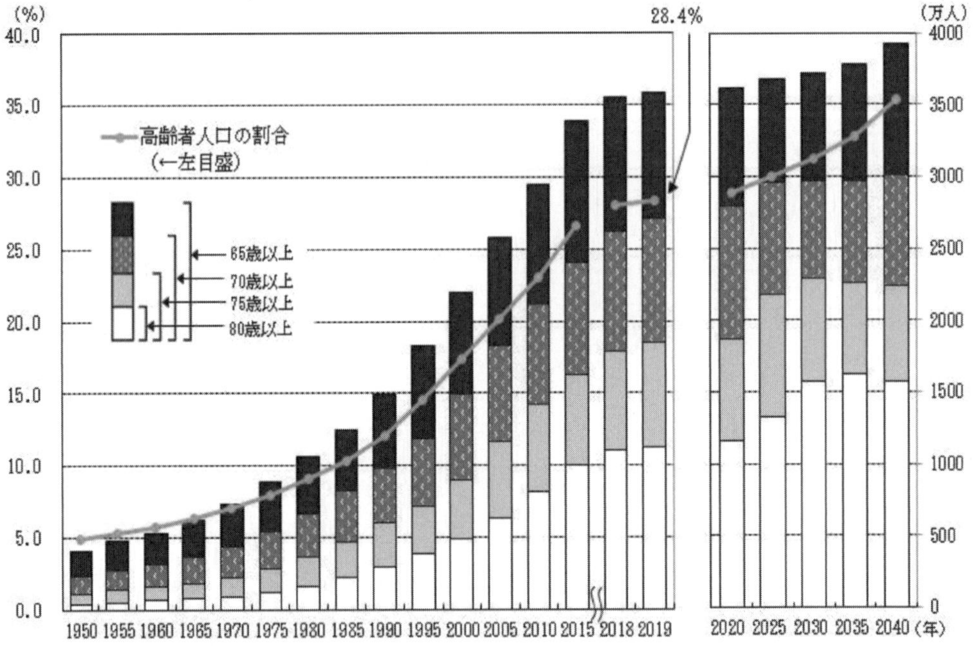

（出典：総務省統計局）

日本では、団塊の世代（昭和 22 年～昭和 24 年）の出生数が最も多く（昭和 24 年 270 万人）、次いで団塊ジュニア世代（昭和 46～昭和 49 年）となっています（昭和 48 年 210 万人）。その後、出生数は急速に減少し、2019 年の出生数は 86 万人でした（出生率 1.36 人、総務省）。

日本人の平均寿命は、医学の進歩、高齢者介護施設の増加、食生活の改善等により、年々、伸びています。出生率の低下と平均寿命の伸長は、高齢者の増加とともに、人口に占める高齢者の比率を高めています。人口に占める高齢者の比率は、年々増加し、2040年には約35%になり、その後は40%近くの高齢化社会が継続すると予測されています。特に、80歳以上の高齢者人口が増える見込みです。

現在の年金制度は、人口が増大する高度成長期に1人の高齢者の年金を10人の勤労者（15歳～64歳の労働人口）が負担するように設計されました。その後、少子高齢化社会となっても年金制度は改正されずに現在に至っています。このため、減少する勤労者が支払う年金保険料、健康保険料及び介護保険料では、増加する高齢者の社会保障費を負担できず、赤字国債を発行し、不足する社会保障費をまかなう状況が継続しています。

②　死亡者の増加と相続

【図表1-9　出生数及び死亡数の将来推計】

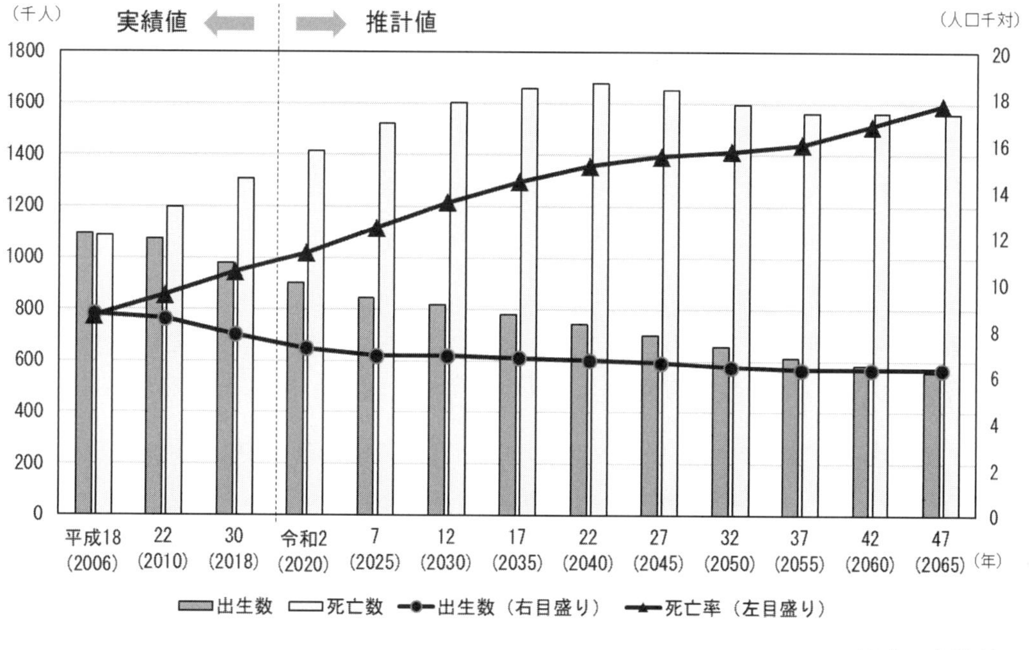

（千人）
実績値
推計値
（人口千対）
1800
1600
1400
1200
1000
800
600
400
200
0
20
18
16
14
12
10
8
6
4
2
0
平成18 (2006)
22 (2010)
30 (2018)
令和2 (2020)
7 (2025)
12 (2030)
17 (2035)
22 (2040)
27 (2045)
32 (2050)
37 (2055)
42 (2060)
47 (2065)
（年）
出生数
死亡数
出生数（右目盛り）
死亡率（左目盛り）

（出典：内閣府）

日本は、高齢化社会に入り、高齢者の人口が年々増加すると同時に、死亡者数も年々増加しています。死亡者数は、2040年頃まで増加し、その後減少していく見込みです。

死亡者数の増加は、相続の増加でもあります。今後、死亡者の増加に伴い、相続税の申告数が増加し、多くの相続人が相続税の申告を行い、相続税の納税を行うようになります。

高齢者数や死亡者数の増加は、高齢者を対象にしたビジネス（資産運用、介護、葬儀、相続等）を行う、いわゆる高齢者産業を伸長させています。高齢者産業は、今後も堅調に推移すると予測され、多くの企業がこの業界に参入しています。

③　所得課税から資産課税

第二次世界大戦後の日本の税制は、個人所得税、法人所得税等の所得課税中心の課税体制が長い間続きました。

しかし、人口や企業数が減少し、国際間の企業競争の激化、低成長（又はマイナス成長）へと進む社会では、所得税の納税者数の減少ばかりでなく、所得を獲得することが難しくなり、結果として個人所得税や法人所得税等の税収は減少傾向にあります。他方、高齢者の増加による社会的費用の増加は、国や地方の財政を圧迫し、財源不足を招いています。

この増加する費用負担を個人所得税や法人税に求めることができないことから、代替財源として多額の税収が期待できる消費税と租税負担能力の高い資産等に課税する税制体系に変更してきました。

所得税の税率（住民税負担を含む）は、最高55％ですが、法人税の場合、国際競争力の確保を図るため、実効税率が30％未満に引き下げられています（世界各国の法人税は20％～25％程度）。

税収を確保するため、平成27年の改正で相続税と贈与税は、最高税率が55％に引き上げられ、相続税の基礎控除額が減額され、租税負担が高くなりました。

また、消費税は令和1年10月、10％に税率が引き上げられました。

（８）相続に関する具体的な問題

相続は、財産や債務という金銭に絡む事項であることから、相続人の将来の生活にかかわる重要な関心事です。このため、遺産分割にあたり、相続人ばかりでなく配偶者や親族等が関与してくることがあります。また、相続に関する知識の少ない人が多いことから多額の納税が発生したり、特例の適用ができなかったり、相続の放棄をしないことによる債務の負担のみが発生することもあります。事業を行っている場合には、相続に関し気軽に相談する専門家が近くにいますが、一般の人は、そのような人がいないことが通常です。このようなことを背景に、相続においては、悩みとトラブルが絶えません。

具体的な内容とその対応に関しては、第六章の相続対策を参照してください。ここでは、悩みや問題に関し、トピックスを例示します。

①　相続人に関する事項

イ、相続開始後、愛人との間に認知した子がいることが判明し、その子が遺産分割を請求してきた事例。

ロ、夫婦で築き上げた財産にも関わらず、子供がいないため、夫の死亡後、夫の母（又は夫の兄弟）から遺産分割を求められた事例。

ハ、子供のいない夫婦で認知症の妻を介護してきた夫が死亡し、認知症の妻が残り、どのように相続を進めていいかわからない事例。

②　遺産分割に関する事項

イ、母の死亡後、母と同居していた長男が唯一の財産である自宅を相続しようとすると、生活に困っている姉妹が納得しない事例。

ロ、母の死亡後、母の遺言で同居する長女に全ての財産を相続させることが判明すると、不満を持つ次女と三女が、長女が受けた生前贈与の不動産（特別受益）を含めた相続財産に対し、遺留分の減殺請求をしてきた事例。

③　借入金に関する事項

イ、サラリーマンであった父が死亡し、自宅以外に相続財産がないと考えていたところに、相続開始後３ケ月過ぎてから、父に借金があることが判明しました。相続人である長男と次男は、相続放棄をせず放置していたら、債権者から借入金の返済を求められた事例。

ロ、事業に失敗した叔父が死亡し、多くの借入金が残りました。叔父の妻や子供は、直ちに全員が相続放棄を行いましたが、甥と姪は、相続に関係ないと考え、何もしていませんでした。半年後、叔父の債権者から借入金の返済を求められた事例。

④　遺言書に関する事項

自宅を長男に相続させる旨を記載した父の遺言書が法的要件を満たさず無効となり、父の遺志に反し、一つしかない財産である自宅に対し、他の兄弟から自宅を売却し金銭による遺産分割を求められた事例。

⑤　事業承継と相続対策に関する事項

会社経営者である父は、財産のほとんどが非上場の会社株式、会社に賃貸している土地及び自宅であるにも関わらず、生前に相続対策・事業承継対策をしてきませんでした。このため、相続人が、多額の相続税と納税資金で困っている事例。

⑥　海外居住者に関する事項

会社を経営していた父は、二十数年前に東南アジアへ進出し、現地会社への出資と現地で個人資産を保有しています。その出資と現地財産を海外居住の長男に相続させたいが、これまで仕事ばかりで、事業承継や相続の対策をしていない事例。

◆◆　第二章　相続の基礎知識　◆◆

1.概要

相続を円滑に進めるには、相続に関する法令や手続きを理解し、事前に現状を把握し、問題点を整理し、問題解決のための対策を検討し、その対策を実行することが望まれます。

この章では相続に関する一般的な事項や民法の規定を中心に説明いたします。また、改正された民法（親族）と遺言書の保管に関する法制の概要も併せて紹介します。

なお、相続税及び贈与税に関する改正・詳細に関しては、第三章から第八章に記載していますので、そちらを参照して下さい。

（1）相続開始後に行う手続き

相続開始後に行う法的手続き、遺産分割、葬儀その他の手続きには、次のような事項があります。

①　法律上の手続き

イ、死亡届（7日以内）

死亡した者の親族等は、死亡届に必要事項を記載し、医師等が発行した死亡診断書（又は死体検案書）を添付して、死亡した者の本籍地等の市区町村役場に、死亡の事実を知った日から7日以内に届けなければなりません。

ロ、自筆遺言書や秘密遺言書の家庭裁判所での検認（遅滞なく）

遺言書（公正証書遺言書を除く）の保管者やこれを発見した相続人等は、被相続人の死亡後遅滞なく、遺言書を家庭裁判所に提出し、検認の請求をしなければなりません。

なお、公正証書遺言、令和2年7月10日以後において遺言保管所に保管されている自筆証書遺言書は、家庭裁判所での検認は不要です。

ハ、日本年金機構への死亡届（遅滞なく）

被相続人が受給していた年金は、被相続人の死亡とともに給付がなくなります。このため、死亡後遅滞なく、日本年金機構に対し死亡した旨の届出を行う必要があります。

なお、死亡した者が企業の従業員である場合には、事業主は死亡したことを知った日から5日以内に、事業所を管轄する年金事務所に対し、被保険者資格喪失届を提出します。

ニ、会社役員や個人事業主の死亡に伴う変更登記や廃止届

会社の役員が死亡した場合には、役員変更登記（2週間以内）により、役員登記を抹消し、役員定足数が定款規定等に照らし不足する場合には他の者を役員として選任する等の手続きが必要になります。

また、個人事業主が死亡した場合には、所轄税務署長に対し、死亡による事業の廃止届出書を提出する必要があります。

会社の代表者が死亡した場合、代表者変更の届出を所轄税務署長、都道府県税事務所、市町村役場に提出する必要があります。

ホ、相続の放棄・限定承認の家庭裁判所での手続き（3ケ月以内）

相続人は、自己のために相続の開始があったことを知った時から3ケ月以内に、相続の放棄や限定承認の申立を家庭裁判所に行うことができます。この手続きに関しては期限の延長ができます。

ヘ、被相続人の所得税の準確定申告（4ケ月以内）

準確定申告書は、死亡した日の属する年の1月1日から死亡した日までの期間における被相続人の所得税に関する申告書です。相続人は被相続人の住所地の所轄税務署長に対し、相続開始を知った日の翌日から4ケ月以内に準確定申告書を提出しなければなりません。

ト、相続税の申告と納付（10ケ月以内）

相続税の申告書の提出義務者は、相続開始を知った日の翌日から10ケ月以内に、被相続人の住所地の所轄税務署長に対し、相続税の申告書を提出し、納付すべき相続税がある場合には納付しなければなりません。

なお、災害等の事由がある場合、申告と納税の期限延長ができます。

② 遺産分割や申告手続きのためにやるべきこと

イ、遺言書の有無を確認

被相続人が死亡した場合、遺言書があるかどうかを確認します。遺産分割は遺言に従って行われます。法的に有効な遺言書がない場合、相続人間の協議により遺産分割が行われます。

遺言書（公正証書遺言を除く）の保管者や遺言書を発見した相続人は、封印がある場合には開封せず、遅滞なく家庭裁判所に届け、検認を受ける必要があります。

なお、遺言書を探す方法については、第三章の２の（2）の①を参照して下さい。

ロ、相続人を調べて確定

遺産は法定相続人や受遺者（遺言により財産を遺贈される者）間で分割されますので、相続又は遺贈により被相続人の遺産を取得する人を特定することが必要になります。

なお、相続人を調べる方法については、本章の２の（1）を参照して下さい。

ハ、借金や生前贈与を含め、どのような財産があるかを把握

相続の放棄や限定承認をする場合、相続人等で遺産分割協議をする場合、相続税の申告書を作成し納付税額を算出する場合等のため、借金や生前贈与を含め、どのような財産（資産や債務）があるか把握する必要があります。

ニ、被相続人のその年分の収入や経費を調べ、必要書類を用意

準確定申告のため、被相続人のその年分の収入や経費を調べ、必要書類を用意する必要があります。この手続きは遺産である資産や債務を推定し、資産や債務を実際に探すためにも有用な手続きです。

ホ、遺産分割協議、遺産分割協議書の作成、相続税の申告書作成

相続税の申告と納税には期限がありますので、その期限を考慮して、相続人間で協議し、遺産分割等を進める必要があります。

まず、遺産分割協議を行い、相続人及び受遺者がどの財産を取得するかを決

定します。この遺産分割協議に基づいて、遺産分割協議書を作成します。遺産分割協議書は財産の名義変更、相続税の申告等に必要な書類ですので、慎重に作成し、相続人及び受遺者がこれに署名し、実印を押印します。

相続税の申告書を作成するには多くの時間が必要です。このため、遺産分割協議と並行し、相続税申告書の作成を開始し、法定の提出期限までに所轄税務署長に提出しなければなりません。

へ、遺産分割後の預金・有価証券の名義変更、不動産の登記名義の変更

相続人等で遺産分割が完了した場合、それに基づき、各相続人等は各自が取得した財産の名義を変更し、取得した財産を利用できるようにします。

名義変更については、本章の1の（2）を参照して下さい。

なお、令和1年7月1日以後の相続においては、遺産分割が終わる前でも、一定範囲で預貯金の払戻しを受けることができます。

③　その他

以上の他、通常、相続人は次のようなことをします。

イ、親族、友人、お寺その他関係者への死亡の連絡

親族、友人、お寺その他関係者に対し、通夜や葬儀へ参列していただくための連絡、また年始の挨拶（年賀状）に代え、喪中のお知らせをします。

ロ、通夜・葬儀・法要等

死亡した場合、通常、相続人は葬儀社・葬儀場の手配、通夜や葬儀の日時決定、通知と実行、初七日、四十九日、一周忌の法要等を行います。

ハ、祭祀その他

仏壇や墓石等がない場合、通常、相続人はこれらを準備します。

■　***Check Point !!***

☑　法律上の手続きには、期限があり、この期限を経過すると問題が生じます。不明の場合には信頼できる専門家等に相談して下さい。

【図表 2-1　相続開始後に行う主な手続きの流れ】

相続開始からの期限	手続き
	被相続人の死亡
7 日以内	**死亡診断書・死亡届出書の市区町村への提出**
	通夜・葬儀（告別式）… 葬儀費用の支払
遅滞なく	役員変更登記（2 週間以内）・許認可事業の変更手続
遅滞なく	個人事業者の死亡届・その他各種届出
遅滞なく	自筆遺言者の家庭裁判所での検認・死因贈与契約書の確認
遅滞なく	相続財産と債務の調査開始
	四十九日法要
3 ケ月以内	**相続の放棄・限定承認の家庭裁判所での手続**
4 ケ月以内	**所得税の準確定申告・消費税の申告・届出**
10 ケ月以内	**相続税の申告・延納申請・物納申請**
確定後遅滞なく	預金・有価証券・不動産の登記などの名義変更手続

（2）相続財産の名義変更や登記

相続により取得した財産は、相続の時点では被相続人名義のものです。相続により取得した財産を利用するためには名義変更や不動産登記変更の手続きを取ることになります。

なお、この名義変更や登記変更の手続きをしない場合、財産を利用または処分するには制限がかかります。

①　預金や有価証券

預金や有価証券を相続した場合、これを自分名義として利用するためには、預けている金融機関等に、被相続人が死亡したことを証する書類（除籍謄本）、相続人であることを証明する書類（原戸籍謄本等）、相続人間で協議した結果や遺言等により正当な預金等の相続人である書類（遺産分割協議書や遺言書、印鑑証明書）等を提出する必要があります。

なお、令和１年７月１日から、生活費、葬儀費用や被相続人の債務等の支払いのため、遺産分割前に、各相続人は遺産である預貯金債権から次の金額を金融機関から払い戻しを受けることができるようになりました。

各相続人の払戻金額＝預貯金債権×1/3×法定相続分

（例、遺産である預貯金債権 3,000 万円、妻の法定相続分２分の１の場合）

妻の払戻金額＝預貯金 3,000 万円×1/3×法定相続分 1/2＝500 万円

②　土地や建物

土地や建物を相続した場合には土地や建物の正当な権利者としての地位を明確にするために、登記の名義を変更することが望まれます。また相続人が土地や建物等を処分する場合、担保に供するような場合においても登記の名義を変更する必要があります。この手続きには、預金や有価証券と同様の書類が必要であることに加え、所轄の法務局（出張所）に対して、登記申請を行う必要があります。

③　その他

預金や有価証券、土地や建物以外の財産に関しても、その財産名義の変更をしないと、財産の利用等に制限が生じる場合がありますので、遺産分割後、遅滞な

く名義の変更をすることが望まれます。

なお、取得した財産に関し、その名義を変更する手続きに関しては、次頁の図表 2-2 を参照して下さい。

【図表 2-2　名義変更の各種手続き一覧表】

財産の種類	申請窓口	必要書類
土地・建物	不動産所在地を管轄する法務局	・　登記申請書 ・　被相続人の戸籍謄本（除籍、原戸籍） （被相続人が生まれてから亡くなるまで） ・　相続人の戸籍謄本・住民票 ・　遺産分割協議書※実印 ・　相続人全員の印鑑証明書 ・　固定資産税評価証明書
預貯金	各金融機関	・　払戻請求書 ・　被相続人の預金通帳、届出印 ・　被相続人の戸籍謄本 （被相続人が生まれてから亡くなるまで） ・　相続人の戸籍謄本・住民票 ・　相続人全員の承諾書・印鑑証明書 ・　遺産分割協議書
株式	各証券会社 信託銀行	・　名義書換申請書 ・　被相続人の戸籍謄本 （非公開会社の場合、発行会社で手続き）
自動車	運輸支局自動車検査登録事務所 （代行、販売店等）	・　申請書・車検証・被相続人の除籍謄本 ・　新所有者の戸籍謄本・印鑑証明書 ・　自動車税申告書　・遺産分割協議書 ・　自動車賠償責任保険証明書 ・　新所有者の自動車保管場所証明書

財産の種類	申請窓口	必要書類
生命保険・損害保険契約	各保険会社	・　名義変更請求書 ・　保険証券 ・　被相続人の戸籍（除籍）謄本 ・　被相続人の印鑑証明書
電話加入権	通信会社	・　加入継承届
クレジットカード	各クレジット会社	・　機能の停止手続き
ゴルフ会員権	所属のゴルフ場	・　名義書換依頼書 ・　被相続人の除籍謄本 ・　遺産分割協議書 ・　相続人の印鑑証明書

※注意事項※

・実際の申請にあたっては、申請先の機関ごとに必要な手続きや書類が異なる場合があります。事前に各機関へ確認をし、必要書類を入手して下さい。

・遺産分割協議書や戸籍謄本などは、コピーを添付することによって原本を返却してもらえる場合もあります。これにより、作成又は入手する枚数を少なくすることができます。

・相続人等の戸籍謄本や印鑑証明書等は、複数必要になります。事前に、必要枚数を確認し、一度の手続きで入手すると手間が省けます。

・遺産分割協議は、遺産全部の協議を行う場合と、個別資産に関して行う場合があります。全体の遺産分割協議が遅れている場合、例えば上場有価証券だけの遺産分割協議もできます。これにより、株価が下落基調にある場合、早く名義の変更を行い、現金化することで、損失を防ぐことも可能です。

・上記の必要書類は、遺産分割協議を前提に記載していますが、遺言書（公正証書遺言書や家庭裁判所で検認を受けた遺言書）がある場合には、遺産分割協議書、他の相続人に関する書類は不要となります。

2.民法と相続

民法では、相続人、相続分、遺産の分割、相続の承認と放棄、遺言、遺留分等に関し、法律上の規定がなされています。

（1）法定相続人

相続が発生した場合、誰が相続人になるかに関しては、民法に規定されています（民法 886 条以下)。配偶者は、常に法定相続人となり、その他の者に関しては、相続人になれる順位が定められています。

①　子（第一順位の法定相続人）がいる場合

子は第一順位の法定相続人であるため、子がいる場合には、配偶者と子が法定相続人となり、その他の者は法定相続人になれません。

イ、配偶者

配偶者とは、正式な婚姻関係にある者だけであり、生前に離婚した者は配偶者となりません。

ロ、子

子とは亡くなった者の直系卑属をいい、その子が死亡している場合、子の子である孫も代襲相続人として相続人になり、また養子も子となります。

子には、婚姻関係にある配偶者との間に生まれた嫡出子と、婚姻関係のない者との間に生まれ、認知した非嫡出子があります。平成 25 年 9 月 4 日以前においては、非嫡出子の法定相続分は嫡出子の 2 分の 1 でしたが、平成 25 年 9 月 5 日以後の相続税の申告から、非嫡出子と嫡出子の相続分は同一とされました（平成 25 年 9 月 4 日最高裁判例)。

②　子がいない場合

子がいない場合には、次の順位での相続となります。第三順位の者は、第二順位の者がいないときに法定相続人となります。なお、上記の通り、第二順位の者は、第一順位の者がいないときに法定相続人となります。

イ、直系尊属（第二順位の法定相続人）

被相続人の直系尊属と配偶者が法定相続人となります。直系尊属とは、被相続人の両親、祖父母、曽祖父母等をいいます。相続人となるのはまず両親であり、両親がいない場合に祖父母、祖父母もいない場合に曽祖父母となります。

ロ、傍系血族（第三順位の法定相続人）

被相続人の両親等直系尊属がいない場合、配偶者と傍系血族である兄弟姉妹が法定相続人になります。兄弟姉妹が死亡し、その子（甥・姪）がいる場合、その子は代襲相続人になります。

ただし、直系卑属と異なり、代襲相続人となるのは甥・姪までであり、甥・姪の子は法定相続人になりません。

③　第三順位までの法定相続人がいない場合

第三順位までの法定相続人がいない場合、遺言書に記載された者が財産を遺贈により取得し、遺言書がなく特別縁故者もいない場合、財産は国庫に入ることになります。

（注）特別縁故者

特別縁故者とは、被相続人と生計を同じくしていた者、被相続人の療養看護に努めた者、その他被相続人と特別の縁故のあった者で家庭裁判所が財産の全部又は一部を与えるのが相当と認めた者をいいます。

④　胎児の場合

法定相続人又は代襲相続人となる者が胎児の場合、相続に関しては既に生まれたものとみなされます。

ただし、胎児が死体で生まれた場合には法定相続人になれません。

⑤　相続人の欠格事由

法定相続人等が次に該当する場合には、相続人となることはできず、遺産を相続することはできません。

イ、故意に被相続人、先順位又は同順位の相続人を死亡させ、あるいは死亡させようとしたため、刑に処せられた者

ロ、被相続人が殺害されたことを知って、これを告発せず又は告訴しなかった者（ただし、殺害者が自己の配偶者もしくは直系血族である場合等を除く）

ハ、詐欺や脅迫により、被相続人に遺言の作成、撤回、取消、変更させた者又はこれを妨げた者

ニ、被相続人の遺言書を偽造し、変造し、破棄し、又は隠匿した者

⑥　推定相続人の廃除

相続が開始したときに相続人となる者（推定相続人という）が、被相続人に対し、虐待、重大な侮辱を加えた場合や推定相続人に著しい非行がある場合には、被相続人は家庭裁判所に推定相続人の廃除の請求ができます。

また、被相続人は遺言によっても推定相続人の廃除の意思表示ができます。

【図表 2-3　家系図と相続の順位】

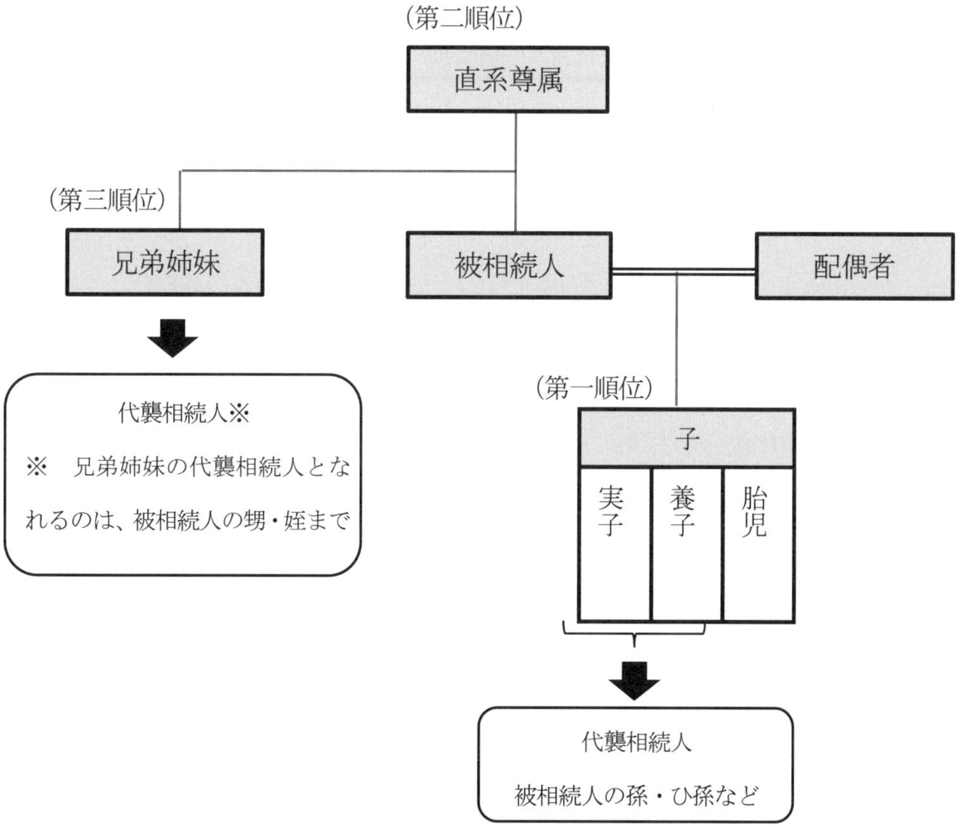

【事例2-1　相続人に子がいる場合の相続人と相続分】

◇前提条件◇

被相続人Aには、配偶者Bとの間に子供２人（子C、子D）がいましたが、子Dはすでに死亡しており、そのDには子供２人（孫Eと孫F）がいます。

そのほか、Aには父Gと妹Hがいます。

①　相続人の判定

被相続人に子がいる場合には、配偶者と子のみが相続人となります。また、子供がすでに死亡している場合には、その子供の子である孫も法定相続人となります。

なお、父Gや妹Hは、子がいるため相続人となりません。

◇結論◇

配偶者B、Bとの間の子C、子Dの子である孫E及び孫Fが相続人となります。

②　相続分の算定

イ、配偶者の相続分

子がいる場合の配偶者の相続分は２分の１となります。

ロ、子の相続分

子の相続分は、残りの２分の１です。これを子供間で均等に分割します。代襲相続人の相続分は、代襲相続の対象となるもの（ここでは子D）の相続分を代襲相続人間で均等に按分します。

（イ）子C及び子Dの相続分

$$= \frac{1}{2} \times \frac{1}{2} = \frac{1}{4}$$

（ロ）代襲相続人孫E及び孫Fの相続分

$$= \frac{1}{4} \times \frac{1}{2} = \frac{1}{8}$$

◇結論◇

法定相続分は、配偶者Bが２分の１、子Cが４分の１、孫E及び孫Fがそれぞれ８分の１となります。（注）相続分については、本章の46ページを参照して下さい。

【事例 2-2　相続人に子がなく、直系尊属がいる場合の相続人と相続分】

◇前提条件◇

被相続人Ａは、結婚後まもなく死亡したため、配偶者Ｂとの間に子がなく、父Ｃ、母Ｄ、祖母Ｅ、弟Ｆがいます。

①　相続人の判定

被相続人に子がなく、直系尊属がいる場合には、配偶者と直系尊属が相続人となります。この場合、直系尊属のうち相続人となるのは被相続人と親等が近い者です。

このため、祖母Ｅは相続人となりません。また、父Ｃと母Ｄは同親等であるため、相続人になります。

なお、弟Ｆは、直系尊属がいるため相続人となりません。

◇結論◇

配偶者Ｂ、父Ｃ及び母Ｄが相続人となります。

②　法定相続分の算定

イ、配偶者の相続分

子がおらず、直系尊属がいる場合の配偶者の相続分は３分の２となります。

ロ、直系尊属の相続分

直系尊属の相続分は、残りの３分の１です。これを父Ｃと母Ｄが同親等なので均等に分割します。

父Ｃ及び母Ｄの相続分

$$= \frac{1}{3} \times \frac{1}{2} = \frac{1}{6}$$

◇結論◇

配偶者Ｂは３分の２、父Ｃ、母Ｄは各々６分の１となります。

【事例 2-3　相続人に子及び直系尊属もなく兄弟姉妹がいる場合の相続人と相続分】

◇前提条件◇

被相続人Aは配偶者Bとの間に子がなく、また父母等の直系尊属もいません。兄Cは死亡しているがその子であるD、父と愛人との間の異母妹Eがいます。

①　相続人の判定

被相続人に子及び直系尊属がおらず、兄弟姉妹がいる場合には、配偶者と兄弟姉妹が相続人となります。

兄弟姉妹が死亡している場合には、その子が代襲相続人となります（その孫は代襲相続人にはなりません）。また、異母兄弟姉妹も同様に相続人となります。

◇結論◇

配偶者B、甥D及び異母妹Eが相続人となります。

②　相続分の算定

イ、配偶者の相続分

子及び直系尊属がおらず兄弟姉妹がいる場合、配偶者の相続分は４分の３です。

ロ、兄弟姉妹の相続分

兄弟姉妹の相続分は、残りの４分の１です。これを甥D及び異母妹Eで分割します。異母兄弟姉妹の相続分は、兄弟姉妹の２分の１とされますので、異母妹Eの相続分は、甥Dの２分の１となります。

（イ）甥Dの相続分

$$= \frac{1}{4} \times \frac{2}{3} = \frac{1}{6}$$

（ロ）異母妹Eの相続分

$$= \frac{1}{4} \times \frac{1}{3} = \frac{1}{12}$$

◇結論◇

配偶者Bは４分の３、甥Dは６分の１、異母妹Eは12分の１となります。

（2）相続の方法

相続の方法には、単純承認、相続の放棄、限定承認の三つの方法があります。相続の放棄又は限定承認をする場合、相続人は相続の開始があったことを知った時から3ケ月以内（利害関係人等の請求でこの期間を伸ばすことができる）に家庭裁判所に申述する必要があります（民法915条）。

相続の放棄又は限定承認をするには、財産の調査が必要となります。資産や債務がどれほどあるか不明の場合、相続放棄や限定承認の期限の伸長を行い、その後に判断することができます。

① 単純承認

単純承認とは、被相続人の財産上の権利義務を無限に承継することです（民法920条)。相続人が相続の放棄や限定承認を一定の期間（自己のため相続の開始があったことを知った時から3ケ月以内）までにしない場合、単純承認したものとみなされます。また、次のような場合にも単純承認したとみなされます（民法921条)。

イ、相続人が財産の全部または一部を処分した場合。ただし、保存行為や短期の賃貸の場合を除きます。

ロ、相続の放棄や限定承認をした後であっても、相続財産を隠匿し、消費し、又は悪意で財産目録に記載しなかった場合。

ただし、その相続人が相続放棄したことにより相続人となった者が相続の承認をした後である場合を除きます。

② 相続放棄

相続の放棄は、相続開始を知った時から 3 ケ月以内（期限の伸長ができます）に家庭裁判所に申述しなければなりません（民法938条)。

被相続人の財産中、資産より債務が多い場合には、一般に相続放棄の手続きがなされます。この相続放棄の手続きを怠ると、被相続人の債務を負担しなければなりません。債務が多い場合には、相続開始後、早い時期に財産の調査を行い、調査に時間がかかる場合には、期限の伸長を家庭裁判所に請求し、適切な判断ができるようにすることが望まれます。

なお、相続開始後に調査しても債務がわからず、相続開始後数ヶ月を経過した時に、債権者からの通知等で債務の存在を知った場合、債務があることを知った時から3ケ月以内に家庭裁判所に相続放棄の申述を行うことで、相続の放棄が認められる場合があります。このような場合、遅滞なく、弁護士や家庭裁判所に相談することが望まれます。

③　限定承認

相続人は相続により取得した財産の限度において、被相続人の債務等に対する弁済をすることを留保して、相続の承認をすることができます（民法922条）。これを限定承認といい、相続人は相続した財産の範囲内で被相続人の債務等の負担をすることになります。

一般に、限定承認は、被相続人の財産中資産の額が債務の額より多いのかそれとも少ないのか不明の場合、採用される相続の方法です。

イ、限定承認の期限と方法

共同相続人は相続開始を知った時から3ケ月以内（期限の伸長ができます）に、家庭裁判所に限定承認をする旨の申述を行うことができます。この限定承認は共同相続人全員が共同してのみ行うことができます。

ロ、相続債権者及び受遺者に対する公告及び催告

限定承認者は限定承認を行った日から5日以内に、全ての相続債権者及び受遺者に対し、限定承認したこと及び一定期間内（2ケ月以上）にその請求の申出をすべき旨を公告（官報）しなければなりません。

また、限定承認者は判明している相続債権者及び受遺者には、個別に申出の催告をしなければなりません。

ハ、受遺者への弁済

受遺者への弁済は、相続債権者への弁済の後でなければ行うことはできません。

④　相続の方法の選択

相続が開始した場合、相続人や受遺者は単純承認するのか、相続の放棄をするのか、限定承認をするのかの選択をしなければなりません。

相続の方法を選択する基準は、各人各様です。財産の中でどうしてもほしい財産がある場合には、無理しても単純承認を選択する場合もあります。また、親の借金は子供として全額返済したいと考える人は、単純承認を選択する場合もあります。

なお、金銭だけで合理的に考えた場合、相続の方法の選択は、図表2-4のようになります。

【図表2-4　相続の方法の選択】

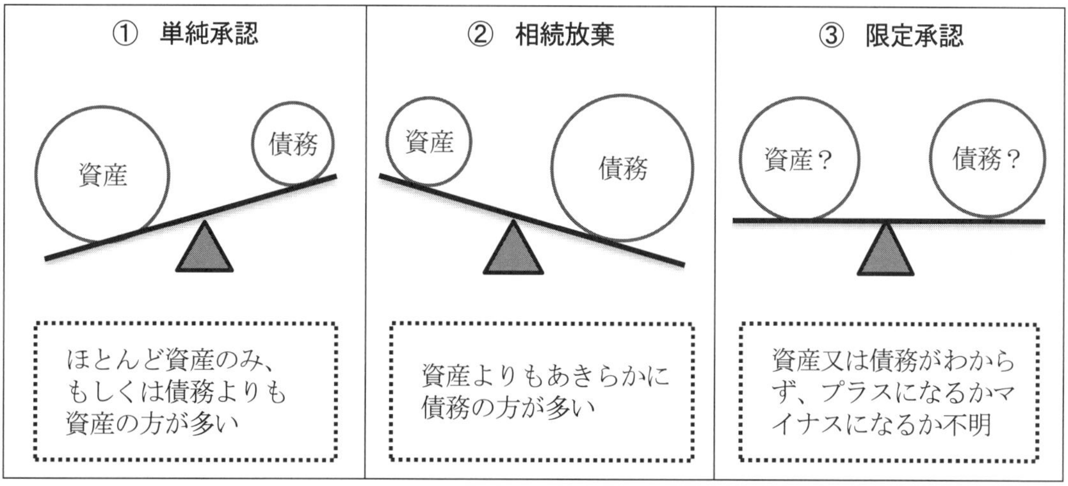

①　単純承認	②　相続放棄	③　限定承認
資産　債務	資産　債務	資産？　債務？
ほとんど資産のみ、もしくは債務よりも資産の方が多い	資産よりもあきらかに債務の方が多い	資産又は債務がわからず、プラスになるかマイナスになるか不明

■ **Check Point !!**

☑　平成30年、家庭裁判所に相続放棄を申述した者は、21万5千人以上います。

☑　3ヶ月以内に相続放棄の手続きを失念したときでも、相続時点では調査しても把握できなかった債務が後日知らされた場合等において、それら債務を知った時から3ヶ月以内に相続の放棄を申述する場合には、相続放棄が認められるケースがあります。

（3）遺言書と遺言書優先主義

遺産分割では、被相続人の意思を尊重し、被相続人が作成した遺言書が相続人の相続権に優先されます。ただし、特定の法定相続人には、遺言にも関わらず、一定割合の相続財産を請求する権利である遺留分が認められています。

①　遺言の方式

被相続人の意思を示す遺言の方式は、法律に定められた方式でないものは無効とされるので、注意が必要です（民法 960 条）。

遺言書の種類には次の 3 つの方式があります。

イ、自筆証書遺言

自筆証書による遺言は、遺言者が全文、日付および氏名を自筆で書きこれに押印したものであり、また加除や変更等についても、その個所を特定し、変更の旨を付記し、署名しその個所に押印する必要があります（民法 968 条）。

なお、平成 31 年 1 月 13 日以後においては、財産目録についてはワープロ等で作成できます。この場合、財産目録の各頁に署名押印が必要です。

また、令和 2 年 7 月 10 日以後、自筆証書遺言を作成した者は、法務大臣が指定した法務局（遺言書保管所）においてその遺言書の保管を申請することができます。遺言者の死亡後、相続人や受遺者は、全国の遺言書保管所において遺言書が保管されているかどうかを調べること（「遺言書保管事実証明書」の交付請求）、遺言書の写しの交付を請求することができ、さらに保管されている遺言書の閲覧もできます。

（注）日付が『令和 2 年 7 月吉日』とある場合には、日付の記載を欠き遺言は無効とされます（最高裁判例昭 54 年）。

（注）押印は実印でなくとも、指印でも有効とされます（最高裁判例平 1 年）。

ロ、公正証書遺言

公正証書による遺言は、一定の方式に従い公証人が作成する遺言書であり、公証人、遺言者、証人 2 名の署名及び押印により作成されます。遺言書作成後、一部が公証人役場において保管されるものです（民法 969 条）。

なお、遺言者が署名できない場合には、公証人がその事由を記載すれば事足ります。

公正証書による遺言は、公証人という公的機関の者が介在し、その遺言書も長期にわたり公証人役場で保管されること、公証人が病院や自宅など遺言者のところまで出張してくれること、遺言書として法的にも有効なものであること等から、一般に広く用いられる方式です。

ハ、秘密証書遺言

秘密証書による遺言は、遺言者がその証書に署名・押印し、その証書を封筒に入れ、押印した印章で封印し、公証人及び証人2名以上の前で封書を提出し、自己の遺言である旨等を述べ、公証人が所定の事項を記載し、署名し押印するものです（民法970条）。

② 遺言能力

遺言をするときには、遺言をする能力を有しなければなりません。法律は遺言能力に関し、未成年者や成年被後見人の場合、特別の規定を置いています。

イ、15歳に達した者は、遺言をする能力が認められています（民法961条）。

ロ、成年被後見人であっても、事理を弁識する能力を一時的に回復した時には、医師2名以上の立会のもとで、遺言をすることができます（民法973条）。

③ 家庭裁判所の検認

自筆証書遺言（遺言書保管所に保管する遺言書を除く）及び秘密証書遺言に関しては、遺言書の保管者は、相続の開始を知ったのち、遅滞なくこれを家庭裁判所に提出し、その検認を請求しなければなりません。また、遺言書の保管者がいない場合には、遺言書を発見した者が検認を請求しなければなりません。

この場合、封印のある遺言書は、家庭裁判所において、相続人や代理人の立会のもとでなければ開封することはできません（民法1004条）。

④ 遺言の撤回と取消

遺言はいつでも撤回することができます。また、以前に作成した遺言書と後で作成した遺言書の内容が異なる場合には、後の遺言でもって、前の遺言を撤回したものとされます（民法1023条）。

⑤　共同遺言の禁止

一つの遺言証書に、2名以上の者が遺言することはできません（民法975条）。例えば、両親が同一遺言書に署名押印した遺言書は無効であり、注意が必要です。

【図表2-5　遺言の種類別具体的方法とメリット・デメリット】

	自筆証書遺言	公正証書遺言	秘密証書遺言
具体的方法	・本人が全文、日付、氏名等を自筆・押印。 ・印鑑は認印可 ・財産目録に関しては、ワープロ等で作成可	・本人が口述し、公証人が筆記 ・実印、印鑑証明書、身分証明書、相続人等の戸籍謄本、登記簿謄本などが必要	・本人が署名押印後、遺言書と同じ印鑑で封印 ・公証人の前で本人の遺言である旨、住所氏名を述べ、公証人が日付と申述内容を記載し、署名押印 ・ワープロ・代筆可
作成場所	問わない	公証役場	公証役場
証人	不要	2名以上	2名以上
署名押印	本人	本人、公証人、証人	本人、公証人、証人
検認	必要（ただし遺言書保管所にある遺言書は不要）	不要	必要
メリット	・好きなときに一人で書ける ・費用がかからない ・秘密が守れる ・遺言保管所に保管	・原本は公証役場に保管されるため、紛失や書換等の心配がない ・無効にならない ・検認手続きがいらない	・遺言があることを明確にしながら、遺言内容の秘密が守れる ・偽造や書きかえられることがない
デメリット	・紛失、書換等の恐れがある ・不備、内容不明等により、無効や争いになることがある ・検認手続きが必要となる場合がある	・作成手続きがやや煩雑 ・作成時に費用がかかる ・証人2名が必要	・不備、内容不明等により、無効や争いになることがある ・作成手続きがやや煩雑 ・検認手続きが必要 ・証人2名が必要

【図表 2-6　遺言の種類による手続きの流れ】

自筆証書遺言の場合（秘密証書遺言も同様）		公正証書遺言の場合
書類の準備	相続人全員の戸籍謄本を役所から取り寄せる	遺言書の中身の確認 相続人が内容を承認 ※遺言書が手元にないときは、最寄りの公証役場で調べる
↓		↓
検認の手続き	遺言書を保管・発見した人が必要書類を添付して申し立てる	遺言執行者がいる → 遺言の執行
↓		
裁判所より検認期日の決定	「検認期日通知書」が届く なお、相続人が出席するかどうかは各人の判断に任せる	遺言執行者がいない → 家庭裁判所で遺言執行者の選任申し立て → 遺言の執行
↓		
検認	申立人が遺言書を持参 法定相続人の立会いのもと、遺言書を開封し、中身を確認する	
↓		
検認済証明書の申請&交付	検認後、それを証明する「検認済証明書」の申請手続きを行う 証明書が交付され、遺言書が返される	
↓		
遺言の執行	遺言書の内容通り財産を分ける ただし、相続人全員が合意すれば、遺言と異なる分割もできる	遺言の執行

（注）令和 2 年 7 月 10 日以後、遺言書保管所に保管されている遺言書に関しては、検認の手続きが不要です。

（4）遺留分

①　遺言と遺留分

日本の民法は、遺産分割に関し、被相続人の意思を尊重するとともに、遺言に限界を設け、遺言があっても侵害されない相続権を特定の相続人に認めています。これを遺留分といいます。

遺留分制度に関しては、改正され、令和1年7月1日から改正法が施行されています。

イ、遺留分を有するのは、兄弟姉妹以外の法定相続人です。つまり、相続人が兄弟姉妹のみである場合には、遺留分はなく、遺言のとおり財産が遺贈されます。

ロ、直系尊属が相続人である場合には、遺留分は相続財産の3分の1となります。

ハ、配偶者や直系卑属が相続人である場合には、遺留分は相続財産の2分の1となります（民法1042条）。

例えば、被相続人が遺言で、相続財産の全部を内縁の妻に遺贈するとしても、法律上の妻（正妻）や子には、遺留分として相続財産の2分の1までの財産を取り戻す権利が認められます。

②　遺留分侵害額の請求

遺留分権利者は、受遺者（遺言により特定財産を承継し、相続分の指定を受けた相続人を含む）又は受贈者（生前に贈与を受けた者）に対し、遺留分侵害額に相当する金銭の支払いを請求することができます（民法1046条）。

従来、遺留分を侵害された相続人は、遺留分減殺請求権の行使により遺贈財産等に対し共有持分を取得することができました。しかし、この共有状態では、事業承継の支障となり、また共有財産の処分に手間がかかる等の問題がありました。

そこで、令和1年7月1日以後の相続では、遺留分減殺請求権の行使により、遺留分侵害額に相当する金銭債権を取得し、これを受遺者等に請求することができるようになりました。これにより、遺贈財産の処分を回避することができ、目的財産を受遺者に与えたいという遺言者の意思が尊重されることになりました。

③　遺留分の放棄

イ、生前における遺留分の放棄

相続開始前における遺留分の放棄は、家庭裁判所の許可を受けた時に限り、効力を有します（民法1049条）。

ロ、遺留分の放棄の効果

共同相続人の一人が行った遺留分の放棄は、他の相続人の遺留分に影響を与えません。従って、一人が遺留分を放棄しても、他の相続人の遺留分が増加することはありません。

（注１）遺留分の特例

事業承継に係る非上場株式の贈与の場合、遺留分について民法の特例があります（経営承継円滑化法）。

（注2）遺留分侵害請求権の期間制限

遺留分侵害の請求権は、相続の開始及び遺留分を侵害する贈与又は遺贈があったことを知った時から１年間行使しないときは、時効により消滅しますまた、相続開始から10年経過した場合も同様です。

【事例2-4　配偶者と子ども２人の場合の遺留分】

◇前提条件◇

被相続人Ａは、愛人Ｂに対し、その所有する遺産の全てを遺贈する旨の遺言書を残して死亡しました。

そこで、残された配偶者Ｃとその子供Ｄ及び子供Ｅは、遺産を取り戻すために遺留分の減殺請求を受贈者である愛人Ｂに対し行いました。

①　相続分の計算

遺留分を計算する場合、まず、相続分を計算します。この相続分を基礎として遺留分を計算します。

イ、配偶者Ｃ　　配偶者Ｃの相続分は、２分の１です。

ロ、子Ｄ及び子Ｅ

子の相続分は２分の１を子供間で均分します。したがって、子Ｄ及び子Ｅの相続分は、各々4分の１となります。

② **遺留分の計算**

配偶者及び子の遺留分は、相続分の２分の１です。

イ、配偶者Ｃの遺留分

配偶者の遺留分は相続分の２分の１であることから、４分の１となります。

ロ、子Ｄ及び子Ｅの遺留分

子の遺留分は相続分の２分の１であることから、子Ｄ及び子Ｅの遺留分は各々８分の１となります。

◇結論◇

愛人Ｂが遺贈をうけた遺産に対し、配偶者Ｃは４分の１、子Ｄ及び子Ｅは８分１ずつの遺留分があり、遺留分減殺請求により、その遺留分に相当する金銭債権を取得し、これを愛人に請求することができます。

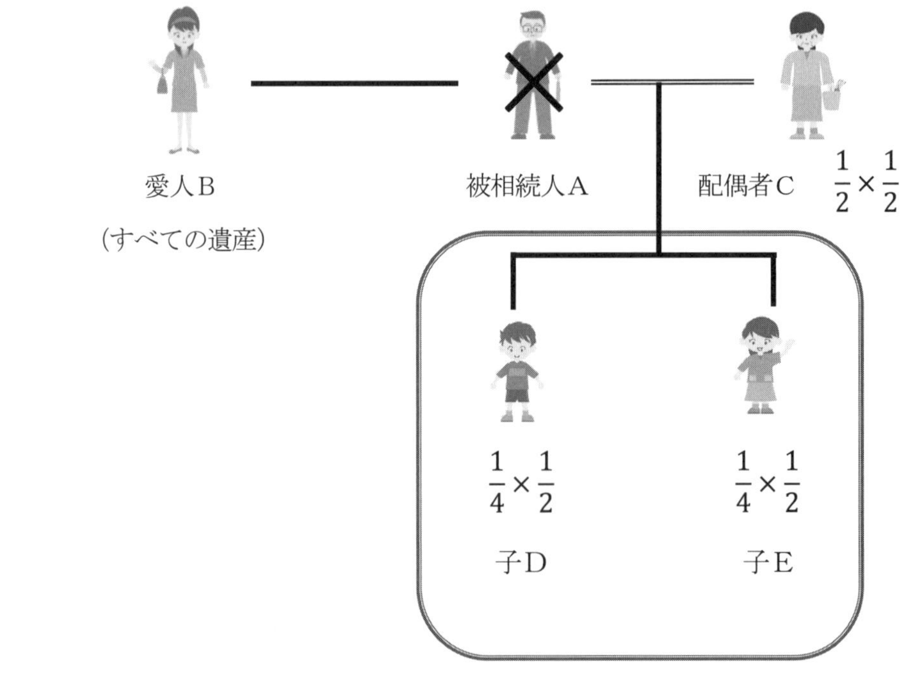

【事例 2-5　子がなく、母がいる場合の遺留分】

◇前提条件◇

被相続人Ａには、子がなく、配偶者Ｂとの二人暮らしでした。田舎に直系尊属の母Ｃ及び母と同居する妹Ｄがいます。

Ａはその所有する遺産の全てを配偶者Ｂに遺贈する旨の遺言書を残して、死亡しました。

しかし、田舎に住むＡの母Ｃは、同居する妹Ｄのために、遺留分の減殺請求をしてきました。

①　事例の検討

この事例の場合、遺留分の減殺請求権を有するのは、配偶者Ｂと母Ｃです。配偶者Ｂは全財産の遺贈を受けているので、母Ｃの遺留分を侵害していることになります。

そこで、遺留分を計算するため、まず、母Ｃの相続分を計算します。

②　相続分の計算

子がなく、直系尊属がいる場合の配偶者Ｂの相続分は、３分の２であり、直系尊属の相続分は、残りの３分の１です。母Ｃ以外に直系尊属はいないことから残りの３分の１が母Ｃの相続分となります。

③　遺留分の計算

直系尊属の遺留分は、相続分の３分の１です。このことから、母Ｃの遺留分は、相続分に遺留分を乗じた割合である９分の１となります。

母の遺留分侵害額＝相続分 1/3×遺留分 1/3＝1/9

◇結論◇

配偶者Ｂは、遺留分減殺請求した母Ｃに対し、遺留分侵害額（遺産総額から債務等を控除した金額の９分の１）に相当する金銭を渡せばいいことになります。

【事例 2-6　子も直系尊属もなく、夫の兄弟やその甥姪がいる場合】

◇前提条件◇

夫Aと妻Bには、子供がいません。夫の財産は自宅の土地（評価額 7,500 万円）と家屋（500 万円）と預金（2,000 万円）です。

夫Aには、生活に困っている弟Cが一人いるだけで、両親もいません。夫Aは死亡後、苦労をかけた妻Bに全て財産を渡したいと考えています。

しかし、弟Cは法定相続人となることから、どのようにしたらいいか悩んでいます。

① 遺留分の検討

遺留分が認められるのは、配偶者、直系卑属、直系尊属までです。兄弟姉妹には、遺留分が認められていません。このため、弟Cには遺留分がありません。

◇結論◇

夫Aは、生前に配偶者Bに対し、その遺産すべてを遺贈する旨の遺言書を作成することによって、相続が開始した時に、弟Cに財産がいくのを防ぐことができます。

（5）法定相続分、寄与分、特別受益

①　法定相続分

配偶者と子（その代襲相続人）は常に相続人となり、子がいない場合に直系尊属が相続人となり、子と直系尊属がいない場合に兄弟姉妹が相続人となります。

家族の状況に応じ、各法定相続人の相続財産を取得する割合（これを相続分という）は、異なります（民法 900 条）。

イ、子がいる場合

配偶者の相続分は、2 分の 1 であり、残り 2 分の 1 を子供の数で均等に分割した割合が子の相続分となります。子がすでに死亡している場合、子の子（孫）

は代襲相続人として、死亡した子の相続分を引き継ぎます。さらに、子と同様孫もすでに死亡している場合には、孫の子（ひ孫）が代襲相続人となり、孫の相続分を引き継ぎます。

ロ、子がいなく直系尊属と配偶者のみの場合

配偶者の相続分は 3 分の 2 で、残り 3 分の 1 が直系尊属の相続分となります。直系尊属である父及び母が生存し、さらに父の母（祖母）も生存している場合には、被相続人に親等が近い父及び母が法定相続人となり、祖母は法定相続人となりません。

ハ、子も直系尊属もいなく配偶者と兄弟姉妹のみの場合

配偶者の相続分は 4 分の 3 で、残り 4 分の 1 が兄弟姉妹の相続分となります。なお、兄弟姉妹の子は代襲相続人となり、その相続分を引継ぎますが、その孫は代襲相続人になりません。

② 特別受益や寄与分がある場合の相続分

イ、特別受益者

特定の相続人が、他の相続人と比較して高額となる進学費用や結婚費用又は住宅資金や特定財産の贈与を受けていた場合の受益を特別受益といい、特別受益を受けた者を特別受益者といいます。

ロ、特別受益者の相続分

特別受益の金額を相続財産に加算し、その加算した相続財産を法定相続分に従い分割します。その分割した金額から特別受益を控除した金額が、特別受益者の相続分となります（民法 903 条）。

令和 1 年 7 月 1 日以後、婚姻期間が 20 年以上の配偶者に対し、居住用財産の遺贈又は贈与がなされた場合には、この居住用財産は特別受益とならず相続分の計算から除外されます（民法 903 条第 4 項）。

ハ、寄与分

被相続人の事業への労務の提供や財産上の給付、また被相続人の療養介護を行うこと等により、被相続人の財産の維持や増加に特別に寄与した相続人がいる場合、その寄与した金額が寄与分となります（寄与分に関しては共同相続人の協議や家庭裁判所の調停で定めます)。

寄与分がある場合には、各相続人は相続財産から寄与分を控除した後の相続財産を法定相続分にしたがって相続することになります（民法 904 条の 2)。

なお、寄与分と特別の寄与の制度（民法 1050 条）とは異なりますので、注意が必要です。

【事例 2-7　特別受益と寄与分がある場合の相続】

◇前提条件◇

被相続人Aは事業用財産として、土地 5,000 万円、預金 5,000 万円、棚卸資産 1,000 万円の計 11,000 万円、自宅用土地 3,000 万円、建物 500 万円、上場株式 2,000 万円、預金 2,500 万円を残して死亡しました。債務はありませんでした。

相続人は配偶者B、事業をともに行ってきた長男Cの他、結婚して家を出た長女D及び次女Eがいます。長女D及び次女Eには、住宅を取得するにあたり預金 1,000 万円ずつを贈与しています。

また、長男Cは被相続人の事業を助け、事業用資産の形成に貢献しており、その貢献金額は 3,000 万円であることに関し、相続人間で認められています。

なお、遺産分割は法定相続分に応じて相続人間で行います。

①　財産の整理

イ、財産の総額

事業用財産 11,000 万円、自宅その他の財産 8,000 万円の合計 19,000 万円

ロ、特別受益

長女D及び次女Cの各 1,000 万円の合計 2,000 万円

ハ、寄与分

長男が相続人から認められた寄与分 3,000 万円

ニ、その他

債務の金額、その他の贈与もありません。

② 遺産分割の対象となる財産

相続人間で遺産分割の対象と財産は、財産の総額に特別受益を加算し、寄与分を控除したものです。

遺産分割の対象財産 ＝ 財産の総額 ＋ 特別受益 － 寄与分

＝ 19,000 万円 ＋ 2,000 万円 － 3,000 万円

＝ 18,000 万円

③ 各人が取得する財産

各相続人が取得する財産は、遺産分割の対象財産に相続分を乗じた金額から各人の特別受益を減算し、寄与分を加算した金額です。

イ、配偶者Ｂ

配偶者Ｂの相続分は、2 分の 1 です。

取得する財産＝18,000 万円 $\times \frac{1}{2}$ ＝ 9,000 万円

ロ、長男Ｃ（相続分 6 分の 1）

長男Ｃの相続分は 6 分の 1 であり、寄与分があるのでこれを加算します。

取得する財産＝18,000 万円 $\times \frac{1}{2}\times\frac{1}{3}$ ＋ 寄与分 3,000 万円 ＝ 6,000 万円

ハ、長女Ｄ、次女Ｅ（各々相続分 6 分の 1）

長女Ｄ及び次女Ｅの相続分は 6 分の 1 であり、特別受益があるのでこれを控除します。

取得する財産＝18,000 万円 $\times \frac{1}{2}\times\frac{1}{3}$ － 特別受益 1,000 万円 ＝ 2,000 万円

長女Ｄ及び次女Ｅが取得する財産は、各々2,000 万円ずつとなります。

◇結論◇

遺産分割の結果、1 億 9 千万円の遺産は、配偶者Ｂに 9,000 万円、長男Ｃに 6,000 万円（寄与分 3,000 万円を含む）、長女Ｄ及び次女Ｅに、各々2,000 万円（特別受益 1,000 万円控除後）が分割されることになります。

なお、この遺産分割において、実際にだれがどの財産を取得するかは、相続人間の協議により決定されることになります。

（6）遺産分割と遺産分割協議書

①　遺産分割の対象

遺産分割の対象となる財産は、被相続人が死亡時に有していた財産に係る権利義務のすべてです。

なお、相続開始後遺産分割までの間に相続人が勝手に財産を処分した場合、処分した財産に代わり、その相続人に対する代償請求権が遺産分割の対象となります。

②　遺産分割協議

共同相続人は、被相続人が遺言で禁じた場合を除き、いつでも協議により遺産を分割することができます（民法 907 条）。

なお、共同相続人に未成年者や判断能力の衰えている者がいる場合には、代理人や後見人制度があります。

イ、未成年者の子供の場合、法定代理人として親または特別代理人の選任を行います。

ロ、認知症等で判断能力が衰えている場合には、法定後見人制度（補助人、保佐人、成年後見人）があり、状況に応じた後見人を選任します。

③　遺言による遺産分割方法の規定

被相続人は、遺言で遺産分割の方法を定めたり、遺産分割の方法を第三者に委託したり、また相続開始から 5 年内の遺産分割を禁止することができます（民法 908 条）。

④　遺産分割協議書

共同相続人間で遺産分割の協議が成立した場合には、所定の事項を記載した遺産分割協議書を作成し、各相続人が署名・押印します。

この遺産分割協議書に基づいて各相続財産の相続人が決定され、不動産登記、名義の変更がなされ、相続税の負担額が決定されます。

⑤　家庭裁判所での遺産分割

共同相続人間の話し合いで遺産分割協議が整わない場合、相続人は家庭裁判所での遺産分割を請求できます。

⑥　遺産分割協議と相続税の申告

イ、期限内申告と期限後申告

相続税の申告期限及び納付期限は、相続開始を知った日の翌日から10ケ月以内です。この申告期限内に相続税の申告書を提出しなかった場合には、無申告となり、その後、相続税の申告書を提出した場合、その申告は期限後申告となり、納税額に対し無申告加算税と延滞税が課税されます。

ロ、遺産分割協議の遅れ

被相続人の遺産分割協議は、各相続人や受遺者の協議により行われます。人間の欲望は無限であり、また相続人等の背後には多数の親族がいます。このため、いつまでたっても遺産分割協議が成立せず、相続税の申告期限を過ぎてしまうことがあります。

また、相続財産は原則として相続開始時の時価で評価されます。このため、実際の遺産分割が相続開始時から乖離するにつれ、相続財産の時価も変動していきます。遺産分割の遅れは、税金負担ばかりでなく、財産価値の下落をとおして、相続人に損失をもたらす場合があります。

■ **Check Point !!**

☑　寄与分と特別の寄与とは異なります。寄与分とは、法定相続人が被相続人の事業や療養看護の手助けを行い、被相続人財産の維持・増加に特別の寄与をした場合に認められる相続分を言います。他方、特別の寄与は、被相続人の親族が、無償で被相続人の療養看護等を行なった場合に認められる相続人への金銭請求権です。

・遺産分割協議書が2枚以上になる場合は、全員の実印で割り印をする
・協議書は相続人の人数分作成し、各相続人が大切に保管する

遺産分割協議書

遺産分割協議書の作成は自筆、ワープロどちらでもよい

（被相続人の表示）
氏　　名　大須　太郎
最後の住所　愛知県名古屋市中区大須1丁目1番1号
生年月日　昭和 23 年 1月1日
死亡年月日　令和 1年 9月 10日

上記の者の遺産について、相続人大須花子、同大須一郎、同山本光子は、分割協議を行った結果、各相続人がそれぞれ次のとおり遺産を分割し、取得又は負担する。

1.相続人大須花子は次の遺産を取得する。

不動産は登記簿通りに記入

(1)名古屋市中区大須1丁目1番1号　宅地　500平方メートル
(2)同所　屋号番号1番　木造瓦葺平屋建居宅
(3)(2)の居宅内の動産すべて
(4)被相続人名義の郵便貯金の定期貯金　口座番号 1111111 の全額

金融機関名は銀行名、支店名などを記入

2.相続人大須一郎は次の遺産を取得する。
(1)大須銀行大須支店　定期預金　口座番号 123456 の全額
(2)被相続人名義の自家用車　登録番号 11111　車台番号　12345
(3)被相続人の絵画類すべて

自動車は自動車車検証通りに、登録番号や車台番号を記入

宝石、古書、絵画など形見分けされるような品でも、高価なものは協議書に加えることが望まれる

3.相続人（亡き次女の子）山本光子は次の財産を取得する。
(1)株式会社名古屋の株式 10 万株

4.上記以外の被相続人の財産又は債務並びに葬式費用に関しては、相続人大須花子がこれを取得又は負担するものとする。

上記の通り相続人全員による遺産分割協議が成立したので、これを証明するために本書を3通作成し、全相続人署名、押印の上、各自1通ずつ所持する。
令和　2年　1月31日

協議書の作成日を必ず入れる

名古屋市中区大須1丁目1番1号
相続人　大須花子　㊞
名古屋市中区大須2丁目1番1号
相続人　大須一郎　㊞
名古屋市中区大須3丁目1番1号
相続人　山本光子　㊞

・相続人全員の住所、署名(自署)し、実印を押す
・住所は住民票や印鑑証明書の記載通りに書く

3.税法と相続

（1）相続税と贈与税

相続税法では、相続税と贈与税に関して規定しています。原則として、財産を生前に無償で取得した場合には贈与税、相続により取得した場合には相続税の課税財産となります。ただし、例外として贈与取得財産が相続税の課税財産となる場合もあります。

事前に相続対策を行う場合、贈与税の理解が必要です。贈与税は相続税の補完税であり、相続税と贈与税は相互に補完関係にあるばかりでなく、一体化している部分もあります。

相続税や贈与税に関しては、別に章を設けて説明していますので、そちらを参照して下さい。

（2）所得税

相続への対応を検討する場合、所得税に関する理解も必要となります。相続対策のため資産を贈与した場合、贈与税でなく所得税が課税される場合もあります。また、相続税の納税のために相続財産を譲渡した場合、納付した相続税のうち譲渡財産にかかる部分が必要経費となり、所得税が軽減されます。

①　財産の移動と所得税

個人から個人に財産を移動するには、相続や贈与以外に財産の譲渡という方法があります。

財産を譲渡した場合、譲渡所得（資産の譲渡収入－資産の取得原価－譲渡費用）に対し、所得税が課税されます。

一般に、資産を生前に譲渡すると所得税の課税対象となり、またこれを生前に贈与すると贈与税の課税対象となりますが、次のような場合には、課税上異なる取り扱いがされます。

イ、贈与税が課税される譲渡

資産の譲渡でも、資産を低額譲渡した場合、その資産を譲り受けた者には贈与税が課税されます。

ロ、所得税が課税される贈与

（イ）負担付贈与

資産の贈与でも、負担付贈与を行った場合、贈与した者に対して譲渡所得税が課税されることがあります。負担付贈与とは、贈与者が債務（借入金等）を受贈者に負担させることを条件に、その所有する資産を贈与することです。この場合、贈与者は、資産を贈与する代わりに負担している債務（借入金等）の免除益を得ています。この債務の免除益は贈与した資産の譲渡収入とされ、譲渡所得税課税の対象となります。

（ロ）非居住者への贈与

平成 27 年 7 月 1 日以後、非居住者に対し株式等の金融資産を贈与した場合、贈与税に加え、贈与した時に株式等の金融資産を譲渡したとみなし、譲渡所得税が課税されます。

② 所得税課税

所得税課税には、総合所得課税、申告分離課税、源泉分離課税があります。総合所得課税、申告分離課税により納付すべき所得税がある個人は、所得税の確定申告書を所轄税務署長に対し、翌年 3 月 15 日までに提出し、納税しなければなりません。

イ、総合所得課税

事業収入、勤労収入、不動産賃貸収入、不動産や有価証券以外の譲渡収入、生命保険金等の収入、年金収入等にかかる所得は全てが合算され、累進税率による所得課税の対象となります。

ロ、申告分離課税

不動産や有価証券（源泉分離課税を選択したものを除く）、山林の譲渡による収入、退職金収入は、定率又は低い税率による申告分離課税の対象になります。

ハ、源泉分離課税

上場株式の譲渡や配当による収入（源泉分離課税を選択したもの）、預金等の利子については、源泉所得課税で課税関係が完了する源泉分離課税の対象とされます。

③　相続財産の譲渡と所得税軽減

納税のため、相続財産を譲渡し、納税資金を確保することがよくあります。納税のために相続財産を譲渡した場合には、譲渡所得税の特例があり、所得税負担が軽減されます。

相続税を納付した者が相続税の課税財産を譲渡した場合、納付した相続税のうち、その者の相続税の課税財産に占める譲渡財産の割合相当額が、所得税の計算上、必要経費と認められます。

この特例は、相続開始日の翌日から、相続税の申告書の提出期限の翌日以降 3 年を経過する日までの譲渡について適用されます。

④　自己株式の譲渡

個人又は法人が保有する株式をその株式の発行会社に売却した場合、その発行会社にとっては自己の発行済株式を取得することになります。このように、株式をその発行会社に譲渡することを自己株式の譲渡といいます。自己株式の譲渡の場合、その譲渡の態様により、課税関係が異なります。

イ、通常の自己株式の譲渡（相続等により取得した株式の譲渡を除く）

個人又は企業が保有する非上場株式をその発行会社に譲渡した場合の課税関係は次の通りです。

（イ）総合課税のみなし配当

株式の譲渡対価として得た売却収入のうち、株式の発行会社の利益剰余金相当額は、みなし配当とされ、配当所得として総合所得課税の対象となります。

みなし配当は総合課税の配当所得となり、他の所得と合算され、合計所得に対し、所得税率（住民税を含む）10%～55%の累進税率での課税がなされます。

（ロ）分離課税の譲渡所得

譲渡対価収入のうち、みなし配当とされる部分以外の金額（資本金等からなる部分の金額）は、分離課税の対象となる株式の譲渡収入となります。この株式の譲渡収入が株式等の取得金額を上回る場合、その売却益は株式等に係る譲渡所得となり、分離課税の対象として課税されます。

株式等に係る譲渡所得については所得税率 20%（住民税を含む。以下同じ）で分離課税されます。

ロ、相続により取得した場合

個人が相続により取得した非上場株式に関し、相続開始後一定期間内に、その発行会社に譲渡した場合の課税関係は次の通りです。

（イ）譲渡所得の分離課税

相続により取得した非上場株式をその発行会社に売却した場合、その譲渡収入は分離課税対象の株式等の譲渡収入となります。このため、その譲渡益に関しては、所得税率 20%の分離課税がなされます（租税特別措置法 9 条の 7）。

（ロ）相続税計算上の経費算入

相続により取得した自社株式をその発行会社に譲渡した場合、納付した相続税のうち、譲渡した自社株式に相当する部分については、譲渡所得の計算上、必要経費に算入されます。

ハ、適格合併等により取得した場合

適格合併等により取得した非上場株式をその発行会社に譲渡した場合、その譲渡益は相続により取得した株式同様、分離課税対象の株式等の譲渡収入となります。同様に、その譲渡益は分離課税の譲渡所得の対象となり、所得税率 20%の課税がなされます。

■ **Check Point !!**

☑ 相続開始後一定期間内に、相続により取得した株式を発行会社に譲渡した場合、税率 20%の譲渡所得課税となり、みなし配当課税もなく、譲渡株式にかかる相続税も必要経費に算入されます。

⑤　分離課税による所得税軽減

譲渡所得税のうち、土地や建物の譲渡から生じた所得に関しては、給与や事業所得等と合算されず、それだけで課税関係が完了する分離課税となっています。

また、土地や建物の所有期間が５年を超える場合、長期譲渡所得として低い所得税率が適用されます。さらに、居住用資産等の場合には、多額の所得控除が適用でき、所得税負担が大幅に軽減されます。

◆◆　第三章　課税財産と相続税の計算　

1.課税財産

相続税は、納税義務者が相続（遺贈を含む）により取得した財産、みなし相続財産及び贈与取得財産のうち、相続税の課税財産となるものに対し課税されます。

（1）個人の納税義務者と課税範囲

①　個人の納税義務者

相続税の納税義務者は、相続により財産を取得（相続時精算課税贈与による取得を含む）した者（個人又は法人）です。個人の場合、相続により財産を取得した時における納税義務者の住所地や国籍、また被相続人の住所地の違いで納税義務の範囲が異なります。

個人の納税義務者は、無制限納税義務者、制限納税義務者並びに特定納税義務者に区分されます。

②　無制限納税義務者

無制限納税義務者とは、世界中にある財産が課税対象となる者で、次のイ又はロに該当する場合に無制限納税義務者となります。

イ、居住無制限納税義務者

相続開始時において、相続人が日本国内に住所を有する者（居住者）で、次のいずれかに該当する者

（イ）相続人が「一時居住者」でない者

（ロ）相続人は「一時居住者」であるが、被相続人が「一時居住者」又は「非居住者」でない者

ロ、非居住無制限納税義務者

相続開始時において、相続人が日本国内に住所を有しない者（非居住者）であるが、次の（イ）又は（ロ）いずれかに該当する場合

（イ）相続人が日本国籍を有する者で、次のいずれかに該当する場合

A、相続開始前 10 年以内のいずれかの時期に日本に住所を有していた者

B、相続人は相続開始前 10 年以内のいずれの時にも日本に住所を有していないが、被相続人が「一時居住者」又は「非居住者」でない者

（ロ）相続人が日本国籍を有しない者で、被相続人が「一時居住者」又は「非居住者」でない場合

③　制限納税義務者

制限納税義務者とは、日本国内にある財産のみが課税対象となる者で、次のいずれかに該当する場合に制限納税義務者となります。

イ、居住制限納税義務者

相続開始時において日本国内に住所を有するが、上記②のイの居住無制限納税義務者に該当しない者

ロ、非居住制限納税義務者

相続開始時において日本国内に住所を有しないが、上記②のロの非居住無制限納税義務者に該当しない者

【図表 3-1　納税義務者の概要図】

被相続人＼相続人		国内に住所あり		国内に住所なし		
			短期滞在の外国人	日本国籍あり		日本国籍なし
				10年以内に住所あり	10年以内に住所なし	
国内に住所あり		■	■	■	■	■
	短期滞在の外国人（※1）	■	□	■	□	□
国内に住所なし	10年以内に住所あり	■	■	■	■	■
	短期滞在の外国人（※2）	■	□	■	□	□
	10年以内に住所なし	■	□	■	□	□

（注）図中■部分は国内・国外財産ともに課税。□部分は国内財産のみに課税。

（注 1）短期滞在の外国人（一時居住者）

出入国管理及び難民認定法の在留資格を有して、相続開始前 15 年以内において、日本国内に住所を有していた期間が 10 年以下の人をいいます。

（注 2）概要図の被相続人欄において、国内に住所ありの短期滞在の外国人（※1）は「一時居住被相続人」であり、国内に住所なしの短期滞在の外国人（※2）は「非居住被相続人」です。

（注 3）一時居住被相続人（※1）

相続開始日の時に、出入国管理及び難民認定法の在留資格を有し、かつ、日本国内に住所を有しており、相続開始前 15 年以内において、日本国内に住所を有していた期間が 10 年以下の者をいいます。

（注 4）非居住被相続人（※2）

相続開始時に日本に住所を有さない被相続人であって、次のいずれかに該当する者は、非居住被相続人となります。

イ、相続開始前 10 年以内のいずれかの時において、日本国内に住所を有していたことがある者で、かつ、この期間において日本国籍を有しない者

ロ、相続開始前 10 年以内のいずれの時においても日本国内に住所を有しない者

④　特定納税義務者

相続や遺贈により財産を取得しなかった者のうち、相続時精算課税贈与により財産を取得した者を特定納税義務者といいます。

特定納税義務者は、相続により財産を取得しない場合であっても、相続税の納税義務者となり、相続時精算課税贈与により取得した財産に対し、相続税が課税されます。

⑤　国外転出課税制度に係る納税義務者

居住者が国外転出をする場合、譲渡所得等の特例に係る納税猶予（所得税法 137 条の 2）の延長又は非居住者に資産が移転した場合の譲渡所得等の特例に係る納税猶予の延長の適用がある場合には、居住無制限納税義務者又は非居住制限納税義務者の判定において、次のようにみなされます。

イ、国外転出した者

国外転出者が海外で死亡した場合、その者がたとえ相続開始前 10 年以内に日本国内に住所を有していなくても、その者は相続開始前 10 年のいずれかの時において日本国内に住所を有していたものとみなされます。

ロ、贈与を受けた非居住者

日本国内にある資産の贈与を受けた非居住者が死亡した場合、その非居住者がたとえ相続開始前 10 年以内に日本国内に住所を有していなくても、その非居住者は相続開始前 10 年のいずれかの時において日本国内に住所を有していたものとみなされます。

（2）法人等の納税義務者と課税範囲

①　法人の納税義務者

相続税や贈与税の納税義務者は原則として個人ですが、遺言や贈与等により、個人ばかりでなく法人等もまた財産を取得する場合があります。遺言や贈与により次の法人等が財産を取得した場合には、相続税や贈与税の納税義務者となります。

②　人格のない社団（又は財団）

人格のない社団とは、株式会社のような法人格はないが、代表者の定めがあり、団体の目的や行動規範があり、これに基づいて行動する人の集まりをいいます。

人格のない社団又は財団に対し、財産の遺贈があった場合には、これらの社団や財団を個人とみなし、相続税の納税義務を負わせています。また、遺言によって人格なき社団や財団を設立するため財産の提供があった場合も同様に、相続税の納税義務者となります。

③　持分の定めのない法人

株式会社のように持分の定めがある法人が、遺贈により財産を取得した場合には法人税が課税されますので相続税は課税されません。

しかし、一般社団法人のような持分の定めのない法人に対し相続財産の遺贈があった場合、その法人への遺贈により、その遺贈者の親族の相続税の負担が不当に減少する結果となると認められるときには、この持分のない法人を個人と見なして、相続税が課税されます。

相続税が課税される場合において、遺贈により増加した所得に対し課税された法人税額に関しては、親族等の相続税額から控除されます。

④　特定一般社団法人等

平成30年4月1日以後、同族理事の割合が50%を超える一般社団法人の理事が死亡した場合、その死亡した理事から残された同族理事に対して実質的に財産の移転が行われたとみなし、一般社団法人に対し相続税が課税されます。その概要は次のとおりです。

イ、適用要件

（イ）理事の範囲

相続開始時及び相続開始前5年以内に理事であった者

（ロ）特定一般社団法人に該当すること

相続開始時及び相続開始前5年以内（そのうち3年以上の期間）において、同族理事の数が理事総数の50%超であること

ロ、課税される相続税

遺贈により取得したとされる金額は（イ）÷（ロ）の金額です。

（イ）特定一般社団の純資産金額

（ロ）死亡時における同族理事の人数に1を加えた数

(注) 一般社団法人に対し、個人から財産の贈与があった場合、贈与税の負担が不当に減少する場合には贈与税課税がなされます。

■ Check Point !!

☑　相続税や贈与税は、個人ばかりでなく、人格なき社団・財団、持分の定めのない法人、一般社団法人にも課税され場合があり、注意が必要です。

⑤　個人以外の納税義務者の住所

人格のない社団又は財団、持分の定めのない法人、特定一般社団法人が個人とみなされて納税義務者となる場合、その法人等が制限納税義務者となるか、制限納税義務者となるかを判定するための住所は、その法人等の主たる営業所又は事務所の所在地にあるものとみなされます。

（3）課税財産と非課税財産

相続により取得した財産に関し、全てが相続税の課税対象とならず、一部の財産は非課税財産となります。

また、相続により取得しない財産でも相続税の課税財産となるものがあります。

①　相続により取得した財産の区分

相続による取得財産は、次の２つに分類されます。

イ、課税財産

相続により取得した財産のうち、非課税財産を除いたものが相続税の課税財産となります。

ロ、非課税財産

相続により取得した財産のうち、次の②に掲げる財産は非課税財産とされ、相続税の課税対象とはなりません。

②　非課税財産

相続により取得した財産すべてが相続税の課税対象となるのではなく、財産の性質、社会政策上の配慮や公益的見地等から、次のような財産は非課税財産とされ、相続税の課税対象から除外されています。

イ、皇室経済法の規定により、皇位とともに皇嗣が受けたもの

ロ、墓所、霊廟、祭具及びこれらに準ずるもの

これらに準ずるものとして仏壇や神棚等があります。

ハ、公益を目的とする事業者が取得した公益事業用資産

ニ、私立幼稚園の教育用財産

ホ、心身障害者共済制度に基づく年金受給権

ヘ、国、地方公共団体、公益法人等への一定の贈与財産

ト、認定特定非営利活動法人（認定ＮＰＯ法人）や再チャレンジ支援民間会社に対し助成する公益法人への贈与

③　みなし相続財産

イ、みなし相続財産

民法に規定する相続財産ではないが、死亡を原因として取得したもので、その経済的実質から見て相続税を課税することが課税の公平上妥当なものに関しては、相続税法上、相続により取得した財産とみなして相続税が課税されます。

これには、次のようなものがあります。

（イ）死亡保険金や保険に関する権利金

（ロ）勤務先等からの退職手当金等

ロ、みなし相続財産の非課税金額

生命保険金や退職手当金は、その全てが課税財産となるのではなく、一定額までの金額は、非課税となります。

一定額とは、次のうちいずれか少ない金額です。

（イ）500 万円×法定相続人の数

（ロ）生命保険金又は退職手当金の金額

④　贈与により取得した財産

贈与により取得した財産のうち、次のものは相続税の課税財産となります。

イ、相続開始前３年以内の贈与財産

相続人が被相続人から生前に受けた贈与財産のうち、相続開始前３年以内に受けた贈与財産は、相続税の課税財産に加算されます（配偶者控除の適用を受けた居住用財産の贈与のうち配偶者控除相当額、教育資金の贈与のうち一定額以下のもの等を除く）。

なお、加算された贈与財産に係る贈与税額は、相続税額から控除されます。

ロ、相続時精算課税贈与財産

相続時精算課税贈与により取得した財産は、相続時に課税財産に加算されます。相続時精算課税贈与とは、贈与時に相続時精算課税を選択し、税務署長にその旨の届け出を行った贈与をいいます。相続時精算課税贈与に関しては、第7章の3の（3）を参照して下さい。

なお、贈与時に納税した贈与税額は、相続税額から控除されます。

⑤　課税財産の総括

以上から相続税の課税財産をまとめると次のようになります。

【図表 3-2　相続税の課税財産】

財産の種類	課税財産となるもの
民法上の財産	相続取得財産で非課税財産以外の財産
相続税法上の財産	みなし相続財産で非課税財産以外の財産
贈与取得財産	相続開始前3年以内贈与財産（特定のものを除く）
	相続時精算課税贈与財産

■ ***Check Point !!***

☑　遺産分割協議の対象となる財産は、民法上の財産（資産及び債務）、特別受益及び寄与分です。

みなし相続財産は生命保険契約や退職金規定により受取人が特定されています。その受取人が法定相続人となっている場合には、法定相続人間の協議で分割されます。

2.財産の把握と相続税の計算

相続人間での遺産分割、相続の放棄や限定承認をすべきかどうかの判断、相続税の申告書を提出する必要があるのかどうかの検討又は相続税を納税する必要があるのかどうかの検討をするためには、相続財産を把握し、これを分類・整理し、課税財産と非課税財産に区分し、課税財産を評価し、そこから相続税の計算をする必要があります。

（1）相続税の計算　全体の流れ

ステップ1．課税価格の算出

課税価格 ＝ 資産の額 ＋ みなし財産の額 ＋ 前3年以内贈与財産 ＋
相続時精算課税贈与財産 － 債務の額 － 葬式費用

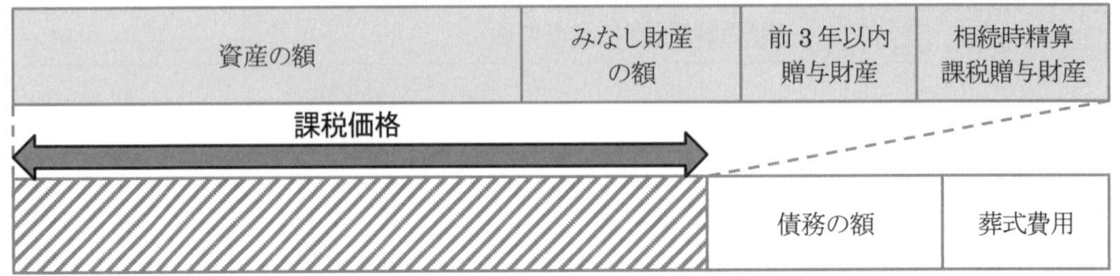

ステップ2．課税遺産総額の算出

課税遺産総額 ＝ 課税価格の合計額 － 遺産にかかる基礎控除額

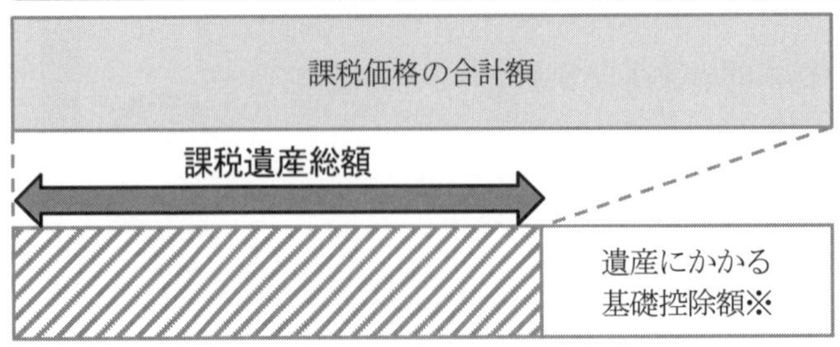

※基礎控除額＝3,000万円＋法定相続人の数×600万円

ステップ3．相続税の総額の算出

相続税の総額 ＝ 課税遺産総額 × 法定相続分 × 税率 － 控除額（速算表）

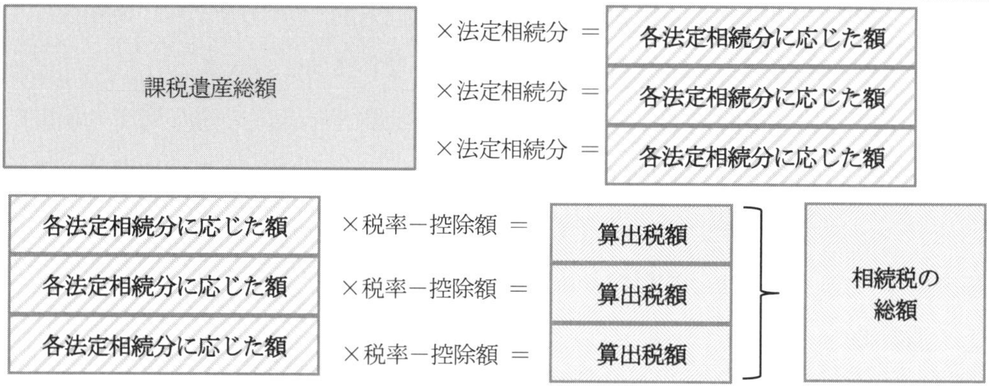

課税遺産総額	×法定相続分 ＝	各法定相続分に応じた額
	×法定相続分 ＝	各法定相続分に応じた額
	×法定相続分 ＝	各法定相続分に応じた額

各法定相続分に応じた額	×税率－控除額 ＝	算出税額	相続税の総額
各法定相続分に応じた額	×税率－控除額 ＝	算出税額	
各法定相続分に応じた額	×税率－控除額 ＝	算出税額	

ステップ4．各人の税額を算出

各人の算出税額 ＝ 相続税の総額 × $\dfrac{\text{各人の課税価格}}{\text{課税価格の合計額}}$ （各人の取得割合）

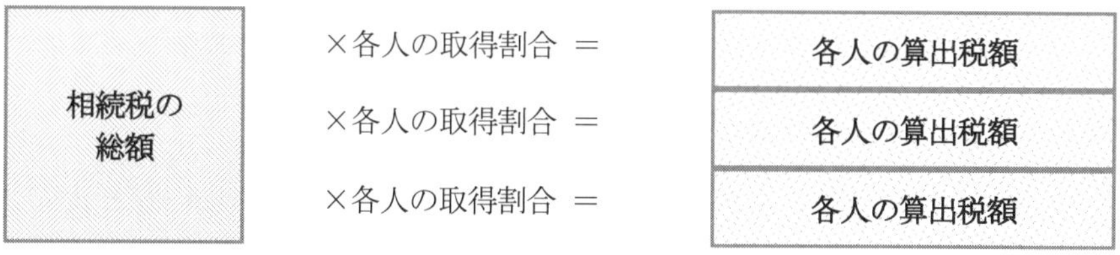

相続税の総額	×各人の取得割合 ＝	各人の算出税額
	×各人の取得割合 ＝	各人の算出税額
	×各人の取得割合 ＝	各人の算出税額

ステップ5．各人ごとの納付税額を算出

各人の納付税額 ＝ 各人の算出税額 ＋ 2割加算 － （贈与税額控除（暦年課税）＋ 配偶者の税額軽減 ＋ 未成年者控除 ＋ 障害者控除 ＋ 相次相続控除 ＋ 外国税額控除 ＋ 贈与税額控除（精算課税））

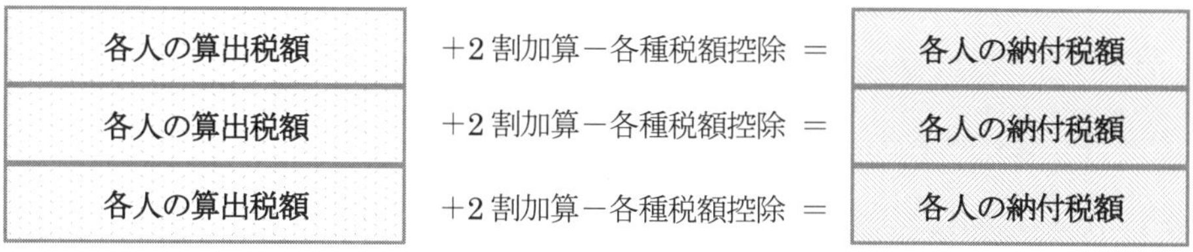

各人の算出税額	＋2割加算－各種税額控除 ＝	各人の納付税額
各人の算出税額	＋2割加算－各種税額控除 ＝	各人の納付税額
各人の算出税額	＋2割加算－各種税額控除 ＝	各人の納付税額

（2）相続財産と葬式費用の把握

相続人等は、相続開始を知った日から遅滞なく相続財産を把握する必要があります。相続の放棄や限定承認の選択をする場合、相続人間での遺産分割、相続税の申告や納税をする場合にも相続財産の把握が必要となります。

また、相続の放棄や限定承認をしても、相続開始前３年以内の贈与財産や相続時精算課税贈与財産は、相続税の課税財産となりますので、その財産の把握が必要です。

相続財産の把握の方法としては、次のような方法があります。

①　遺言書

遺言書がある場合には、その遺言書に遺産の内容や遺産分割の方法が記載されています。遺言書は通常、被相続人が大切に保管しているものであることから、誰もがその所在を知っているわけではなく、また、誰にも知らされていない場合もあります。

遺言書がある場合、一般に遺言書に沿って遺産を分割することになります。このため、相続が開始したら、早い段階で遺言書を探す必要があります。

遺言書を探す方法には、次のような方法があります。

イ、被相続人が遺言書を預ける可能性のある配偶者や同居者、また遺言書の作成を依頼し、遺言書について相談した可能性のある顧問弁護士・会計士・税理士等に聞き取りする方法

ロ、被相続人の使用していた居間、書斎、自宅金庫等を調査する方法

ハ、取引金融機関の貸金庫を調べたり、介護施設に入居していた場合には施設の責任者等に聞き取りする方法

②　相続により取得した財産

被相続人の遺言書がある場合には、通常、遺言書に財産の明細等が記載されています。しかし、遺言書の作成が古い場合、遺言書にない財産が想定されます。また、遺言書がない場合もあります。

そこで、各財産を把握する方法として、次のような方法があります。

イ、土地や家屋等の不動産

不動産の権利証（登記済証）は自宅の金庫や銀行の貸金庫に保管されることが多く、ここにない場合には被相続人の住所地や事業所を所轄する法務局（出張所）において、閲覧により探す方法があります。

ロ、預金や上場有価証券

被相続人の通帳や有価証券取引明細書は、自宅内の金庫や寝室、居間、書斎等に保管されていることがよくあります。これが入手できたら、その取引銀行や証券会社への照会、取引記録や残高証明書を入手することで、預金や上場有価証券を把握することができます。

ハ、非上場株式

非上場株式については、通常、株券が発行されている場合には株券、株券が発行されていない場合には株式名簿に株主として登録されている旨の書類が交付されています（一部にはこの書類の交付がない場合もあります)。これらの書類は、自宅や経営する会社の金庫や銀行の貸金庫に預けられていることが多く見受けられます。また、寝室、居間、書斎等を確認し、預金通帳における配当金の入金、株主総会の通知書、配当計算書等を検討することで非上場株式を把握することができます。

ニ、その他の財産

塀や庭園設備、事業用の棚卸資産、書画骨董、貴金属、車両や備品、家庭用動産等も相続財産となります。これらは被相続人の住居の内外調査、配偶者や同居人に対する聞き取り等で把握できます。

ホ、顧問会計士、税理士、弁護士への照会

被相続人が会社を経営していた場合、顧問の弁護士、会計士、税理士がおり、これらの者が被相続人の財産を把握している場合があります。これらの者に照会することである程度の財産は把握できます。

ヘ、その他

被相続人が財産管理を自分で行っている場合には、被相続人の手帳、日記帳、ファイル等に財産一覧が記載されていることもあります。また、財産管理を配偶者が行っている場合には、配偶者に聞き取りを行うことで把握できることがあります。被相続人の性格をよく検討することが重要です。

③　みなし相続財産

イ、生命保険金等

保険料が引き落とされている通帳や保険契約書を把握することで保険会社がわかり、そこから契約書一覧等を入手できます。

ロ、死亡退職金等

被相続人の勤務先に照会することで退職金の支給の有無及び金額、支給される者が把握できます。

④　相続開始前３年以内贈与財産と相続時精算課税贈与財産

イ、相続開始前３年以内の贈与財産

贈与税の申告書、被相続人の預金通帳、子供や配偶者の預金通帳、不動産の登記簿謄本、贈与契約書等から把握します。特に、税務調査では贈与税の申告をしていない相続開始前３年以内の贈与財産が問題となることがよくありますので、注意して下さい。

ロ、相続時精算課税贈与財産

相続時精算課税贈与の贈与税の申告書（税務署での閲覧もできます）、贈与契約書、預金通帳、不動産の登記簿謄本等から把握します。

ハ、顧問税理士への照会

顧問税理士がいる場合、税理士が贈与税の申告書を作成していることが多く、その場合には、顧問税理士への照会が有効な方法です。

⑤　債務の把握

資産ばかりでなく債務も相続財産です。相続が開始したら、資産の把握も大事ですが債務の把握も大事です。これにより、相続の放棄や限定承認をするかどうかを決定することもできます。

被相続人の債務としては、借入金、債務保証、リース債務や未払金等があります。

イ、借入金の把握

借入金には、銀行借入金、個人借入金（知人・親族等からの借入金）その他借入金（金貸し）等があります。自宅や経営する会社の金庫、銀行の貸金庫、書斎や居間の引出し等を探し、借用証書（金銭消費貸借契約書）、預金通帳、銀行等からの取引残高証明書がないかどうか調べます。

また、会社の顧問弁護士、配偶者、同居人等への聞き取り等により把握することもできます。

ロ、保証債務

他人の借入金の保証人として債務保証をしている場合、単に保証しているだけでは相続税法上債務として控除できませんが、債務が支払期限を過ぎ、求償権を行使しても被保証人（実際に借入をしている者）が借入を返済できないことが確実な場合には、債務として控除できます。

これについても借入金と同じような方法で把握して下さい。

ハ、リース債務

車や備品をリースしている場合には、リース債務があります。これについてはリース契約書、預金通帳、リース会社等への照会等で把握します。

ニ、未払金

未払金としては、病院に対する未払、所得税や固定資産税等税金の未払、資産を購入した場合の未払等があります。これについては、病院、税務署や市役所、資産の購入先への照会、また資産の売買契約書、請求書等で確認し、把握します。

⑥　葬式費用の把握

葬式費用とは、通夜や本葬に要した費用です。香典返し費用や本葬が終わり、後日行う初七日や四十九日の法要にかかる費用は、ここでいう葬式費用に含まれません。

葬式費用は、葬儀会社、寺院等からの請求書や領収書から把握します。

【図表 3-3　葬式費用の一覧】

控除できるもの	控除できないもの
・お通夜や葬式にかかった費用 ・火葬や埋葬、納骨にかかった費用 ・遺体や遺骨の回送費用 ・遺体の捜索、遺体や遺骨の運搬費用	・香典返しの費用 ・墓石や墓地の購入費用 ・法要にかかった費用（葬儀に伴うものを除く） ・遺体解剖費用

（注 1）本葬に引き続いて初七日の法要を行う場合があります。この場合の初七日の法要の費用は、本葬の前後に生じた出費で葬式に伴う費用として認められ、葬式費用に含まれます。

（注 2）墓石や墓地は、被相続人が生前に購入した場合には、非課税財産となりますが、被相続人の死亡後に購入した場合、葬式費用に含まれません。

■ **Check Point !!**

☑　法定相続人である遺言書の保管者又は発見者が遺言書を偽造したり、変造したり、破棄したり、隠匿した場合には、相続人とはなれず、遺産を相続することはできません。

（3）課税価格の算出

①　課税財産の評価

課税財産（資産・債務）及び葬式費用を把握したら、課税財産を相続税法並びに相続税財産評価基本通達に従い評価し、課税財産の金額並びに債務金額を算出します。

なお、財産の評価方法については、第四章を参照して下さい。

②　課税価格の算出

相続税の課税価格は、課税される資産の金額から債務の金額および葬式費用を控除して算出します。

各相続人の課税価格は、次の計算式で求めます。

> 課税価格　＝　資産の額　＋　みなし財産の額　＋　前３年以内贈与財産　＋
> 相続時精算課税贈与財産　－　債務の額　－　葬式費用

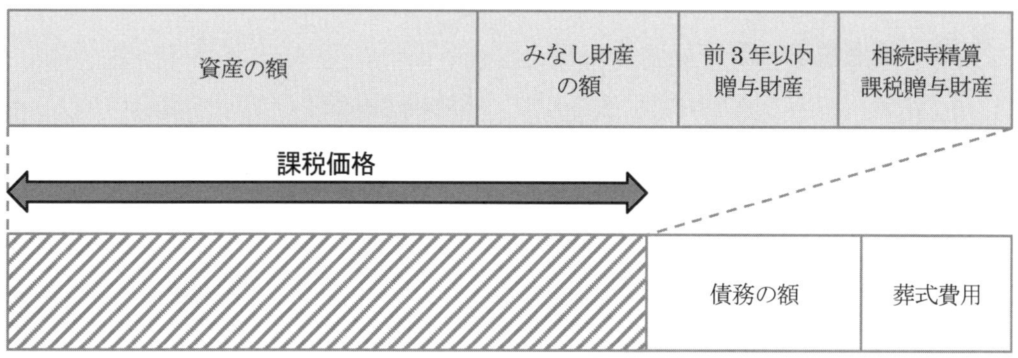

（4）法定相続人数

①　養子と法定相続人

相続税法は、課税価格の計算、課税遺産総額の計算、相続税の総額の計算、相続税の２割加算の計算において、法定相続人やその人数を基礎に計算規定を設けています。

法定相続人で問題となるのが養子です。民法上、被相続人の養子は、実子同様、法定相続人になります。民法は養子の数を制限していないことから、多くの孫やひ孫を養子とすることも可能です。

相続税法上、多くの養子を法定相続人とすると、孫やひ孫を養子としない者の相続と比較し、相続税を大幅に軽減させることになります。

そこで、相続税法では、民法上法定相続人となる養子に対し一定の制限を設け、法定相続人の数に含めることのできる養子を制限しています。

② 法定相続人が及ぼす影響

相続税法では、法定相続人に対して相続人の将来の生活等を配慮し、次のような規定を設け、遺贈により財産を取得した受遺者と比較して、相続税の負担を軽減しています。

イ、基礎控除額の計算

基礎控除額の計算は、「3,000 万円 ＋ 600 万円 × 法定相続人の数」で計算されます。法定相続人の数が増加すると基礎控除額が増加し、課税遺産総額がその分少なくなり、相続税の負担額が減少します。

ロ、適用税率の低下

法定相続人の数が増加することで、相続税の総額を計算する場合の各人の法定相続分に応ずる取得金額が減少し、適用税率区分が低くなり、結果として、相続税が少なくなります。

ハ、非課税額の増加

生命保険金や死亡退職金の非課税額は、「法定相続人の数×500 万円」で計算されることから、法定相続人の数が増加すると非課税額が増加します。

ニ、相続税の 2 割加算

被相続人の配偶者や一親等の血族（その代襲相続人を含み、代襲相続人でない孫養子を除く）以外の者が相続や遺贈により財産を取得した場合には、各人の相続税に対し、20%の税額の加算があります。

③ 民法上の養子制度

民法上の養子制度には、普通養子制度と特別養子制度があります。どちらの養子も養親の法定相続人になります。

イ、普通養子

普通養子とは、戸籍上実の両親との親子関係を残したまま、養親の養子縁組により養子となった者をいいます。つまり、二重の親子関係を有し、実の両親と養親のどちらの相続においても法定相続人になることができます。

ロ、特別養子

特別養子とは、戸籍上実の両親との親子関係を断ち、養親との特別養子縁組により養子となった者をいいます。特別養子は、普通養子と異なり二重の親子関係はなく、実の両親の戸籍を離れ、養親の養子としての地位のみを有する者です。このため、実の両親の法定相続人とはならず、養親のみの法定相続人となります。

【図表 3-4　普通養子制度と特別養子制度の比較】

	普通養子制度	特別養子制度
縁組の成立	・当事者の合意と届出 ・養子が満 15 歳未満のときは法定代理人が承諾	・家庭裁判所の審判が必要
養子縁組の解消	・当事者の協議で可能 ・養子、養親のどちらも訴え提起可	・家庭裁判所の審判が必要
養親の要件	・成人であること	・満 25 歳以上の夫婦で共に養親
養子の要件	・年齢制限なし	・原則 6 歳未満
相続税法の規制	・養子の数に制限を受ける	・実子と同じとみなされ、相続税法の「法定相続人の数」に含められる
実親との関係	・親子関係が存続	・親子関係が終了
戸籍の記載	・養子と明記	・養子との文言の記載なし

④　相続税法における養子の効果

相続税法上、養子の効果として、次のようなものがあります。

イ、法定相続人の数を増加させる効果

これに関しては、上記②を参照して下さい。

ロ、相続を一世代飛ばす効果

祖父が孫を養子とすることで、相続を一世代飛ばすことができます（ひ孫を養子とした場合、二世代飛ばすことが可能）。そのため、世代間の相続税負担を軽減することができます。

⑤　相続税法の規制

相続税法では、法定相続人の数に含める養子の数を制限し、普通養子を無制限に増やすことで、過度の節税を図ることを禁止しています。

イ、法定相続人の数の制限

普通養子ついて、相続税法上法定相続人の数に含まれるのは、実子がいる場合には1人まで、実子がいない場合には2人までです（相続税法15条②）。

ロ、不当な租税負担軽減行為の禁止

上記イの場合、養子を法定相続人の数に算入することが不当に相続税を軽減させる行為と認められるときには、その養子は相続税法上の法定相続人の数に入れることはできません（相続税法63条）。

⑥　特別養子

特別養子は普通養子と異なり、常に実子とみなされ、相続税法上の法定相続人となり、法定相続人の数の制限の対象となりません。

⑦　実子とみなされる養子

相続税法上、普通養子であっても、次に該当する養子は実子と同様に扱われ、養子の人数制限規定から外れ、全て法定相続人の数に含めることができます。

イ、被相続人の配偶者の連れ子（実子）で被相続人の普通養子となっている者

ロ、被相続人と配偶者の結婚前に特別養子縁組により、その配偶者の特別養子となっていた者で、被相続人と配偶者の結婚後に被相続人の普通養子となった者

（5）相続税の総額の計算

相続税の総額の計算順序は、第一に、相続税の課税価格から基礎控除額を控除した金額である課税遺産総額を計算します。第二に、この課税遺産総額を法定相続人が法定相続分に応じて取得したと仮定した金額を計算します。第三に、この相続分に応じて取得した金額に相続税率を乗じて各人の相続税を計算し、その各人の相続税額を合計します。この各人の相続税を合計したものが相続税の総額です。

① 基礎控除額

基礎控除額とは、相続税の総額を算出するに当たり、課税価格から控除される金額のことです。この基礎控除額を設けた理由は、少額の相続財産にまで課税してしまうと、残された相続人の生活に支障をきたし住宅の売却や事業の廃止等にもつながりかねないことから、一定金額の相続財産までは課税しないためです。

基礎控除額は次のようになります。

基礎控除額 ＝ 3 千万円 ＋ 6 百万円 × 法定相続人の数

(注)平成 26 年 12 月 31 日までに開始した相続の場合、基礎控除額は、5 千万円＋1 千万円×法定相続人の数です。

② 課税遺産総額

課税遺産総額とは、相続税の総額を算出するための金額です。課税遺産総額は、課税価格の合計額から基礎控除額を控除して求めます。

課税遺産総額 ＝ 課税価格の合計額 － 遺産にかかる基礎控除額

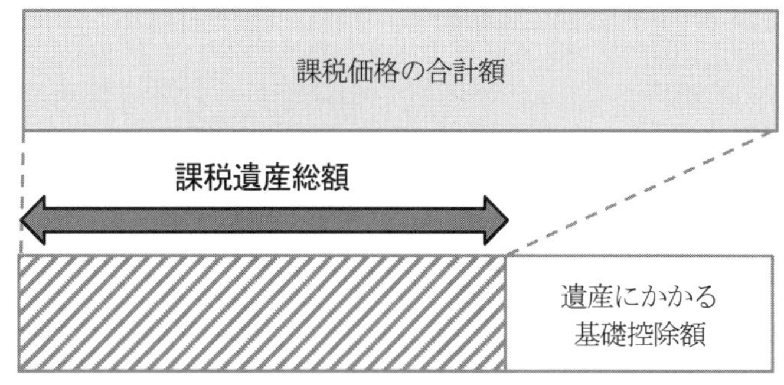

③　相続税の総額

相続税の総額は、課税遺産総額を法定相続人が法定相続分に応じて取得したと仮定した金額に対し、相続税率を乗じて算出した各相続人の相続税を合計した金額です。具体的には次の算式で計算されます。

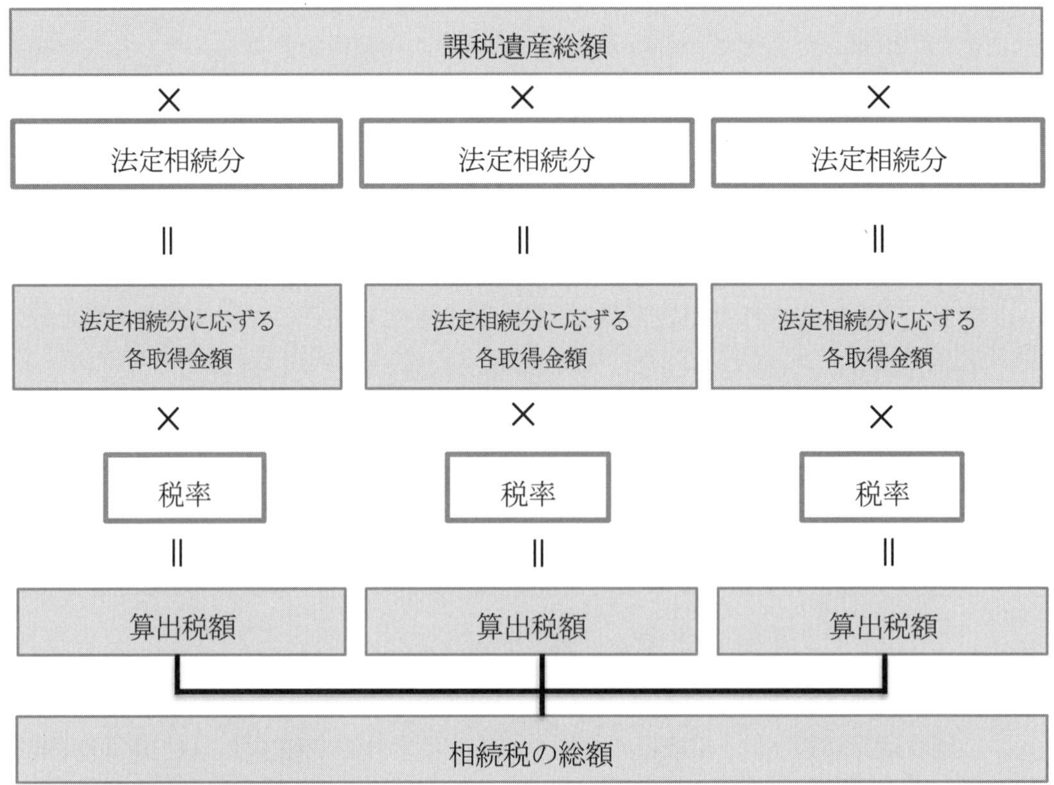

④　相続税の適用税率

相続税の総額の計算に適用される相続税の税率は、各法定相続人がその法定相続分に従い取得した金額に応じ、10%から55%の累進税率となっています。

相続税の総額は、実際に各相続人が取得した金額ではなく、法定相続分に応じて各相続人が取得したとみなした金額に対し、累進税率を適用して計算されます。また、適用する税率は、取得金額が1,000万円以下の場合10%ですが、6億円を超える場合には55%となります。

（6）各相続人の相続税額

①　相続税の総額の各相続人への配分

相続税の総額は、各相続人が取得した課税価格の割合に応じて各相続人に配分されます。

$$各相続人の相続税額 = 相続税の総額 \times \frac{各相続人の課税価格}{課税価格の合計額}$$

なお、この計算において、各相続人の課税価格割合（各相続人の課税価格÷課税価格の合計額）の合計が1となるように、各相続人の課税価格割合の端数を調整し、その割合を小数点以下第二位にとどめて計算することができます。

②　相続税の2割加算

被相続人の一親等の血族（その代襲相続人を含み、代襲相続人でない孫養子を除く）及び配偶者に関しては、上記①の金額が各人の相続税となります。

しかし、それ以外の者が相続財産を取得した場合には、上記①の金額に対し、100分の20を乗じた金額を加算した金額がその相続人等の相続税額となります。

イ、被相続人の一親等の血族（その代襲相続人を含み、代襲相続人でない孫養子を除く）及び配偶者の場合

加算額 ＝ 0（ゼロ）

ロ、その他の相続人等

加算額 ＝ 各人の相続税額 × 20％

【図表3-5　2割加算対象者の範囲】

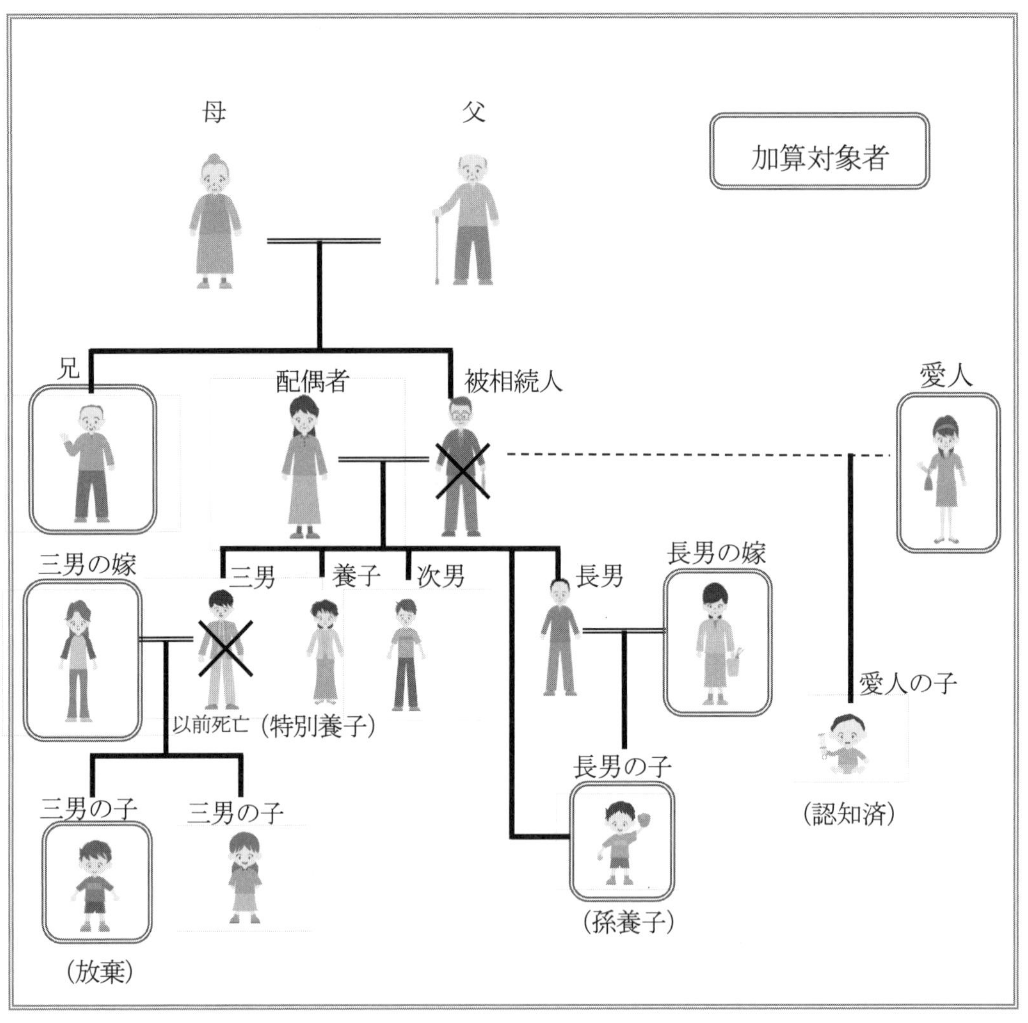

③　税額控除額

上記②の相続税額がそのまま納付すべき税額となるのではなく、その相続税額から次のような金額が控除され、残額が納付すべき相続税額となります。

イ、贈与税額控除

相続財産に加算される前3年以内贈与や相続時精算課税贈与については、贈与がなかったものとして、相続税の計算がなされ、相続税額が計算されます。このため、二重課税とならないように、既に納付した贈与税額がある場合には、これを相続税額から控除します。これを贈与税額控除といいます。

ロ、配偶者の相続税額の軽減

被相続人が残した相続財産は、通常、配偶者と共同して形成されたものであること、また配偶者の老後の生活を保障する意味から、配偶者が取得した相続財産について、相続税額の軽減の適用があります。

この配偶者の相続税額の軽減の適用を受けるためには、原則として相続税の申告期限までに遺産分割がなされていること（遺産分割がなされていない場合には、一定の手続きと税務署長の承認が必要となります）、相続税の申告書にその計算明細書、遺産分割協議書等の書類を添付して、所轄税務署長に対し、申告することが必要です。

なお、仮装隠蔽行為により相続税の申告をしたり、また相続税の申告をしなかった場合には、その部分については配偶者の税額軽減の適用はありませんので注意が必要です。配偶者の税額軽減額は、次のように計算します。

$$\text{税額の軽減額} = \text{相続税の総額} \times \frac{\text{次のイ又はロのうちいずれか少ない方の金額}}{\text{課税価格の合計額}}$$

イ、法定相続分等の金額

次のうち、いずれか多い方の金額

（イ）課税価格の合計額 × 配偶者の法定相続分※

（ロ）16,000 万円

※相続の放棄がある場合には、相続の放棄がない場合の法定相続分

ロ、配偶者の課税価格

取得財産価額 － 債務控除額 ＋ 前３年以内の贈与

（居住用不動産に係る贈与税の配偶者控除適用額及び分割されていない財産を除く）

【図表 3-6　配偶者の税額軽減の適用を受ける場合の添付書類】

① 戸籍謄本

② 遺言書の写し又は遺産分割協議書の写し

③ 相続人全員の印鑑証明書（遺産分割協議書に押印したもの）

④ 申告期限までに分割できない場合は、申告期限後３年以内の分割見込書

【事例 3-1　配偶者控除】

◇前提条件◇

Ａは次の財産を残して死亡しました。被相続人Ａには配偶者Ｂ、長男Ｃ、長女Ｄの３名の相続人がいます。また、相続人は未成年者や障害者に該当しません。

種　類		明　細
資産	土地（自宅）	4,000 万円
	建物	500 万円
	預金	3,000 万円
	上場有価証券	8,000 万円
債務	入院費	200 万円
葬式費用		300 万円

※被相続人Ａから贈与により取得した財産はありません。

遺産分割協議により、配偶者Ｂは２分の１、長男Ｃ及び長女Ｄはそれぞれ４分の１ずつ遺産を取得しました。葬式費用も同様です。

≪相続税の総額≫

①　課税価格

課税価格＝資産－債務－葬式費用

資産＝（土地 4,000 万円＋建物 500 万円＋預金 3,000 万円
　　　＋上場有価証券 8,000 万円）＝15,500 万円

債務＝入院費 200 万円

課税価格＝15,500 万円－200 万円－300 万円＝15,000 万円

② **基礎控除額**

基礎控除額＝3,000 千万円＋600 万円×法定相続人の数

＝3,000 万円＋600 万円×3 名＝4,800 万円

③ **課税遺産総額**

課税遺産総額＝課税価格－基礎控除額

＝15,000 万円－4,800 万円＝10,200 万円

④ **相続税の総額**

イ、配偶者Ｂ

法定相続分に応ずる配偶者Ｂの取得金額

＝10,200 万円×1/2＝5,100 万円

相続税＝5,100 万円×30％－700 万円＝830 万円

ロ、長男Ｃ及び長女Ｄ

法定相続分に応ずる長男Ｃ及び長女Ｄの取得金額

＝10,200 万円×1/2×1/2＝2,550 万円

相続税＝2,550 万円×15％－50 万円＝332.5 万円

以上から相続税の総額は

830 万円＋332.5 万円＋332.5 万円＝1,495 万円となります。

⑤ **各人の相続税額**

イ、配偶者Ｂ

$$\text{相続税額＝相続税の総額×}\frac{\text{その相続人の課税価格}}{\text{課税価格の合計額}}$$

$$\text{＝1,495 万円×}\frac{\text{7,500 万円（15,000 万円×1/2）}}{\text{15,000 万円}}\text{＝747.5 万円}$$

ロ、長男Ｃ及び長女Ｄ

$$\text{相続税額＝相続税の総額×}\frac{\text{その相続人の課税価格}}{\text{課税価格の合計額}}$$

$$\text{＝1,495 万円×}\frac{\text{3,750 万円（15,000 万円×1/4）}}{\text{15,000 万円}}\text{＝373.75 万円}$$

⑥　**配偶者の税額軽減額**

$$\text{税額軽減額}=\text{相続税の総額}\times\frac{\text{次の（イ）又は（ロ）のうち少ない金額}}{\text{課税価格の合計額}}$$

$$=1{,}495\text{万円}\times\frac{7{,}500\text{万円}}{15{,}000\text{万円}}=747.5\text{万円}$$

（イ）次のうち、いずれか大きい金額

A、課税価格の合計額×配偶者の法定相続分＝15,000 万円×1/2

B、16,000 万円

よって、Bの 16,000 万円

（ロ）配偶者の課税価格＝7,500 万円

⑦　**各人の納付すべき相続税額**

イ、配偶者

納付すべき相続税＝相続税額（⑤イ）－配偶者の税額軽減額（⑥）

＝747.5 万円－747.5 万円＝0

ロ、長男C及び長女D

長男C及び長女Dは、2 割加算、未成年者控除等もないことから納付すべき相続税は、⑤ロの通りそれぞれ 373.75 万円となります。

【事例 3-2　配偶者控除】

◇前提条件◇

事例 3-1 において、配偶者Bが相続人との協議により、全ての財産を取得した場合

①　**相続税の総額**

事例 3-1 と同じとなります。

②　**配偶者の相続税**

全部の財産を取得していることから、1,495 万円が配偶者の相続税となります。

③　**配偶者の税額軽減**

$$\text{税額軽減額}=\text{相続税の総額}\times\frac{\text{次の（イ）又は（ロ）のうち少ない金額}}{\text{課税価格の合計額}}$$

$$=1{,}495\text{万円}\times\frac{15{,}000\text{万円}}{15{,}000\text{万円}}=1{,}495\text{万円}$$

（イ）次のうち、いずれか大きい金額

A、課税価格の合計額×配偶者の法定相続分＝15,000 万円×1/2

B、16,000 万円

よって、Bの 16,000 万円

（ロ）配偶者の課税価格＝15,000 万円

④　各人の納付すべき相続税額

イ、配偶者

納付すべき相続税＝相続税額－配偶者の税額軽減

＝1,495 万円－1,495 万円＝0

ロ、長男C及び長女D

長男C及び長女Dは、取得した財産がないため、税額はゼロです。

◇結論◇

配偶者の税額軽減は、課税価格の合計額が１億 6,000 万円までの範囲であれば、納付すべき税額をゼロにすることができます。

しかし、配偶者が全て相続すると、次の配偶者の相続において、配偶者控除の適用がないことから、多くの相続税負担となることもあります。

例えば、配偶者が全ての財産を相続し、10 年後に、その相続財産を全て残して死亡した場合、子供２人は、１億 5,000 万円の相続財産に対し、２人合計で 1,840 万円の相続税を納税することになります。このように、相続においては、次の相続を十分検討し、遺産分割を行うことが望まれます。

ハ、未成年者控除

未成年者控除は、相続財産を取得した者が 20 歳未満の未成年者であり、かつ法定相続人である場合には、一定金額を相続税額から控除する制度です。こ

の未成年者控除額の計算は、次のように行います。

なお、計算において、1 年未満の端数は切り上げます。また、その者が以前に未成年者控除の適用を受けている場合、次の計算式で計算した金額から既に控除した未成年者控除額に不足がある場合に限り、適用できます。

さらに、未成年者の相続税額から未成年者控除額を全額控除しきれない場合には、残額に関しては、未成年者の扶養義務者の相続税から控除することができます。

未成年者控除額は、次のように計算します。

控除額 ＝ (20 歳 － 相続開始時の年齢) × 10 万円

(注)平成 26 年 12 月 31 日までに開始した相続の場合、上記の算式の 10 万円を 6 万円に置き換えた金額が、未成年者控除の金額となります。

二、障害者控除

障害者控除は、相続財産を取得した者が障害者であり、かつ法定相続人である場合には、一定金額を相続税額から控除する制度です。この障害者控除額の計算は、次のように行います。

なお、計算において、1 年未満の端数は切り上げます。また、その者が以前に障害者控除の適用を受けている場合には、控除不足がある場合に限り適用できます。

さらに、障害者の相続税額から障害者控除額を全額控除しきれない場合には、残額に関しては、障害者の扶養義務者の相続税から控除することができます。

障害者控除額は、次のように計算します。

控除額 ＝ (85 歳 － 相続開始時の年齢) × 10 万円 (特別障害者は 20 万円)

(注)平成 26 年 12 月 31 日までに開始した相続の場合、上記の算式の 10 万円、20 万円をそれぞれ 6 万円、12 万円に置き換えた金額が、障害者控除の金額となります。

ホ、相次相続控除

10年以内に開始した相続（第一次相続）により財産を取得した被相続人が死亡したことにより、その被相続人の相続（第二次相続）により財産を取得した者は、被相続人の第一次相続に係る相続税の総額のうち、二次相続により取得した財産に占める一次相続による取得財産割合に相当する金額を相次相続控除として相続税額から控除することができます。

相次相続控除額は、次のように計算します。

$$控除額＝A \times \frac{C}{B-A}\left(\frac{100}{100}を超える場合は\frac{100}{100}\right) \times \frac{D}{C} \times \frac{10-E}{10}$$

A…二次相続の被相続人が一次相続で取得した財産に対する相続税額

B…二次相続の被相続人が一次相続で取得した財産の価額の合計額

C…二次相続の被相続人から相続人が取得した財産の価額の合計額

D…二次相続の被相続人から各相続人が取得した財産の価額

E…一次相続から二次相続までの期間

ヘ、在外財産に対する相続税額の控除

外国にある財産を相続により取得した場合に、その財産に対し外国の法令で日本の相続税に相当する税金を課された場合には、二重課税を回避するため、その外国で課税された税額相当額を相続税額から控除することができます。

外国税額控除額は、次のように計算します。

① 外国で課された税額

外貨額 × 納付日の電信売相場 ＝ 円換算額

② $各人の相続税額 \times \frac{分母のうち在外財産}{純資産価額＋相続開始年分の被相続人からの贈与}$

③ 控除額

①と②のいずれか少ない金額

④　納付すべき税額の計算

以上の結果、配分された相続税の金額から相続税の2割加算、配偶者の税額軽減額等の各種税額控除額を控除した金額が、各相続人の納付すべき相続税となります。

⑤　納税

各相続人は、この納付すべき相続税を申告期限である相続開始を知った日の翌日から10ケ月以内に、相続税の申告と併せて納税しなければなりません。

■ Check Point !!

☑　配偶者の税額軽減規定を適用するには、相続税の申告書及び計算明細書等の書類の提出が必要です。また、配偶者が取得した財産にかかる遺産分割が行われていることが必要です。

3年以内に遺産分割が行われる見込みである場合には、税務署長にその旨（3年内に遺産分割される）の申請書を提出し、実際に遺産分割された場合に、更正の請求により、配偶者の税額軽減の適用を受けることができます。

（7）相続税の申告と納税

相続税の申告及び納税は、被相続人の住所が国内にある場合には、その住所地の所轄税務署長に対し、相続開始を知った日の翌日から10ケ月以内に行わなければなりません。

なお、相続税の申告と納税に関しては、第五章を参照してください。

3.相続税額に影響を与える項目

相続税の計算方法は、前述のとおりです。相続により取得した財産の時価総額が同じ場合でも、相続人が納付する相続税額は、財産の評価額、債務金額、相続人数、生前贈与加算等により異なります。

相続税額に影響を与える主要な項目は次の通りです。

なお、相続税対策に関しては、第六章に詳しく説明していますのでそちらを参照してください。

（1）財産の種類と評価

財産の評価方法は、相続税法及び相続税財産評価基本通達に規定されています。財産の評価規定では、換金性の高い資産（上場有価証券や貸付金等）は、ほとんど時価に近い評価となり、換金性の低い資産（土地、建物、非上場株式等）については、一般に評価の安全性を考慮し、時価評価額より低い価額で評価するようになっています。

また、宅地等のうち住宅用地や事業用地については、評価額の軽減規定があります。非上場株式の評価においても会社の態様により評価額は異なり、さらに納税猶予を受けられる場合もあります。

このように同じ財産でも、金銭の状態で保有する場合と他の財産に変えて保有する場合ではその評価額は異なり、産業保護や相続後の生活保護により租税負担が軽減されています。

（2）債務の金額

相続税の計算上、債務は全額控除されます。このため、債務（借入金）を増やし、不動産を購入した場合、不動産は相続税評価額で評価されるのに対して、借入金は借入残高で評価されることによって、相続税額を減少させることができます。

しかし、相続人にとって、資産は多いほどよく、債務は少ない方が望まれます。金融機関からの借入金により資産を取得した場合、確かに納付する相続税が減少しますが、多額の借入金が相続人に残ります。借入金については、相続人が一定期日までに全額返済しなければならず、その資金繰りも大変ですので、十分な配慮が必要となります。

（3）法定相続人

相続税の課税価格から控除される基礎控除額は、法定相続人の数で計算されます。

また、適用される税率区分は、各相続人の課税遺産総額に応じて異なります。このため、法定相続人の数が増加すれば、基礎控除額が増加し、各人の課税価格が減少することで適用される税率が異なる場合があり、その分相続税の総額は減少します。

過去において、多くの孫等を養子とすることで相続税を軽減する節税策が横行し、課税の公平の観点から問題となる事例が多くありました。これに対処するため、相続税法が改正され、法定相続人の数に含まれる養子の数が制限され、また、孫を養子とした場合には、相続税の2割加算の対象とされました。

しかし、相続税法は養子制度を否定するものではなく、一定の場合には法定相続人の数に含め、また実子と同じように相続税の2割加算の対象とならない規定もあります。

■ **Check Point !!**

☑　相続税の実効税率が 55%に近い多額の財産がある場合において、孫を養子にした場合は 20%の相続税加算があるため、養子にするより贈与により財産を渡したほうが税金負担額は少なくなる場合があります。

（4）非課税財産

生前に非課税財産を購入する場合と相続開始後に購入する場合とでは、相続税の負担額に差異が生じます。

例えば、被相続人の生前に仏壇、墓地、墓石等を購入した場合、これらは非課税財産となり、相続税の対象となりません。相続開始後に購入した場合には、相続税の計算上、債務でないことから控除することはできません。

また、生命保険金や退職金については、一定金額が非課税とされます。資産を現金で保有するか生命保険契約で保有するかで相続税額は異なります。

さらに、退職金に関しても、相続開始前に支給すると所得税が課税され、残りが相続財産となります。死亡後において支給されると、相続財産となり一定金額が非課税として控除され、残りが相続税の課税財産となり、税金の負担額が異なります。

（5）生前贈与

相続対策として、毎年、相続税の実効税率を超えない範囲で生前贈与を行う場合があります。この生前贈与は長期間続けると相続対策として有効な方法です。注意が必要なのは相続開始前3年以内の贈与財産と相続時精算課税贈与財産は相続税の課税財産とされることです。

この相続開始前3年以内の贈与であっても、居住用不動産を配偶者に贈与した場合の配偶者控除適用額、教育資金等の贈与のうちの一定額等に関しては、相続税の課税対象とならず、また贈与税も課税されません。

また、一般に、財産価値が年々増加する財産は早く贈与したほうが良く、反対に財産価値が年々減少する財産は、相続まで待つほうが税金負担は少なくなります。

◆◆　第四章　財産の評価方法　◆◆

1.概要

（1）財産評価の必要性

相続では相続人間の遺産分割、相続税の計算、相続の放棄や限定承認その他多くの場合において、相続人等は各財産の評価額を把握し、これを前提に判断し行動します。

このため、相続ではどのような相続財産（資産、債務、みなし相続財産）がどこに、どれほどあるかを調査し、これを把握・整理し、相続財産の評価額がいかほどであるかを算出する必要があります。

（2）財産評価の方法

財産の評価方法については、相続税法と相続税財産評価基本通達に規定されています。

①　相続税法

相続税法では、相続財産は「時価により評価する」（相続税法22条）と規定するほか、個別財産の評価に関しては、地上権や永小作権（同23条）、定期金に関する権利（同24条）、及び立木（同26条）の評価について規定しています。

②　相続税財産評価基本通達

相続税法第22条における「時価により評価する」という規定を受け、ほとんどの財産の評価方法については、相続税財産評価基本通達に規定されています。

（3）財産評価の基本である時価

財産の評価は課税時期の時価で評価することが原則です（相続税法22条）。一般に、時価とは、利害関係のない不特定多数の者の取引により形成される市場価格をいいます。

上場株式等のように公開取引市場があり、時価を客観的に把握できる財産は限られています。多くの財産の場合、このような公開市場における時価を把握することはできません。

そこで、税務では、評価実務の中から時価を算出する方法として一般に公正妥当な評価方法と認められるものを集約し、課税の公平を期すためにその評価方法を一般に周知させ、それでもって課税財産を評価しています。相続税や贈与税の課税目的のため、財産評価に関する一般に公正妥当と認められる方法を集大成したものが相続税財産評価基本通達です。相続税や贈与税の課税対象となる財産を評価する場合、この相続税財産評価基本通達に従い財産を評価することになります。

■ Check Point !!

☑ 財産の評価をする場合、相続税法及び相続税財産評価基本通達の規定以外に、課税実務では国税庁が特定事案に関し個別見解を示した、いわゆる個別通達に基づいて評価する場合があります。

2. 財産の評価

（1）金融資産（非上場株式等を除く）

非上場株式等以外の金融資産は、取引相場や為替レートが公表され、時価が客観的に把握でき、換金性が高いこと等から、基本的に元本の時価評価額に、解約により得られる利息（手数料や源泉所得税を控除）を加えた金額で評価されます。金融資産の評価方法は次のとおりです。

【図表 4-1　金融資産の評価方法】

現金	手元に保有する残高
預貯金	預入高＋税引き後の既経過利息
公社債	・上場されている利付公社債…次のうち低い方の金額 　①　課税時期の最終価格＋税引後の既経過利息 　②　課税時期の平均値＋税引後の既経過利息 (注) 上場等されていない利付公社債は、発行価格+税引後の既経過利息 ・上場されている割引公社債　　課税時期の最終価格 ・上場されている転換社債型新株予約権付社債 　課税時期の最終価格＋税引後の既経過利息 (注) 上場等されていない転換社債型新株予約権付社債については、株式の価格、転換価格等を基に評価します。
受益証券	・証券投資信託受益証券 　課税時期の基準価額－解約に伴う源泉所得税－信託財産留保額及び手数料 (注) 中期国債ファンド、MMF 等の証券投資信託受益証券は次により評価します。 　課税時期の基準価額－税引後の未収分配金－信託財産留保額及び手数料 ・貸付信託受益証券 　元本の額＋税引後の既経過利息－買取割引料
上場株式	・上場株式…次の 4 つの中から最も低い株価を選択 　①　相続発生日（死亡日）の終値 　②　相続発生月の終値の平均額 　③　相続発生月の前月の終値の平均額 　④　相続発生月の前々月の終値の平均額
個人向け国債	額面額＋経過利子相当額－中途換金調整額

（2）土地の評価

個々の土地は、地目、利用形態、形状、地積、権利関係等を異にすることが多く、それに応じ評価の方法も異なります。

①　土地評価の方法

土地の評価にあたり、基本となる事項は次のとおりです。

イ、地目別評価

土地は、宅地、田、畑、山林、原野、牧場、池沼、鉱泉地、雑種地に区分して評価します。

ただし、一体として利用されている一団の土地が2以上の地目からなる場合は、そのうち主たる地目からなるものとして、一団の土地ごとに評価します。

ロ、地目と地積

土地は、登記上の地目と地積でなく、課税時期の実際の地目と地積で評価されます。

ハ、土地の上に設定された権利の評価

土地の上に設定された地上権、借地権、永小作権、定期借地権等の権利は、土地の評価額から控除されるとともに、これらの権利は各権利別に評価され相続財産となります。

ニ、棚卸資産である土地

不動産業者等が事業用に取得した棚卸資産である土地や建物は、事業用の商品であることから、通常の土地や建物として評価せず、棚卸資産として評価されます。

ホ、海外にある財産（土地等）

海外にある財産の評価については、第八章の2の（5）を参照して下さい。

ヘ、負担付贈与又は低額譲渡により取得した土地等

負担付贈与又は低額譲渡により取得した土地や建物等については、相続税財産評価基本通達の定めにかかわらず、その取得時期における通常の取引価額で評価します。

なお、この場合の建物等の取引価額は、取得価額から適正な償却額を控除した金額とされ、また建物等には、建物付属設備や構築物が含まれます。

② 宅地の評価方法

宅地の評価方式としては路線価方式と倍率方式があり、原則として、市街地にある宅地には路線価方式が適用され、それ以外の地区にある宅地には倍率方式が適用されます。

各地区の路線価や倍率は、毎年、国税庁から公表されており、だれでも閲覧できると同時に、インターネット上でも確認できます。

また、路線価地区内にある土地で、路線価が設定されていない道路のみに接している場合には、税務署長に特定路線価の設定を申請し、これで評価することができます。

③ 路線価地区にある土地の評価

路線価地区にある土地を評価する場合、次のことを検討し、確認する必要があります。

イ、地区区分

土地の所在する地区がどの地区（ビル街地区、高度商業地区、繁華街地区、普通商業・併用住宅地区、普通住宅地区、中小工場地区、大工場地区）に該当するかを特定することが必要です。どの地区に該当するかにより、奥行価格補正率、側方路線影響加算率、二方路線影響加算率、不整形地補正率、間口狭小補正率、奥行長大補正率が異なります。

ロ、土地の形状、地積、道路に面する長さ等

土地の形状が整形地（4 つの角がすべて 90°）であるかないかで評価額が異なり、地積の大きさで地積規模の大きな宅地評価の適用や不整形地補正率が異なり、間口の長さと奥行の長さで間口狭小補正率、奥行長大補正率が異なります。

ハ、道路に接する状況

路線価図には、土地が接する道路ごとに、1 ㎡の路線価が設定されています。これにより、まず正面路線が決定されます。その後、その正面路線に対する位置より、側方路線及び二方路線が決定されます。

ニ、路線価

路線価は、道路に面している宅地の標準的な間口距離及び奥行距離を有する長方形又は正方形の宅地について、近隣の売買実例価額、公示価格、鑑定評価額、精通者意見価格等を基に、国税局長がその道路ごとに評定した1㎡あたりの価額です。

ホ、路線価方式での評価算式

路線価地区内にある宅地の評価額は、次の算式で計算されます。

宅地の評価額 ＝ 1㎡の評価額 × 地積

ヘ、正面路線

正面路線とは、一方の路線のみに接している場合はその路線をいい、二以上の路線に接している場合には、各路線に付された路線価に奥行価格補正率を乗じて計算した金額を比較し、最も高い金額となる路線をいいます。

この正面路線を中心に、両サイドの路線を側方路線、反対側の路線を二方路線といいます。

ト、整形地と不整形地

路線価方式で宅地を評価する場合、宅地の形状が長方形又は正方形のものを整形地といい、そうでない宅地を不整形地といいます。路線価は宅地が整形地であることを前提に設定されていますので、不整形地を評価する場合には、その宅地が整形地であると仮定した評価額から、不整形の状況に応じ一定の方法で減額する金額を算出し、これを控除して評価します。

チ、側方路線影響加算、二方路線影響加算

宅地評価の実務において、宅地の評価額は、宅地に接する路線が増加すれば、その分評価額が上昇するとされています。

側方路線影響加算や二方路線影響加算は、複数の路線に接する宅地の評価において、接する路線が増加した部分を評価するために設定された指標です。

【事例 4-1　路線価方式…三方の路線に接している宅地の評価】

路線価地区内にある整形地である宅地は、次の算式で評価されます。

宅地の評価額 ＝ １㎡の評価額 × 地積

（１）**路線価の確認**…国税庁ＨＰより該当する住所の路線価を確認

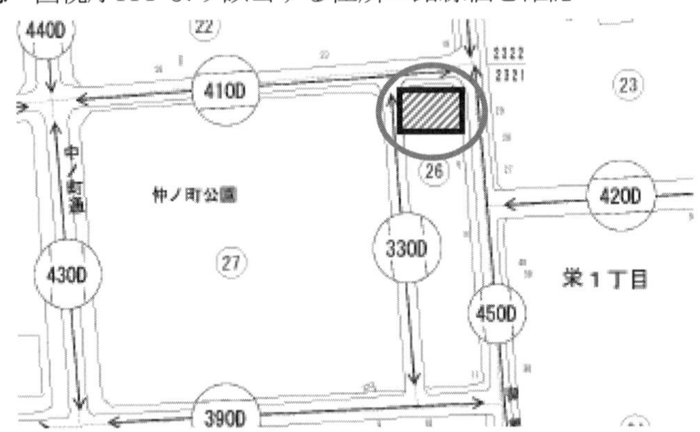

（２）**地区区分の確認**…（１）の路線価がどの地区区分に該当するか確認

地区区分	記号	地区区分	記号
ビル街地区	六角形	普通住宅地区	無印
高度商業地区	楕円	中小工場地区	ひし形
繁華街地区	八角形	大工場地区	長方形
普通商業・併用住宅地区	円		

事例では、路線価図より、普通商業・併用住宅地区となります。

（３）**奥行距離**…実測図・公図等により奥行距離を算定

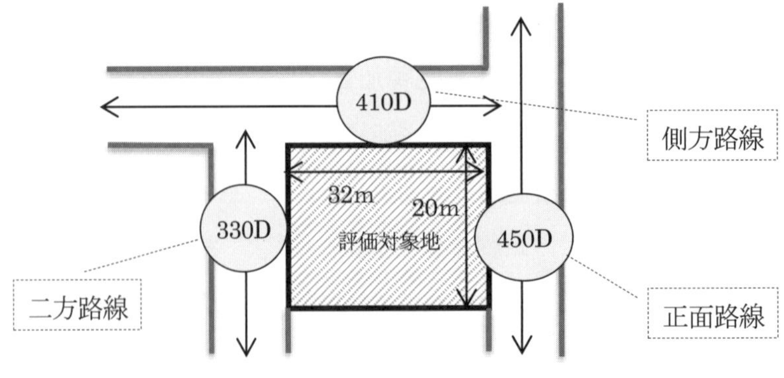

（4）奥行価格補正率の把握…奥行価格補正率表（後頁調整率表参照）から地区区分と奥行距離に応じた率を把握します。

普通商業・併用住宅地区　奥行 32m→0.97　奥行 20m→1.00

（5）正面路線の判定…それぞれの路線価に奥行価格補正率を乗じ、そのうち最も高い評価額となる路線が正面路線となります。

（検討）　路線価 450,000×奥行価格補正率 0.97＝436,500

路線価 410,000×奥行価格補正率 1.00＝410,000

路線価 330,000×奥行価格補正率 0.97＝320,100

よって、正面路線は路線価 450,000 が設定されている路線となります。

（6）三方路線に面する宅地の1㎡の評価

正面路線に対し、反対側路線が二方路線となり、両サイドが側方路線です。

三方路線に面する宅地の 1 ㎡の評価は、次の算式で求められます。

1 ㎡の評価額＝正面路線価額＋側方路線影響加算額＋二方路線影響加算額

（7）側方路線影響加算額の算出

通常、宅地は多くの路線に面する分、評価額が高くなることから、側方路線に面していることによる影響額を正面路線価額に加算します。

側方路線影響加算額＝側方路線価×奥行価格補正率×側方路線影響加算率

奥行価格補正率及び側方路線影響加算率は、毎年、国税庁から公表されているものを使用します。（後頁参照）※事例の場合、角地に該当します。

側方路線影響加算額＝410,000×1.00×0.08＝32,800

（8）二方路線影響加算額の算出

二方路線影響加算額＝二方路線価×奥行価格補正率×二方路線影響加算率

二方路線影響加算額＝ 330,000×0.97×0.05＝16,005

（9）土地の評価額

土地の評価額＝（正面路線価額＋二方及び側方路線影響加算額）×地積

土地の評価額＝（436,500+32,800+16,005）×640 ㎡＝**310,595,200 円**

土地及び土地の上に存する権利の評価明細書（第1表）

局(所)	署	年分	1 ページ

（平成三十一年一月分以降用）

（住居表示）	（　　　）	所有者	住所（所在地）	名古屋市中区〇〇	使用者	住所（所在地）	
所在地番	名古屋市中区〇〇		氏名（法人名）	大須　太郎		氏名（法人名）	

地目	地積	路線価 正面	側方	側方	裏面	地形図及び参考事項
（宅地）山林 田 雑種地 畑（　）	640.00 ㎡	450,000 円	410,000 円	円	330,000 円	

間口距離	20.00 m	利用区分	（自用地）私道 貸宅地 貸家建付借地権 貸家建付地 転貸借地権 借地権（　）	地区区分	ビル街地区 普通住宅地区 高度商業地区 中小工場地区 繁華街地区 大工場地区 （普通商業・併用住宅地区）
奥行距離	32.00 m				

自用地1平方メートル当たりの価額

		（1㎡当たりの価額）円	
1 一路線に面する宅地	（正面路線価）450,000円 ×（奥行価格補正率）0.97　奥行 32.00m	436,500	A
2 二路線に面する宅地	（A）436,500円 ＋（［（側方）・裏面 路線価］410,000円 ×（奥行価格補正率）1.00 ×〔（側方）・二方 路線影響加算率〕0.08）　奥行 20.00m	469,300	B
3 三路線に面する宅地	（B）469,300円 ＋（［側方・（裏面） 路線価］330,000円 ×（奥行価格補正率）0.97 ×〔側方・（二方） 路線影響加算率〕0.05）　奥行 32.00m	485,305	C
4 四路線に面する宅地	（C）円 ＋（［側方・裏面 路線価］円 ×（奥行価格補正率）×〔側方・二方 路線影響加算率〕0.　）		D
5-1 間口が狭小な宅地等	（AからDまでのうち該当するもの）円 ×（（間口狭小補正率）×（奥行長大補正率））		E
5-2 不整形地	（AからDまでのうち該当するもの）円 × 不整形地補正率※ 0. ※不整形地補正率の計算 （想定整形地の間口距離）m ×（想定整形地の奥行距離）m ＝（想定整形地の地積）㎡ （（想定整形地の地積）㎡ －（不整形地の地積）㎡）÷（想定整形地の地積）㎡ ＝（かげ地割合）% （不整形地補正率表の補正率）0. ×（間口狭小補正率）＝（小数点以下2位未満切捨て）0. ① （奥行長大補正率）×（間口狭小補正率）＝ 0. ② 〔不整形地補正率（①、②のいずれか低い率、0.6を下限とする。）〕0.		F
6 地積規模の大きな宅地	（AからFまでのうち該当するもの）円 × 規模格差補正率※ 0. ※規模格差補正率の計算 ｛（（地積（Ⓐ））㎡×（Ⓑ）＋（Ⓒ））÷（地積（Ⓐ））㎡｝× 0.8 ＝（小数点以下2位未満切捨て）0.		G
7 無道路地	（F又はGのうち該当するもの）円 ×（1 － 0.（※）） ※割合の計算（0.4を上限とする。） （（正面路線価）円×（通路部分の地積）㎡）÷（（F又はGのうち該当するもの）円×（評価対象地の地積）㎡）＝ 0.		H
8-1 がけ地等を有する宅地〔南、東、西、北〕	（AからHまでのうち該当するもの）円 ×（がけ地補正率）0.		I
8-2 土砂災害特別警戒区域内にある宅地	（AからHまでのうち該当するもの）円 × 特別警戒区域補正率※ 0. ※がけ地補正率の適用がある場合の特別警戒区域補正率の計算（0.5を下限とする。） 〔南、東、西、北〕 （特別警戒区域補正率表の補正率）0. ×（がけ地補正率）0. ＝（小数点以下2位未満切捨て）0.		J
9 容積率の異なる2以上の地域にわたる宅地	（AからJまでのうち該当するもの）円 ×（1 －（控除割合（小数点以下3位未満四捨五入））0.）		K
10 私道	（AからKまでのうち該当するもの）円 × 0.3		L

自用地の評価額	自用地1平方メートル当たりの価額（AからLまでのうちの該当記号）	地積	総額（自用地1㎡当たりの価額）×（地積）	
	（C）485,305 円	（持分640.00㎡）640.00 ㎡	持分100/100　310,595,200 円	M

（注）1　5-1の「間口が狭小な宅地等」と5-2の「不整形地」は重複して適用できません。
2　5-2の「不整形地」の「AからDまでのうち該当するもの」欄の価額について、AからDまでの欄で計算できない場合には、（第2表）の「備考」欄等で計算してください。
3　「がけ地等を有する宅地」であり、かつ、「土砂災害特別警戒区域内にある宅地」である場合については、8-1の「がけ地等を有する宅地」欄ではなく、8-2の「土砂災害特別警戒区域内にある宅地」欄で計算してください。

（資4－25－1－A4統一）

【事例 4-2　路線価方式…不整形地の評価】

宅地の形状は個々の土地により異なります。宅地が整形地（4 つ角がすべて 90°の土地）でない場合、整形地を基準に、変形する部分を減額調整して評価します。

（1）**路線価の確認**…ＨＰより該当する住所の路線価を確認

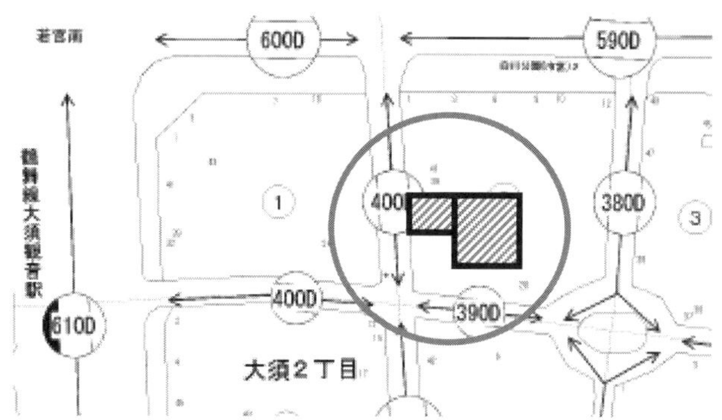

（2）**地区区分の確認**…（1）の路線価がどの地区区分に該当するか確認

地区区分	記号	地区区分	記号
ビル街地区	六角形	普通住宅地区	無印
高度商業地区	楕円	中小工場地区	ひし形
繁華街地区	八角形	大工場地区	長方形
普通商業・併用住宅地区	円		

（3）**奥行距離**…実測図・公図等により奥行距離を算定

事例の場合は、評価対象地の奥行距離とＡ部分の奥行距離を算定

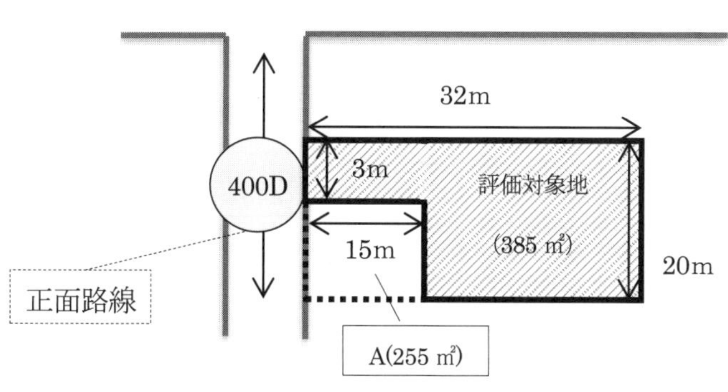

（4）不整形地の評価方法

不整形地の評価方法は不整形地を整形地とみなして評価し、その評価額に一定の方法で計算された不整形地補正率を乗じて計算します。

（5）不整形地を整形地とみなした評価

評価する宅地が面する路線を基準に、整形地とした場合の評価額を算出します。事例では、正面路線に接する長さ3mではなく、20mとして評価した整形地から土地のない部分（かげ地であるA部分）の評価額を控除して、不整形地の評価をします。

イ、整形地と仮定した評価額

正面路線を基準に整形地の形状を仮定し、評価します。

間口20m、奥行32m、その評価額は次のようになります。

整形地としての評価額＝400,000×0.97×640㎡＝248,320,000

ロ、整形地から控除される部分

かげ地部分（Aの部分：奥行15m）はイの整形地から除かれます。

控除される地積部分＝400,000×１.00×255㎡＝102,000,000

ハ、整形地とみなした評価額

整形地とみなした評価額＝イ－ロ＝146,320,000

整形地としての１㎡の評価額＝146,320,000÷385㎡＝380,051

（6）不整形地補正率表の補正率

国税庁の公表する不整形地補正率表から地区区分、地積区分及びかげ地割合に応じた補正率を求めます。事例の場合、普通商業・併用住宅地区で、地積が385㎡であることから地積区分はAとなります。また、下記よりかげ地割合を求め、その割合から不整形地補正率表の補正率を求めます。

イ、かげ地割合 $= \dfrac{\text{想定整形地の地積}-\text{不整形地の地積}}{\text{想定整形地の地積}} = \dfrac{640\text{㎡}-385\text{㎡}}{640\text{㎡}} = 39.8\%$

ロ、不整形地補正率表の補正率＝0.92

（7）間口の狭さや奥行の長さの影響を加味した評価

宅地評価では、評価の安全性の観点から、不整形地補正率だけでなく、間口の狭さや奥行の長さの影響を加味し、双方の比較により低い方で評価されます。

① 間口狭小補正率

間口が狭い場合、通常、土地の評価額が下がりますので、これを調整するのが、間口狭小補正率です。

（事例） 普通商業・併用住宅地区 4m未満の場合 0.90

② 奥行長大補正率

間口に比較し、奥行きが長い場合、通常、土地の評価額が下がりますので、これを調整するのが奥行長大補正率です。奥行長大補正率表（後頁の調整率表参照）から間口距離に対する奥行距離の比率及び地区区分に応じて、奥行長大補正率を求めます。

（事例） $\dfrac{\text{奥行距離}}{\text{間口距離}} = \dfrac{32\text{m}}{3\text{m}} = 10.6$ の場合 0.90（普通商業・併用住宅地区）

（8）不整形地補正率と評価額の算出

① 不整形地補正率

不整形地補正率は、次の算式で計算した価額のうちいずれか低い方の割合となります。

イ、不整形地補正率表の補正率×間口狭小補正率＝0.92×0.9＝0.82

ロ、間口狭小補正率×奥行長大補正率＝0.9×0.9＝0.81

事例では、ロの割合が低いので0.81が不整形地補正率となります。

② 評価額

1㎡の評価額＝整形地としての評価額×不整形地補正率

＝380,051×0.81＝307,841

評価額 ＝ 1㎡の評価額 × 地積 ＝ 307,841 × 385㎡ ＝ 118,518,785円

土地及び土地の上に存する権利の評価明細書（第１表）

局(所)	署	年分	ページ

（平成三十一年一月分以降用）

（住居表示）	（　　　）	所有者	住所（所在地）	中区大須〇〇－〇〇	使用者	住所（所在地）	
所在地番	中区大須〇〇－〇〇		氏名（法人名）	大須　太郎		氏名（法人名）	

地目	地積	路線価 正面	側方	側方	裏面	地形図及び参考事項
(宅地)　山林　田　雑種地　畑（　　）	385.00 ㎡	400,000 円	円	円	円	

間口距離	3.00 m	利用区分	(自用地)　私道　貸宅地　貸家建付借地権　貸家建付地　転貸借地権　借地権（　　）	地区区分	ビル街地区　普通住宅地区　高度商業地区　中小工場地区　繁華街地区　大工場地区　(普通商業・併用住宅地区)
奥行距離	32.00 m				

自用地１平方メートル当たりの価額

区分	計算	（1㎡当たりの価額）円	記号
1 一路線に面する宅地	（正面路線価）　円 ×　（奥行価格補正率）		A
2 二路線に面する宅地	（A）　円 ＋ （［側方・裏面 路線価］　円 × （奥行価格補正率） × ［側方・二方 路線影響加算率］ 0.　）		B
3 三路線に面する宅地	（B）　円 ＋ （［側方・裏面 路線価］　円 × （奥行価格補正率） × ［側方・二方 路線影響加算率］ 0.　）		C
4 四路線に面する宅地	（C）　円 ＋ （［側方・裏面 路線価］　円 × （奥行価格補正率） × ［側方・二方 路線影響加算率］ 0.　）		D
5-1 間口が狭小な宅地等	（AからDまでのうち該当するもの）　円 × （（間口狭小補正率） × （奥行長大補正率））		E
5-2 不整形地	（AからDまでのうち該当するもの） 380,051 円 × 不整形地補正率※ 0.81 ※不整形地補正率の計算 （想定整形地の間口距離） 20.00m × （想定整形地の奥行距離） 32.00m ＝ （想定整形地の地積） 640.00㎡ （（想定整形地の地積） 640.00㎡ － （不整形地の地積） 385.00㎡） ÷ （想定整形地の地積） 640.00㎡ ＝ （かげ地割合） 39.84% （不整形地補正率表の補正率） 0.92 × （間口狭小補正率） 0.90 ＝ 0.82 ①（小数点以下２位未満切捨て） （奥行長大補正率） 0.90 × （間口狭小補正率） 0.90 ＝ 0.81 ② 不整形地補正率（①、②のいずれか低い率、0.6を下限とする。） 0.81	307,841	F
6 地積規模の大きな宅地	（AからFまでのうち該当するもの）　円 × 規模格差補正率※ 0. ※規模格差補正率の計算 ｛（（地積（Ⓐ））　㎡ × Ⓑ ＋ Ⓒ）÷（地積（Ⓐ））　㎡｝ × 0.8 ＝ 0.（小数点以下2位未満切捨て）		G
7 無道路地	（F又はGのうち該当するもの）　円 × （1 － 0.（※）） ※割合の計算（0.4を上限とする。） （（正面路線価）　円 × （通路部分の地積）　㎡）÷（（F又はGのうち該当するもの）　円 × （評価対象地の地積）　㎡）＝ 0.		H
8-1 がけ地等を有する宅地 ［南、東、西、北］	（AからHまでのうち該当するもの）　円 × （がけ地補正率） 0.		I
8-2 土砂災害特別警戒区域内にある宅地	（AからHまでのうち該当するもの）　円 × 特別警戒区域補正率※ 0. ※がけ地補正率の適用がある場合の特別警戒区域補正率の計算（0.5を下限とする。）［南、東、西、北］ （特別警戒区域補正率表の補正率） 0. × （がけ地補正率） 0. ＝ 0.（小数点以下2位未満切捨て）		J
9 容積率の異なる2以上の地域にわたる宅地	（AからJまでのうち該当するもの）　円 × （1 － 0.（控除割合（小数点以下3位未満四捨五入）））		K
10 私道	（AからKまでのうち該当するもの）　円 × 0.3		L

自用地の評価額	自用地１平方メートル当たりの価額（AからLまでのうちの該当記号）	地積	総額（自用地1㎡当たりの価額）×（地積）	記号
	（F）　307,841 円	（持分385.00㎡） 385.00 ㎡	持分100/100　118,518,785 円	M

(注)１　5-1の「間口が狭小な宅地等」と5-2の「不整形地」は重複して適用できません。
２　5-2の「不整形地」の「AからDまでのうち該当するもの」欄の価額について、AからDまでの欄で計算できない場合には、（第２表）の「備考」欄等で計算してください。
３　「がけ地等を有する宅地」であり、かつ、「土砂災害特別警戒区域内にある宅地」である場合については、8-1の「がけ地等を有する宅地」欄ではなく、8-2の「土砂災害特別警戒区域内にある宅地」欄で計算してください。

（資４－25－１－Ａ４統一）

土地及び土地の上に存する権利の評価についての調整率表（平成31年1月分以降用）

① 奥行価格補正率表

奥行距離m ＼ 地区区分	ビル街	高度商業	繁華街	普通商業・併用住宅	普通住宅	中小工場	大工場
4未満	0.80	0.90	0.90	0.90	0.90	0.85	0.85
4以上 6未満		0.92	0.92	0.92	0.92	0.90	0.90
6 〃 8 〃	0.84	0.94	0.95	0.95	0.95	0.93	0.93
8 〃 10 〃	0.88	0.96	0.97	0.97	0.97	0.95	0.95
10 〃 12 〃	0.90	0.98	0.99	0.99	1.00	0.96	0.96
12 〃 14 〃	0.91	0.99	1.00	1.00		0.97	0.97
14 〃 16 〃	0.92	1.00				0.98	0.98
16 〃 20 〃	0.93					0.99	0.99
20 〃 24 〃	0.94					1.00	1.00
24 〃 28 〃	0.95				0.97		
28 〃 32 〃	0.96		0.98		0.95		
32 〃 36 〃	0.97		0.96	0.97	0.93		
36 〃 40 〃	0.98		0.94	0.95	0.92		
40 〃 44 〃	0.99		0.92	0.93	0.91		
44 〃 48 〃	1.00		0.90	0.91	0.90		
48 〃 52 〃		0.99	0.88	0.89	0.89		
52 〃 56 〃		0.98	0.87	0.88	0.88		
56 〃 60 〃		0.97	0.86	0.87	0.87		
60 〃 64 〃		0.96	0.85	0.86	0.86	0.99	
64 〃 68 〃		0.95	0.84	0.85	0.85	0.98	
68 〃 72 〃		0.94	0.83	0.84	0.84	0.97	
72 〃 76 〃		0.93	0.82	0.83	0.83	0.96	
76 〃 80 〃		0.92	0.81	0.82			
80 〃 84 〃		0.90	0.80	0.81	0.82	0.93	
84 〃 88 〃		0.88		0.80			
88 〃 92 〃		0.86			0.81	0.90	
92 〃 96 〃	0.99	0.84					
96 〃 100 〃	0.97	0.82					
100 〃	0.95	0.80			0.80		

⑥ 間口狭小補正率表

間口距離m ＼ 地区区分	ビル街	高度商業	繁華街	普通商業・併用住宅	普通住宅	中小工場	大工場
4未満	—	0.85	0.90	0.90	0.90	0.80	0.80
4以上6未満	—	0.94	1.00	0.97	0.94	0.85	0.85
6 〃 8 〃	—	0.97		1.00	0.97	0.90	0.90
8 〃 10 〃	0.95	1.00			1.00	0.95	0.95
10 〃 16 〃	0.97					1.00	0.97
16 〃 22 〃	0.98						0.98
22 〃 28 〃	0.99						0.99
28 〃	1.00						1.00

⑦ 奥行長大補正率表

奥行距離/間口距離 ＼ 地区区分	ビル街	高度商業	繁華街	普通商業・併用住宅	普通住宅	中小工場	大工場
2以上3未満	1.00	1.00			0.98	1.00	1.00
3 〃 4 〃		0.99			0.96	0.99	
4 〃 5 〃		0.98			0.94	0.98	
5 〃 6 〃		0.96			0.92	0.96	
6 〃 7 〃		0.94			0.90	0.94	
7 〃 8 〃		0.92				0.92	
8 〃		0.90				0.90	

② 側方路線影響加算率表

地区区分	加算率	
	角地の場合	準角地の場合
ビル街	0.07	0.03
高度商業、繁華街	0.10	0.05
普通商業・併用住宅	0.08	0.04
普通住宅、中小工場	0.03	0.02
大工場	0.02	0.01

③ 二方路線影響加算率表

地区区分	加算率
ビル街	0.03
高度商業、繁華街	0.07
普通商業・併用住宅	0.05
普通住宅、中小工場	0.02
大工場	0.02

④ 不整形地補正率を算定する際の地積区分表

地区区分 ＼ 地積区分	A	B	C
高度商業	1,000㎡未満	1,000㎡以上 1,500㎡未満	1,500㎡以上
繁華街	450㎡未満	450㎡以上 700㎡未満	700㎡以上
普通商業・併用住宅	650㎡未満	650㎡以上 1,000㎡未満	1,000㎡以上
普通住宅	500㎡未満	500㎡以上 750㎡未満	750㎡以上
中小工場	3,500㎡未満	3,500㎡以上 5,000㎡未満	5,000㎡以上

⑤ 不整形地補正率表

かげ地割合 ＼ 地区区分・地積区分	高度商業、繁華街、普通商業・併用住宅、中小工場			普通住宅		
	A	B	C	A	B	C
10%以上	0.99	0.99	1.00	0.98	0.99	0.99
15% 〃	0.98	0.99	0.99	0.96	0.98	0.99
20% 〃	0.97	0.98	0.99	0.94	0.97	0.98
25% 〃	0.96	0.98	0.99	0.92	0.95	0.97
30% 〃	0.94	0.97	0.98	0.90	0.93	0.96
35% 〃	0.92	0.95	0.98	0.88	0.91	0.94
40% 〃	0.90	0.93	0.97	0.85	0.88	0.92
45% 〃	0.87	0.91	0.95	0.82	0.85	0.90
50% 〃	0.84	0.89	0.93	0.79	0.82	0.87
55% 〃	0.80	0.87	0.90	0.75	0.78	0.83
60% 〃	0.76	0.84	0.86	0.70	0.73	0.78
65% 〃	0.70	0.75	0.80	0.60	0.65	0.70

⑧ 規模格差補正率を算定する際の表

イ 三大都市圏に所在する宅地

地積㎡ ＼ 地区区分・記号	普通商業・併用住宅 普通住宅	
	Ⓑ	Ⓒ
500以上1,000未満	0.95	25
1,000 〃 3,000 〃	0.90	75
3,000 〃 5,000 〃	0.85	225
5,000 〃	0.80	475

ロ 三大都市圏以外の地域に所在する宅地

地積㎡ ＼ 地区区分・記号	普通商業・併用住宅 普通住宅	
	Ⓑ	Ⓒ
1,000以上3,000未満	0.90	100
3,000 〃 5,000 〃	0.85	250
5,000 〃	0.80	500

⑨ がけ地補正率表

がけ地地積/総地積 ＼ がけ地の方位	南	東	西	北
0.10以上	0.96	0.95	0.94	0.93
0.20 〃	0.92	0.91	0.90	0.88
0.30 〃	0.88	0.87	0.86	0.83
0.40 〃	0.85	0.84	0.82	0.78
0.50 〃	0.82	0.81	0.78	0.73
0.60 〃	0.79	0.77	0.74	0.68
0.70 〃	0.76	0.74	0.70	0.63
0.80 〃	0.73	0.70	0.66	0.58
0.90 〃	0.70	0.65	0.60	0.53

⑩ 特別警戒区域補正率表

特別警戒区域の地積/総地積	補正率
0.10以上	0.90
0.40 〃	0.80
0.70 〃	0.70

（資4－85－A4統一）

④　倍率地区にある宅地

路線価方式が適用される路線価地区以外の地区にある宅地（倍率地区にある宅地）の評価は、倍率方式で評価されます。

倍率方式による評価は、次の算式で計算します。

宅地の評価額 ＝ 固定資産税評価額 × その地区の倍率

【事例 4-3　倍率方式】

倍率地区にある宅地は、固定資産税評価額にその地区の倍率を乗じて、次のように評価します。

（1）倍率の確認

評価宅地の地域に該当する倍率を確認

（2）計算

愛西市石田町の倍率地域

（固定資産税評価額）×（倍率）＝　（評価額）

10,000,000 円　×　1.1　＝　**11,000,000 円**

令和 2年分　倍　率　表　1頁

市区町村名：愛西市　津島税務署

音順	町（丁目）又は大字名	適用地域名	借地権割合	固定資産税評価額に乗ずる倍率等 宅地	田	畑	山林	原野	牧場	池沼
			%	倍	倍	倍	倍	倍	倍	倍
あ	赤目町	農業振興地域内の農用地区域		—	純 8.6	純 9.8	—	—		
		上記以外の地域	40	1.1	中 12	中 14	—	—		
い	石田町	農業振興地域内の農用地区域		—	純 7.7	純 8.8	—	—		
		上記以外の地域	40	1.1	中 11	中 13	—	—		
	稲葉町	市街化区域	—	路線	市比準	市比準	—	—		
		市街化調整区域								
		1　農業振興地域内の農用地区域		—	純 13	純 15	—	—		
		2　上記以外の地域	50	1.1	中 18	中 22	—	—		

土地及び土地の上に存する権利の評価明細書（倍率方式）

(住居表示) 所在地番	(　　　　　) 愛西市石田町○○	所有者	住所(所在地)	名古屋市中区	使用者	住所(所在地)	
			氏名(法人名)	大須　太郎		氏名(法人名)	

地目	利用区分	台帳固定資産税評価額	持分		地積	実際の面積	(持分640.00㎡) 640.00㎡
宅地	自用地	10,000,000円	100 / 100			台帳	640.00㎡
		固定資産税評価額	倍率		価額		
		10,000,000円	1.1倍		11,000,000円		

	利用区分	算式	総額	記号
総額計算による価額	貸宅地	(自用地の評価額)　(借地権割合) 円×(1－0.　　)	円	R
	貸家建付地	(自用地の評価額又はT)　(借地権割合)(借家権割合)(賃貸割合) 円×(1－0.　×0.　×㎡/㎡)	円	S
	(　の目的となっている土地)権	(自用地の評価額)　(　　割合) 円×(1－0.　　)	円	T
	借地権	(自用地の評価額)　(借地権割合) 円×0.	円	U
	貸家建付借地権	(U，ABのうちの該当記号)(　)　(借家権割合)　(賃貸割合) 円×(1－0.　×㎡/㎡)	円	V
	転貸借地権	(U，ABのうちの該当記号)(　)　(借地権割合) 円×(1－0.　　)	円	W
	転借権	(U，V，ABのうちの該当記号)(　)　(借地権割合) 円×0.	円	X
	借家人の有する権利	(U，X，ABのうちの該当記号)(　)　(借家権割合)　(賃借割合) 円×0.　×㎡/㎡	円	Y
	(　)権	(自用地の評価額)　(　　割合) 円×0.	円	Z
	権利が競合する場合の土地	(R，Tのうちの該当記号)(　)　(　　割合) 円×(1－0.　　)	円	AA
	他の権利と競合する場合の権利	(U，Zのうちの該当記号)(　)　(　　割合) 円×(1－0.　　)	円	AB
備考				

⑤　利用状況に応じた評価額の修正

路線価方式や倍率方式に応じて評価した宅地が次のように特殊な状況や利用がなされている場合には、路線価方式等で評価した金額を修正した金額が評価額とされます。

イ、私道の用に利用されている宅地

特定の者の道路として利用されている宅地は、路線価方式で計算した評価額の30％で評価されます。また、その道路が不特定多数の者の通行の用に供されている場合には、評価額はないもの（ゼロ）とされます。

ロ、土地区画整理中の宅地

土地区画整理事業の施行地区内にある宅地で、仮換地が指定されている場合には、仮換地の価額で評価します。この場合、仮換地が造成工事中で工事完了まで1年超の期間が見込まれる場合には、仮換地の価額の95％で評価します。

ただし、仮換地の造成工事が行われていない場合等一定の要件に該当する場合には、従前の宅地で評価します。

ハ、造成中の宅地

造成中の宅地は、次の算式により評価します。

評価額 ＝（その土地の造成工事着手直前の地目により評価した課税時期における価額）＋ 造成に係る費用現価※ × $\frac{80}{100}$

※造成に係る費用現価…課税時期までに支出した宅地造成のための費用の額を課税時期現在の価額に引き直した額の合計額

ニ、地積規模の大きな宅地

地積規模が大きい宅地（三大都市圏では500㎡、その他の地域では1,000㎡以上の地積の宅地で、次の（イ）に該当するものを除く）で、普通商業・併用住宅地区及び普通商業地区に所在するものの評価は、通常の評価額に、次の（ロ）の算式により求めた規模格差補正率を乗じて計算した価額で評価します。

（イ）除外される宅地

次の宅地は、地積規模の大きな宅地から除外され、この規定の適用はできません。

A、市街地調整区域（開発行為を行うことができる区域を除く）に所在する宅地

B、工業専用地域に所在する宅地

C、容積率が400%（東京の特別区では300%）以上の地域に所在する宅地

（ロ）規模格差補正率

$$\text{規模格差補正率} = \frac{(A)\times(B)+(C)}{\text{地積規模の大きな宅地の地積}(A)} \times 0.8$$

地積	（B）	三大都市圏（C）	その他の地域（C）
500㎡以上　1,000㎡未満	0.95	25	
1,000㎡以上　3,000㎡未満	0.90	75	100
3,000㎡以上　5,000㎡未満	0.85	225	250
5,000㎡以上	0.80	475	500

評価額＝通常の宅地評価額×規模格差補正率

ホ、農業用施設用地

農業振興地域の整備に関する法律の適用される農用地区域や市街化調整区域内にある農業用施設（例、農機具、種子、肥料等を置く施設）の敷地である土地を農業用施設用地といいます。この農業用施設用地は、次のように評価されます。

評価額 ＝（付近の農地の1㎡当たりの固定資産税評価額 × 農地の倍率 ＋ 1㎡当たりの造成費相当額）× 地積

ただし、付近にある宅地の価額に類似する価額で取引され、上記の方法で評価することが不適当と認められる場合には、次の算式で評価されます。

評価額 ＝ 宅地の価額 × 宅地の倍率 × 地積

へ、セットバックを必要とする宅地

道路に面し、将来、建物の建替え時には道路敷きとして宅地の一部を提供しなければならない宅地の評価は、道路敷きとなる部分について一定の評価減がなされます。その評価額は次の算式で計算します。

$$評価額 = 通常の宅地としての評価額 \times \left(1 - \frac{道路敷き部分の地積}{総地積} \times 0.7\right)$$

（注）都市計画区域内の建築基準法 42 条第 2 項に道路に面する宅地は、道路の中心から左右に 2mずつ後退した線が道路の境界線と見なされ、将来、建て替え等行う場合には、その後退した線まで、道路敷きとして提供しなければならないことになっています。

ト、都市計画道路予定地の区域内の宅地

都市計画道路予定地内の宅地は、次のように評価します。

評価額 ＝ 通常の宅地としての評価額 × 補正率

補正率は、地区区分、容積率、地積割合の別に応じて定められています。

チ、文化財建造物の敷地の用に供されている宅地

文化財保護法により重要文化財に指定された建造物、登録有形文化財、その他伝統的建造物（文化財建造物）の敷地となっている宅地は、次のように評価します。

評価額 ＝ 通常の宅地としての評価額 ×（ 1－種類に応じた控除割合※）

※控除割合

文化財建造物の種類	控除割合
重要文化財	0.7
登録有形文化財	0.3
伝統的建造物	0.3

リ、利用価値が著しく低下している宅地

利用価値が付近にある他の宅地の利用状況から見て、著しく低下していると認められる宅地（以下のような状況にある宅地）は、次により評価します。

（イ）道路より高い位置又は低い位置にある宅地で付近の宅地より高低差が著しい宅地

（ロ）地盤に甚だしい凹凸のある宅地

（ハ）震動の甚だしい宅地

（ニ）騒音、日照阻害、臭気、忌み等により土地売買取引に影響がある場合

評価額 ＝ 通常の宅地としての評価額 －
利用価値が低下していると認められる部分の価額 × 10%

ヌ、土地信託にかかる信託受益権の評価

相続、贈与等により取得した土地信託に係る受益権は、その取得のときにおいて信託の目的となっている信託財産である土地等の評価額でもって、評価します。

（3）貸宅地と貸家建付地の評価

宅地の上に建物がある場合、また建物が他人に賃貸されている場合、建物所有者の宅地に対する権利である借地権や建物の賃借人が有する借家権は、法律上、権利として守られており、その契約を解除するにも制限があります。

そこで宅地や建物の評価額の計算上、これらの借地権や借家権はマイナス要因として、通常の評価額から減額されます。

①　貸宅地

貸宅地とは、宅地の所有者と建物の所有者が異なり、賃貸契約（借地権の設定）により賃貸されている宅地をいいます。

貸宅地には次のような形態があり、それぞれの形態に応じて評価方法が異なります。

イ、借地権の目的となっている宅地

（イ）借地権の目的となっている宅地（(ロ)以下を除く）の価額は、次の算式により計算した金額によって評価します。

自用地としての価額 ×（ 1 － 借地権割合）

なお、借地権の取引慣行のない地域においては、借地権割合を 100 分の 20 として上記の計算を行います。

（ロ）「相当の地代」に相当する地代が支払われている貸宅地

自用地としての価額の 80%相当額

(注) 相当の地代

その土地の自用地としての価額の課税時期以前3年間の平均額のおおむね6%に相当する地代をいいます。

（ハ）通常支払われる権利金に満たない金額の権利金を収受している場合又は特別の経済的利益を受けている場合の貸宅地は、次の算式により計算します。

ただし、その金額がその土地の自用地としての価額の 80%相当額を超える場合は、その 80%相当額とします。

自用地としての価額 ×

$$\left[1 - \text{借地権割合} \times \left(1 - \frac{\text{実際に支払っている地代の年額}-\text{通常の地代の年額}}{\text{相当の地代の年額}-\text{通常の地代の年額（注）}}\right) \right]$$

(注)「通常の地代の年額」が不明のとき

その土地の自用地としての価額から借地権価額を控除した金額(底地価額)の課税時期以前 3 年間の平均額に対して 6%を「通常の地代の年額」とみなすことができます。

（ニ）無償返還に関する届出書が提出されている宅地

自用地としての価額の 80%相当額

（ホ）使用貸借契約にかかる宅地

使用貸借とは、無償（または固定資産税相当額）にて土地等を貸すことであり、土地を借りている者に何らの権利が発生しない貸借取引です。この場合には、自用地として評価します。

（ヘ）地代の年額が「相当の地代」には満たないが、通常の地代の年額を超えると認められるような場合の貸宅地は、次の算式により計算します。

ただし、その計算した金額が自用地としての価額の 80%相当額を超える場合は、当該 80%相当額を評価額とします。

$$\text{自用地としての価額} \times \left\{ 1 - \text{借地権割合} \times \left(1 - \frac{\text{実際に支払っている地代の年額} - \text{通常の地代の年額}}{\text{相当の地代の年額} - \text{通常の地代の年額}} \right) \right\}$$

（参考）同族会社の株式評価において借地権相当額を計上しなければならない場合

上記（ロ）、（ニ）のように貸宅地の評価額を自用地としての価額の 80%相当額によって評価する場合において、その貸宅地の所有者が被相続人で、その貸宅地を被相続人が同族関係者となっている同族会社に貸し付けているときは、その同族会社の株式の評価額の計算上、その土地の自用地としての価額の 20%相当額を借地権の価額として会社の純資産価額に算入します。

【事例 4-4　相当の地代を払っていない貸宅地の評価】

◇前提条件◇

宅地の所有者であるAは、その宅地を自分が経営する会社Bに賃貸し、会社Bは、Aに対して相当の地代に満たない地代を支払っています。

なお、賃貸契約に当たり、借地権相当額の権利金等の授受はありません。

①	土地の自用地としての価額の過去3年間の平均額	5,000万円
②	土地のその年の自用地評価額	6,000万円
③	借地権割合	80%
④	相当の地代の年額(①×6%)	300万円
⑤	通常の地代の年額	60万円
⑥	実際に支払っている地代の年額	120万円

≪貸宅地の評価方法≫

賃貸契約に当たり、借地権相当額の権利金の授受もなく、また、相当の地代の支払もないことから、貸宅地の評価は次の算式で求められます。

$$\text{自用地としての価額} \times \left\{1 - \text{借地権割合} \times \left(1 - \frac{\text{実際に支払っている地代の年額} - \text{通常の地代の年額}}{\text{相当の地代の年額} - \text{通常の地代の年額}}\right)\right\}$$

$$6{,}000\text{万円} \times \left\{1 - 0.8 \times \left(1 - \frac{120\text{万円} - 60\text{万円}}{300\text{万円} - 60\text{万円}}\right)\right\} = \mathbf{2{,}400\text{万円}}\text{(貸宅地評価額)}$$

ロ、定期借地権等の目的となっている宅地(ハの場合を除きます。)

定期借地権等の目的となっている宅地の価額は、次の算式により計算した金額によって評価します。

その宅地の自用地としての価額 －

（定期借地権等の価額とその宅地の自用地としての価額に下記の定期借地権等の残存期間に応じる割合を乗じて計算した金額のうち多いほうの金額）

（イ）	残存期間が5年以下のもの	100分の5
（ロ）	残存期間が5年を超え10年以下のもの	100分の10
（ハ）	残存期間が10年を超え15年以下のもの	100分の15
（ニ）	残存期間が15年を超えるもの	100分の20

ハ、一般定期借地権の目的となっている宅地の評価の特例

借地借家法第22条の規定の適用を受けるもの（以下「一般定期借地権」という）の目的となっている宅地は、課税上弊害がない限り、ロの規定にかかわらず、次により評価します。

（イ）一般定期借地権の目的となっている宅地の評価

借地権割合の地域区分のうち、一定の地域区分に存する一般定期借地権の目的となっている宅地の価額は次の算式により計算した金額によって評価します。

一般定期借地権の目的となっている宅地の価額 ＝

課税時期における自用地としての価額 － 一般定期借地権の価額に相当する金額※

※一般定期借地権の価額に相当する金額 ＝

$$\text{課税時期における自用地としての価額} \times (1 - \text{底地割合}) \times \frac{\text{残存期間の複利年金現価率}}{\text{設定期間の複利年金現価率}}$$

（ロ）底地割合

上記（イ）の算式中の「底地割合」は、国税庁から公表されています。底地割合は借地権割合及びその市域区分に応じ、55％～75％まで設定されています。

（ハ）課税上弊害がない場合

課税上弊害がない場合とは、一般定期借地権の設定等の行為が専ら租税回避を目的としたものでない場合のほか、この特例により評価することが著しく不適当と認められることのない場合をいいます。

例えば、借地権者が借地権設定者の親族であるときには、課税上弊害がある場合に該当します。

② 貸家建付地

土地の所有者と建物の所有者が同一者で、その建物が賃貸契約により第三者に賃貸されている場合の宅地を貸家建付地といいます。この場合、建物の賃借人は、建物に対し借家権を有しますが、土地に対しては借地権等の直接の権利を有しません。

しかし、建物に対し有する借家権という権利により、間接的に土地の利用に対し一定の制限が加わります。

課税実務では、借家人が有する底地に対するこの一定の制限を評価し、宅地の評価額から控除します。

貸家建付地は次の算式で評価します。

貸家建付地の評価額 ＝

自用地評価額 ×（ 1 － 借地権割合 × 借家権割合 × 賃貸割合※ ）

※賃貸割合とは、課税時期において、賃貸されている割合をいい、次の算式により計算した割合によります。

$$賃貸割合＝\frac{賃貸されている各独立部分の床面積の合計}{家屋の各独立部分の床面積の合計}$$

【事例 4-5　貸家建付地の評価】

事例 4-2　の宅地の上に、宅地所有者が賃貸マンションを建て、全 10 戸のうち貸付部分の部屋が 8 戸（残り 2 戸は自用部分であり、1 戸 30 ㎡とする）の場合、その貸家建付地の評価は、以下の通りとなります。

（１）**土地の評価額（自用地評価額）**…計算方法については事例 4-2 を参照

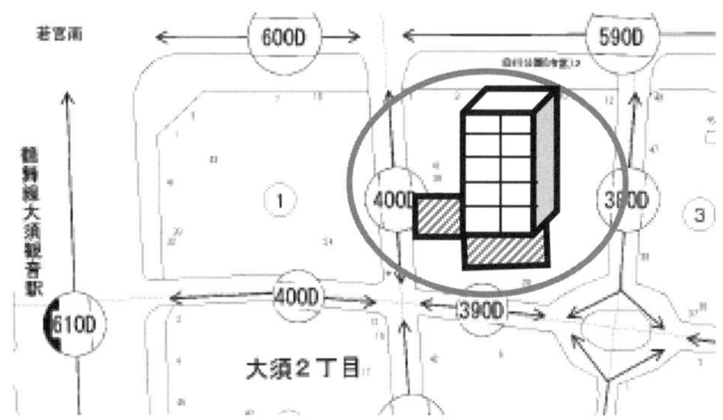

（２）**借地権割合の確認**…①の路線価がどの地区区分に該当するか確認

末尾の記号	A	B	C	D	E	F	G
借地権割合	90%	80%	70%	60%	50%	40%	30%

事例の場合、末尾の記号がDであることから、借地権割合は 60%

（３）　**評価額の算出**…次の算式で計算した価額

自用地評価額×｛1 －（借地権割合×借家権割合※1×賃貸割合※2　）｝

※1　借家権割合　現在 30%

※2　賃貸割合＝ $\dfrac{\text{賃貸されている各独立部分の床面積の合計}}{\text{家屋の各独立部分の床面積の合計}}$

自用地評価額＝　事例 4-2 から　118,518,785 円

賃貸割合＝ $\dfrac{240\text{ ㎡（30 ㎡×8 室(2 室自用)）}}{300\text{ ㎡（30 ㎡×10 室）}}$ ＝ 80%

118,518,785 円 ×｛1－（60% × 30% × 80% ）｝＝ **101,452,079 円**

中区大須○○－○○　　土地及び土地の上に存する権利の評価明細書（第2表）

（平成三十一年一月分以降用）

セットバックを必要とする宅地の評価額	（自用地の評価額）　円 －（（自用地の評価額）　円 × （該当地積）㎡ /（総地積）㎡ × 0.7）	（自用地の評価額）　円	N
都市計画道路予定地の区域内にある宅地の評価額	（自用地の評価額）　円 × （補正率）0.	（自用地の評価額）　円	O

大規模工場用地等の評価額	○ 大規模工場用地等（正面路線価）　円 ×（地積）㎡ ×（地積が20万㎡以上の場合は0.95）	円	P
	○ ゴルフ場用地等（宅地とした場合の価額）（地積）（　円× ㎡×0.6）－（（1㎡当たりの造成費）円×（地積）㎡）	円	Q

	利用区分	算　式	総　額	記号
総額計算による価額	貸宅地	（自用地の評価額）　円 ×（1－ 0.　）（借地権割合）	円	R
	貸家建付地	（自用地の評価額又はT）（借地権割合）（借家権割合）（賃貸割合）118,518,785 円 ×（1－ 0.60 × 0.30 × 240.00 ㎡ / 300.00 ㎡）	101,452,079 円	S
	（　の目的となっている土地）権	（自用地の評価額）（　割合）　円 ×（1－ 0.　）	円	T
	借地権	（自用地の評価額）（借地権割合）　円 × 0.	円	U
	貸家建付借地権	（U，ABのうちの該当記号）（　）（借家権割合）（賃貸割合）　円 ×（1－ 0.　× ㎡ / ㎡）	円	V
	転貸借地権	（U，ABのうちの該当記号）（　）（借地権割合）　円 ×（1－ 0.　）	円	W
	転借権	（U，V，ABのうちの該当記号）（　）（借地権割合）　円 × 0.	円	X
	借家人の有する権利	（U，X，ABのうちの該当記号）（　）（借家権割合）（賃借割合）　円 × 0.　× ㎡ / ㎡	円	Y
	（　）権	（自用地の評価額）（　割合）　円 × 0.	円	Z
	権利が競合する場合の土地	（R，Tのうちの該当記号）（　）（　割合）　円 ×（1－ 0.　）	円	AA
	他の権利と競合する場合の権利	（U，Zのうちの該当記号）（　）（　割合）　円 ×（1－ 0.　）	円	AB
備考				

（注）　区分地上権と区分地上権に準ずる地役権とが競合する場合については、備考欄等で計算してください。

（資4－25－2－A4統一）

③　借地権等の評価

土地の上に建物を建築した場合に発生する権利である借地権や定期借地権、また、トンネル等を設置した場合に発生する地上権等も財産です。これらの権利は、単独で財産となり、またその底地である土地の評価においては、この権利の金額を控除して評価することになります。

イ、通常の借地権

借地権の設定に当たり、設定の対価として通常の対価を支払っている場合の借地権は、次の算式で評価します。

> 借地権の価額 ＝ 自用地としての評価額 × 借地権割合

ロ、相当地代が払われている場合又は無償返還の届出が提出されている場合

この場合には、借地権の評価額はないものとされます。

ハ、支払地代の年額が相当地代に満たない場合の借地権

この場合には、次の算式で評価します。

$$\text{借地権の価額} = \text{自用地としての評価額} \times \left\{ \text{借地権割合} \times \left(1 - \frac{\text{実際に支払っている地代の年額} - \text{通常の地代の年額}}{\text{相当の地代の年額} - \text{通常の地代の年額}} \right) \right\}$$

■ ***Check Point !!***

☑　通常、土地の相続税評価は、取引相場より安くなるように路線価が設定されています。

☑　土地の評価において、相続税評価でなく、取引相場で評価される場合があります。負担付贈与、低額譲渡、非上場株式の評価における前3年内取得の場合がこれに該当します。

（4）宅地以外の土地の評価

①　農地の評価

イ、農地の評価

農地は、原則として、耕作の単位（1 枚）ごとに、純農地、中間農地、市街地周辺農地、市街地農地に区分して評価します。

純農地や中間農地は、固定資産税評価額に地域ごとの倍率を乗じて評価し、市街地周辺農地や市街地農地は近隣の宅地に準じて評価されます。

なお、市街地農地等については、地積規模の大きな宅地の評価に関する規定を適用することができます。

①　純農地

評価額 ＝ 固定資産税評価額 × 倍率

②　中間農地

評価額 ＝ 固定資産税評価額 × 倍率

③　市街地周辺農地

評価額 ＝（農地が宅地であるとした場合の 1 ㎡当たりの価額）－（1 ㎡当たりの造成費相当額）× 地積 × $\frac{80}{100}$

④　市街地農地

評価額 ＝（農地が宅地であるとした場合の 1 ㎡当たりの価額）－（1 ㎡当たりの造成費相当額）× 地積

ロ、農業投資価格による評価

農業相続人が農地に係る納税猶予の適用を受ける場合、適用を受ける農地の評価は、農業経営を継続できるように、上記イの評価額より低い評価となる農業投資価格で評価します。この制度は農業を保護し、生活に必要な食料を確保する観点から設けられたものです。

ハ、生産緑地

生産緑地法が適用される一定の農地である生産緑地の評価は、上記イの評価額から、その評価額に一定割合を乗じた金額を控除して評価します。

① 課税時期において市町村長に対し買取りの申出をすることができない生産緑地

評価額 ＝ 生産緑地でないものとして評価した価額 × （1－ 割合）

課税時期から買取りの申出をすることができることとなる日までの期間	割合
5年以下のもの	100分の10
5年を超え10年以下のもの	100分の15
10年を超え15年以下のもの	100分の20
15年を超え20年以下のもの	100分の25
20年を超え25年以下のもの	100分の30
25年を超え30年以下のもの	100分の35

② 課税時期において市町村長に対し買取りの申出が行われていた生産緑地又は買取の申出をすることができる生産緑地

評価額 ＝ 生産緑地でないものとして評価した価額 × $\left(1-\frac{5}{100}\right)$

② 山林

イ、山林の評価

山林は、原則として、一筆ごとに、純山林、中間山林、市街地山林に区分して評価します。

純山林や中間山林は、固定資産税評価額に地域ごとの倍率を乗じて評価し、市街地山林は近隣の宅地に準じて評価されます。また、広大な市街地山林は、地積規模の大きな宅地の評価に関する規定の適用ができます。

① 純山林

評価額 ＝ 固定資産税評価額 × 倍率

② 中間山林

評価額 ＝ 固定資産税評価額 × 倍率

③ 市街地山林

評価額 ＝ （山林が宅地であるとした場合の１㎡当たりの価額 － １㎡当たりの造成費相当額）× 地積

④ 広大な市街地山林

市街地山林が地積規模の大きな宅地の評価に定めるものに該当するときは、その市街地山林の価額は、地積規模の大きな宅地の評価の定めに準じて評価します。

ロ、保安林等

森林法等により伐採の制限を受ける山林である保安林等や特別緑地保全地区内にある山林の評価については、一定の割合で減額し評価します。

① 保安林等

評価額 ＝ 山林等の評価に比準して評価した価額 ×（1－ 控除割合 ）

法令に基づき定められた伐採関係の区分	控除割合
一部皆伐	0.3
択伐	0.5
単木選伐	0.7
禁伐	0.8

② 特別緑地保全地区内にある山林

評価額 ＝ 山林の評価額 ×（ $1 - \frac{80}{100}$ ）

（5）建物の評価

①　原則

建物の評価は、固定資産税評価額でもって評価します。また、家屋と構造上一体となっている設備（電気設備、給排水設備、ガス設備等）は、建物の評価額に含めて評価します。

①　建物 評価額 ＝ 固定資産税評価額 × 1.0 ②　建物と構造上一体となっている建物付属設備 評価額 ＝ 0（家屋の評価額に含まれているため）

②　増改築

増改築がなされた建物は、増改築後固定資産税評価額が改定された場合には固定資産税評価額とし、固定資産税評価が改定されていない場合には、増改築部分に関し、別途評価することになります。

なお、適当な方法がない場合には、次により評価します。

評価額 ＝（再建築価額－償却額）× 70%

③　門、塀等の評価

門、塀、外井戸、屋外ごみ処理設備は、建物と区別して評価します。

門、塀等の評価は、次の算式で計算します。

評価額 ＝（附属設備の再建築価額※ － 課税時期までの償却額）× $\frac{70}{100}$ ※課税時期においてその財産を新たに建築又は設備するために要する費用の額の合計額

④　庭園設備

庭園設備とは、庭木、庭石、あずまや、庭池等を指します。

庭園設備の評価は、次の算式で計算します。

評価額 ＝ 庭園設備の調達価額※ × $\frac{70}{100}$

※調達価額とは、課税時期においてその財産をその財産の現況により取得する場合の価額

（参考）資本的支出

課税実務では、既存の建物や建物付属設備に対する支出で、修繕費とならないものは、資本的支出として資産に計上します。この資本的支出とされたものは、相続税の評価においても建物や建物付属設備として相続財産になるものがありますので、注意が必要です。

■ **Check Point !!**

☑　地方税法の規定では、建物の固定資産税評価額は、時価により評価すると規定しています。

しかし、新築の場合、固定資産税評価額は取引相場（建築価格）より低くなりますが、ある一定年数を超えると、固定資産税評価額が取引相場より高くなる場合があります。

☑　建物の評価においても土地の評価と同様、相続税評価でなく取引相場で評価される場合があります。負担付贈与、低額譲渡、非上場株式の評価における前 3 年内取得の場合がこれに該当します。

⑤　貸家

建物が賃貸契約により、他の者に賃貸されている場合には、賃借人の有する借家権（その借家の敷地である宅地等に有する権利）を控除して、次のように評価します。

評価額 ＝ 家屋の評価額 ×（1 － 借家権割合※1 × 賃貸割合※2 ）

※1　借家権割合は国税局長の定める割合となり、財産評価基準書に記載されています（現在は全国一律 30%）。

※2　賃貸割合とは、課税時期において、賃貸されている割合をいい、次の算式により計算した割合によります。

$$賃貸割合＝\frac{賃貸されている各独立部分の床面積の合計}{家屋の各独立部分の床面積合計}$$

（6）構築物、果樹、立竹木の評価

①　構築物

構築物とは、建物と区分される広告塔、橋、ガソリンスタンド、プールなどが該当します。構築物は次のように評価します。

評価額 ＝（構築物の再建築価額※ － 課税時期までの償却額）× $\frac{70}{100}$

※課税時期においてその財産を新たに建築又は設備するために要する費用の額の合計額

② 果樹、立木及び立竹

特定のもの（庭園設備と一体評価されるもの等）を除き、果樹、立木、立竹もまた相続財産ですので、一定の方法で評価されます。

① 果樹

（a）幼齢樹

評価額 ＝（植樹から課税時期までに要した苗木や肥料等の現価の合計額）× $\frac{70}{100}$

（b）成熟樹

評価額 ＝（植樹の時から成熟の時までに要した苗木や肥料等の現価の合計額 － 成熟時から課税時期までの償却費の額）× $\frac{70}{100}$

② 立木

（a）原則

評価額 ＝ 標準価額 × 地味級 × 立木度 × 地利級 × 地積（ha）

（b）庭園にある立木

庭園設備と一括して評価

③ 竹木

売買実例価額、精通者意見価格等を斟酌して評価

（7）動産の評価

① 動産の評価単位

動産の価額は、原則として、1個又は1組ごとに評価します。

しかし、家庭用動産等で1個の評価額が5万円以下の場合には、1世帯ごとに一括して評価することができます。農耕用動産、旅館用動産等についても同様です。

② 動産の評価方法

評価方法が特定されている棚卸資産、書画骨董、牛馬等、船舶以外の一般動産は、原則として、売買実例価額、精通者意見価格等を斟酌して評価されますが、この価

格が不明の場合には、その資産の小売価額相当額から償却額相当額を控除した金額で評価します。このような資産には、機械装置、器具備品、車両運搬具、家庭用の家具や什器等があります。

> ① 原則
>
> 売買実例価額、精通者意見価格等を斟酌して評価
>
> ② 売買実例価額、精通者意見価格等が明らかでない場合
>
> 評価額 ＝ ｛その動産と同種及び同規格の新品の課税時期における小売価額｝ － ｛償却費の額の合計額又は減価の額｝

③ 棚卸資産

棚卸資産とは、事業用の商品、製品、原材料、仕掛品をいいます。原則的な評価方法はありますが、評価の煩雑さ等から、通常、所得税法や法人税法に定める評価方法で評価します。

④ 書画骨董

書画・骨董等は、売買実例価額、精通者意見価格等を斟酌して評価します。

■ ***Check Point !!***

☑ 自家用車は車両運搬具、冷蔵庫、洗濯機、クーラー、ＴＶは備品となります。自家用乗用車の耐用年数は６年、冷蔵庫、洗濯機、クーラー、ＴＶ等の備品は通常５年から６年です。中古市場等がなく、耐用年数を経過したものは、通常、評価額はゼロに近くなります。

☑ 家庭用動産とは、箪笥、机、いす等の家具、皿、茶碗等什器を指します。

（8）取引相場のない株式の評価

非上場株式（取引相場のない株式）の評価は、次の方法で行います。

①　取引相場のない株式の評価方式

取引相場のない株式の評価方式には次のような評価方式があります。

イ、原則的評価方式

同族株主等の株式の評価方式として、次のような方式があります。

（イ）類似業種比準方式

評価する会社の業種に類似する上場株式の株価、配当、利益、純資産を基準に、株式を評価する方法です。計算式は次の通りです。

$$類似業種の株価\times\frac{配当割合+利益割合+純資産割合}{3}※1\times斟酌率※2$$

※1　●　配当割合　$=\frac{b}{B}$

B＝課税時期の属する年の類似業種の１株当たりの配当金額

b＝評価会社の一株当たりの配当金額

●　利益割合　$=\frac{c}{C}$

C＝課税時期の属する年の類似業種の１株当たりの年利益金額

c＝評価会社の一株当たりの利益金額

●　純資産割合　$=\frac{d}{D}$

D＝課税時期の属する年の類似業種の１株当たりの純資産価額

d＝評価会社の一株当たりの純資産価額

※2 斟酌率

大会社＝0.7　　中会社＝0.6　　小会社＝0.5

（ロ）純資産価額方式

評価する会社の資産から負債を控除した純資産でもって、株価を評価する方式です。この評価方式は、全ての会社の評価に用いることができます。

具体的には、次の方法で評価します。

1株当たりの純資産価額 ＝

$$\frac{(\text{総資産の相続税評価額}) - (\text{負債の額}) - (\text{評価差額の法人税等相当額})}{\text{課税時期の発行済み株式数（自己株式を除く）}}$$

※　令和2年の評価差額の法人税等相当額は、37%です。

※　株式の取得者と同族関係者の議決権割合が50%以下の場合

$$\text{1株当たりの純資産価額} \times \frac{80}{100}$$

（ハ）折衷方式

類似業種比準方式と純資産価額方式との折衷方式でもって評価する方法で、中会社や小会社の株式評価に適用されます。

具体的には、次の算式で評価します。

株価 ＝（類似業種比準価額×L）＋｛純資産価額 ×（1－L）｝

（注）Lの割合は、中会社の規模に応じ0.6、0.75、0.9となります。

（注）小会社の株式を評価する場合、Lの割合を0.5として評価することができます。

ロ、配当還元方式

同族株主等以外の少数株主の取得した株式の評価は、配当還元方式により評価します。

具体的には、次の算式で評価します。

$$株価 = \frac{(その株式に係る年配当金額)}{10\%} \times \frac{(その株式の１株あたりの資本金等の額)}{50円}$$

※　年配当金額が２円 50 銭未満又は無配である場合の年配当金額は２円 50 銭となります。

※　$１株あたりの資本金等の額 = \frac{(直前期末における資本金等の額)}{(直前期末における発行済み株式数)}$

ハ、S1+S2 方式

会社の資産に占める有価証券の価額が一定割合を超える場合には、株式保有特定会社となり、純資産価額方式での評価が原則ですが、S1+S2 方式を用いて評価することもできます。

ニ、清算中の会社の株式評価方法

清算の結果、分配を受ける見込み金額について、基準年利率による複利現価の額で評価します。

②　株主区分

株式を取得した者が同族株主であるか否かで株式の評価方法は異なります。同族株主（一部の同族株主を除く）であれば原則的評価方式が適用され、同族株主（一部の同族株主を除く）でなければ配当還元方式で評価ができます。

イ、同族株主のいる会社

同族株主のいる会社では、次の（イ）及び（ロ）に該当する株主の有する株式は、配当還元方式で評価され、その他の株主は原則方式で評価されます。

（イ）同族株主以外の株主

（ロ）同族株主の中に中心的な同族株主がいる場合

中心的な同族株主及び役員である（役員となる）同族株主以外の同族株主で議決権割合が 5%未満の者

ロ、同族株主のいない会社

同族株主がいない会社では、次の（イ）及び（ロ）に該当する株主の有する株式は、配当還元方式で評価され、その他の株主は原則方式で評価されます。

（イ）議決権割合の合計が15%未満のグループに属する株主

（ロ）株主の中に中心的な株主がいる場合

　役員である（役員となる）株主以外の株主で議決権割合が5%未満の者

【図表4-2　株主区分と評価方式】

<table>
<tr><th colspan="5">株　主　の　態　様</th><th>評　価　方　式</th></tr>
<tr><td rowspan="6">同族株主のいる会社</td><td rowspan="5">同族株主</td><td colspan="3">株式取得後の議決権割合5%以上</td><td rowspan="4">原則的評価方式</td></tr>
<tr><td rowspan="4">株式取得後の議決権割合5%未満</td><td colspan="2">中心的な同族株主がいない場合</td></tr>
<tr><td rowspan="3">中心的な同族株主がいる場合</td><td>中心的な同族株主</td></tr>
<tr><td>役員</td></tr>
<tr><td>そ　の　他</td><td rowspan="2">配当還元方式</td></tr>
<tr><td colspan="4">同族株主以外の株主</td></tr>
<tr><td rowspan="5">同族株主のいない会社</td><td rowspan="4">議決権割合の合計が15%以上のグループに属する株主</td><td colspan="3">株式取得後の議決権割合5%以上</td><td rowspan="3">原則的評価方式</td></tr>
<tr><td rowspan="3">株式取得後の議決権割合5%未満</td><td colspan="2">中心的な株主がいない場合</td></tr>
<tr><td rowspan="2">中心的な株主がいる場合</td><td>役員</td></tr>
<tr><td>そ　の　他</td><td rowspan="2">配当還元方式</td></tr>
<tr><td colspan="4">議決権割合の合計が15%未満のグループに属する株主</td></tr>
</table>

ハ、定義

上記イ及びロの株主区分による評価方式を適用する場合の株主等に関する定義は次のとおりです。

（イ）同族株主

同族株主とは、株式発行会社の議決権割合の30%以上を保有する株主グループに属する株主をいいます。

ただし、議決権割合の 50%超を保有するグループがいる場合には、その50%超のグループに属する株主のみが同族株主となります。

また、同族株主がいない場合には、議決権割合の 15%以上を保有する株主グループに属する株主も同族株主と同様の評価方式が適用されます。

（ロ）株主グループ

株主グループとは、株主の１人及びその株主の同族関係者をいいます。同族関係者とは、六親等内の血族、三親等内の姻族、また、これらの者が 50%超の議決権を有する同族会社等（法人税施行令第４条に定める特殊関係にある個人及び法人）です。

（ハ）中心的な同族株主

中心的な同族株主とは、本人、配偶者、直系血族、兄弟姉妹及び一親等の姻族（これらの者の特殊関係会社を含む）の合計議決権割合が 25%以上である場合におけるその株主をいいます。

（ニ）中心的な株主

中心的な株主とは、本人及び同族関係者の合計議決権割合が 15%以上である株主グループがある場合において、そのグループに単独で議決権割合の10%以上を有する株主がいる場合のその 10%以上保有する株主をいいます。

③　会社区分

原則的評価方式の適用に当たっては、会社の規模等に応じ、採用できる評価方式が異なります。

なお、純資産価額方式は、清算中の会社を除き、全ての会社の評価に用いることができます。

イ、大会社

社員数、売上高、資産総額等で会社区分が異なります。大会社に区分されると類似業種比準方式で評価することができます。

ロ、中会社

中会社に区分されると類似業種比準方式と純資産価額方式との折衷方式で株式を評価することができます。

ハ、小会社

小会社に区分されると、純資産価額方式での評価が原則ですが、Ｌの割合を0.5とする折衷方式での評価ができます。

ニ、その他の区分

大会社、中会社、小会社の区分にある会社が、次に該当する場合には、上記にかかわらず、純資産価額方式又は特定方式で評価することになります。

（イ）株式保有特定会社

上記①ハのとおり、株式保有特定会社の株式は、原則として純資産価額方式で評価しますが、「Ｓ1＋Ｓ2」方式での評価ができます。

株式保有特定会社に該当するかどうかは、次により判定します。

【株式保有特定会社の判定割合】

$$\frac{\text{株式等価額の合計額(相続税評価額)}}{\text{評価会社の総資産価額(相続税評価額)}} \geqq 50\%$$

（ロ）土地保有特定会社

会社の保有する資産総額に占める土地等の額が一定割合以上の会社を土地保有特定会社といいます。この会社評価は、純資産価額方式で評価します。

土地保有特定会社の判定は、次により行います。

【土地保有特定会社の判定割合】

① 評価会社の会社規模の区分が大会社及び一定の小会社である場合

$$\frac{\text{土地等の価額の合計額(相続税評価額)}}{\text{評価会社の総資産価額(相続税評価額)}} \geqq 70\%$$

② 評価会社の会社規模の区分が中会社及び一定の小会社である場合

$$\frac{\text{土地等の価額の合計額(相続税評価額)}}{\text{評価会社の総資産価額(相続税評価額)}} \geqq 90\%$$

(ハ) 開業後3年未満の会社、休業中の会社

これらの会社の株式は、純資産価額方式で評価します。

(ニ) 1株の配当、利益及び純資産のすべてがゼロの会社

この会社の株式は、純資産価額方式で評価します。

【図表4-3　特定の評価会社の区分】

区分	評価方式
土地保有特定会社	純資産価額方式
株式保有特定会社	純資産価額方式又はＳ1＋Ｓ2方式
開業後3年未満の会社	純資産価額方式
休業中の会社	純資産価額方式
清算中の会社	清算分配見込額の複利現価による評価方式
比準要素(配当・利益・純資産)が1の会社	純資産価額方式又は折衷方式
比準要素(配当・利益・純資産)が0の会社	純資産価額方式

【事例4-6　取引相場のない株式の評価】

◇前提条件◇（類似業種比準方式と純資産価額方式の併用の場合）

㈱大須商店を経営しているＡは、当会社株式20,000株を保有し、令和2年6月13日に死亡しました。被相続人Ａには配偶者Ｂ、長男Ｃ、長女Ｄの2名の子供がおり、各相続人は、㈱大須商店の株式を下記の通り相続しました。

取得者	株　数
配偶者Ｂ	10,000株
長男Ｃ	5,000株
長女Ｄ	5,000株

①　会社の概要

会社名：㈱大須商店（コンビニエンスストア経営）

課税時期：令和2年6月13日

直前期末：令和2年3月31日

株主総会：令和2年5月24日（この株主総会において1,000千円の配当金の支払いが決議されました。）

直前期末の資本金等の額：10,000千円

直前期末の発行済株式数：20,000株（議決権200個）

直前期末の総資産価額（帳簿価額）：125,570千円

直前期末以前1年間の取引金額：290,000千円

② 直前期末以前2年間における必要事項　（単位：千円）

各項目の金額	直前期（H31.4.1〜R2.3.31）	前々期（H30.4.1〜H31.3.31）	前々々期（H29.4.1〜H30.3.31）
配当金額	1,000	1,000	0
法人税の課税所得金額	5,500	3,000	0
非経常的な利益金額	0	500	0
受取配当金等の益金不算入額	0	0	0
受取配当に係る所得税額	0	0	0
繰越欠損金の損金算入額	0	2,000	1,500
資本金等の額	10,000	10,000	—
法人税の利益積立金額	80,000	65,000	—

③ 会社規模の判定

継続勤務従業員数：3名

継続勤務従業員以外の従業員の労働時間の合計時間数：5,000時間

④　類似業種の株価等…国税庁 HP より該当する株価等を確認

業種目		B	C	D
大分類 中分類	番号	配当金額	利益金額	簿価純資産価額
小売業	79	5.4	31	241
飲食料品小売業	82	5.2	26	263

業種目		A（株価）【上段：各月の株価、下段：課税時期の属する月以前２年間の平均株価】			
大分類 中分類	番号	令和１年平均	令和２年４月分	５月分	６月分
小売業	79	372	338 385	365 384	395 382
飲食料品小売業	82	345	345 356	366 355	392 355

（注）株式会社大須商店の貸借対照表並びにその資産負債の評価額は、第５表に記載しているとおりです。

≪株価の計算≫

①　同族株主の判定と評価方式の判定（第１表の１）

株式の評価方式を決定するために株主名簿をもとに、同族株主がいるかどうか、また、株式の取得者は誰なのかを特定し、株式の評価方式を判定します。

この事例では、㈱大須商店は同族株主のいる会社で、かつ、株式の各取得者の議決権割合が5%以上であるため、原則的評価方式が適用されます。

②　会社規模の判定（第１表の２、第２表）

総資産価額（帳簿価額）、取引金額、従業員数、会社業種等により、会社の規模を判定します。

この事例では、㈱大須商店は、中会社（Lの割合：0.75）となります。

③　類似業種比準価額の算定（第4表）

会社の決算書及び法人税の申告書等をもとに、会社の比準要素等の金額を計算します。また、国税庁より公表される「類似業種比準価額計算上の業種目及び業種目別株価等」をもとに、会社の事業内容に従い、類似業種比準価額を計算します。なお、会社の事業内容は、総務省より公表される「日本標準産業分類」により判定します。

この事例では、㈱大須商店の類似業種比準価額は、1株当たり2,363円となります。

④　純資産価額の算定（第5表）

会社の試算表・決算書等をもとに、相続税評価額により計算した純資産価額を計算します。

この事例では、㈱大須商店の1株当たりの純資産価額は、3,307円となります。

⑤　株式の評価額の算定（第3表）

①～④より㈱大須商店の1株あたりの評価額は、

（2,363円×0.75）＋（3,307円×（1－0.75））＝2,599円となります。

◇結論◇

配偶者B、長男C、長女Dが相続により取得する株式の評価額は以下の通りとなります。

配偶者B：2,599円×10,000株＝**25,990,000円**

長男C　：2,599円×5,000株＝**12,995,000円**

長女D　：2,599円×5,000株＝**12,995,000円**

（注）会社規模の判定、類似業種比準価額の算定過程、純資産価額の算定過程は、各々、第1表の2、第2表、第4表、第5表に記載していますので、参考にして下さい。

（取引相場のない株式（出資）の評価明細書）

第1表の1　評価上の株主の判定及び会社規模の判定の明細書

整理番号	

（平成三十年一月一日以降用）

会社名	（電話052 －000 －++++ ）株式会社大須商店	本店の所在地	名古屋市中区大須OOO－O－O		
代表者氏名	大須　一郎	事業内容	取扱品目及び製造、卸売、小売等の区分	業種目番号	取引金額の構成比
課税時期	令和 2 年 6 月 13 日		コンビニエンスストア	82	100 %
直前期	自 平成31 年 4 月 1 日 至 令和 2 年 3 月 31 日				

1. 株主及び評価方式の判定

判定要素（課税時期現在の株式等の所有状況）

氏名又は名称	続柄	会社における役職名	㋑ 株式数（株式の種類）	㋺ 議決権数	㋩ 議決権割合（㋺/④）
配偶者B	納税義務者		株 10,000	個 100	% 50
長男C			5,000	50	25
長女D			5,000	50	25
自己株式			0		
納税義務者の属する同族関係者グループの議決権の合計数				② 200	⑤（②/④） 100
筆頭株主グループの議決権の合計数				③ 200	⑥（③/④） 100
評価会社の発行済株式又は議決権の総数			① 20,000	④ 200	100

判定基準

納税義務者の属する同族関係者グループの議決権割合（⑤の割合）を基として、区分します。

区分	筆頭株主グループの議決権割合（⑥の割合）			株主の区分
	50%超の場合	30%以上50%以下の場合	30%未満の場合	
⑤の割合	（50%超）	30%以上	15%以上	同族株主等
	50%未満	30%未満	15%未満	同族株主等以外の株主

判定	（同族株主等（原則的評価方式等））	同族株主等以外の株主（配当還元方式）

「同族株主等」に該当する納税義務者のうち、議決権割合（㋩の割合）が5%未満の者の評価方式は、「2.少数株式所有者の評価方式の判定」欄により判定します。

2. 少数株式所有者の評価方式の判定

判定要素

項目	判定内容
氏名	
㊁ 役員	である〔原則的評価方式等〕・でない（次の㋭へ）
㋭ 納税義務者が中心的な同族株主	である〔原則的評価方式等〕・でない（次の㋬へ）
㋬ 納税義務者以外に中心的な同族株主（又は株主）	がいる（配当還元方式）・がいない〔原則的評価方式等〕 （氏名　　　）
判定	原則的評価方式等・配当還元方式

第1表の2 評価上の株主の判定及び会社規模の判定の明細書（続）　　会社名 株式会社大須商店

（取引相場のない株式（出資）の評価明細書）

（平成三十年一月一日以降用）

3. 会社の規模（Lの割合）の判定

判定要素

項目	金額	項目	人数
直前期末の総資産価額（帳簿価額）	125,570 千円	直前期末以前1年間における従業員数	5.78 人 〔従業員数の内訳〕 ［継続勤務従業員数］　［継続勤務従業員以外の従業員の労働時間の合計時間数］ （3人）＋（5,000.00 時間）／1,800時間
直前期末以前1年間の取引金額	290,000 千円		

判定基準

㋣ 直前期末以前1年間における従業員数に応ずる区分
- 70人以上の会社は、大会社（㋠及び㋷は不要）
- （○）70人未満の会社は、㋠及び㋷により判定

㋠ 直前期末の総資産価額（帳簿価額）及び直前期末以前1年間における従業員数に応ずる区分

㋷ 直前期末以前1年間の取引金額に応ずる区分

総資産価額（帳簿価額）卸売業	総資産価額（帳簿価額）小売・サービス業	総資産価額（帳簿価額）卸売業、小売・サービス業以外	従業員数	取引金額 卸売業	取引金額 小売・サービス業	取引金額 卸売業、小売・サービス業以外	会社規模とLの割合（中会社）の区分
20億円以上	15億円以上	15億円以上	35人超	30億円以上	20億円以上	15億円以上	大会社
4億円以上 20億円未満	5億円以上 15億円未満	5億円以上 15億円未満	35人超	7億円以上 30億円未満	5億円以上 20億円未満	4億円以上 15億円未満	中会社 0.90
2億円以上 4億円未満	2億5,000万円以上 5億円未満	2億5,000万円以上 5億円未満	20人超 35人以下	3億5,000万円以上 7億円未満	（○）2億5,000万円以上 5億円未満	2億円以上 4億円未満	中会社 0.75
7,000万円以上 2億円未満	（○）4,000万円以上 2億5,000万円未満	5,000万円以上 2億5,000万円未満	（○）5人超 20人以下	2億円以上 3億5,000万円未満	6,000万円以上 2億5,000万円未満	8,000万円以上 2億円未満	中会社 0.60
7,000万円未満	4,000万円未満	5,000万円未満	5人以下	2億円未満	6,000万円未満	8,000万円未満	小会社

・「会社規模とLの割合（中会社）の区分」欄は、㋠欄の区分（「総資産価額（帳簿価額）」と「従業員数」とのいずれか下位の区分）と㋷欄（取引金額）の区分とのいずれか上位の区分により判定します。

判定

大会社	中会社 L の割合			小会社
	0.90	（○）0.75	0.60	

4. 増（減）資の状況その他評価上の参考事項

（取引相場のない株式（出資）の評価明細書）

第2表　特定の評価会社の判定の明細書

会社名　株式会社大須商店

（平成三十年一月一日以降用）

1. 比準要素数１の会社

判定要素						判定基準	
(1) 直前期末を基とした判定要素			(2) 直前々期末を基とした判定要素				(1)欄のいずれか2の判定要素が0であり、かつ、(2)欄のいずれか2以上の判定要素が0
第４表の Ⓑ1の金額	第４表の Ⓒ1の金額	第４表の Ⓓ1の金額	第４表の Ⓑ2の金額	第４表の Ⓒ2の金額	第４表の Ⓓ2の金額		である（該当）　・でない（非該当）
円 銭 5 00	円 25	円 450	円 銭 2 50	円 15	円 375	判定	該当　・　(非該当)

2. 株式等保有特定会社

総資産価額（第5表の①の金額）	株式等の価額の合計額（第5表の㋑の金額）	株式等保有割合（②／①）	判定基準	③の割合が50%以上である	③の割合が50%未満である
① 112,490 千円	② 0 千円	③ 0 %	判定	該当	(非該当)

3. 土地保有特定会社

総資産価額（第5表の①の金額）	土地等の価額の合計額（第5表の㋩の金額）	土地保有割合（⑤／④）	会社の規模の判定（該当する文字を○で囲んで表示します。）
④ 112,490 千円	⑤ 36,000 千円	⑥ 32 %	大会社 ・ (中会社) ・ 小会社

判定基準 会社の規模	大会社		中会社		小会社（総資産価額（帳簿価額）が次の基準に該当する会社）・卸売業 20億円以上・小売・サービス業 15億円以上・上記以外の業種 15億円以上		・卸売業 7,000万円以上20億円未満・小売・サービス業 4,000万円以上15億円未満・上記以外の業種 5,000万円以上15億円未満	
⑥の割合	70%以上	70%未満	90%以上	90%未満	70%以上	70%未満	90%以上	90%未満
判定	該当	非該当	該当	(非該当)	該当	非該当	該当	非該当

4. 開業後３年未満の会社等

(1) 開業後３年未満の会社	判定要素	判定基準	課税時期において開業後３年未満である	課税時期において開業後３年未満でない
	開業年月日　平成 8年 10月 10日	判定	該当	(非該当)

(2) 比準要素数０の会社	直前期末を基とした判定要素			判定基準	直前期末を基とした判定要素がいずれも0
判定要素	第４表の Ⓑ1の金額	第４表の Ⓒ1の金額	第４表の Ⓓ1の金額		である（該当）　・　でない（非該当）
	円 銭 5 00	円 25	円 450	判定	該当　・　(非該当)

5. 開業前又は休業中の会社 ／ 6. 清算中の会社

開業前の会社の判定		休業中の会社の判定		6. 清算中の会社 判定	
該当	(非該当)	該当	(非該当)	該当	(非該当)

7. 特定の評価会社の判定結果

1. 比準要素数１の会社　　2. 株式等保有特定会社
3. 土地保有特定会社　　4. 開業後３年未満の会社等
5. 開業前又は休業中の会社　　6. 清算中の会社

（該当する番号を○で囲んでください。なお、上記の「1. 比準要素数１の会社」欄から「6. 清算中の会社」欄の判定において2以上に該当する場合には、後の番号の判定によります。）

第3表 一般の評価会社の株式及び株式に関する権利の価額の計算明細書　会社名 株式会社大須商店

（取引相場のない株式（出資）の評価明細書）　（平成三十年一月一日以降用）

1．原則的評価方式による価額

1株当たりの価額の計算の基となる金額	類似業種比準価額（第4表の㉖、㉗又は㉘の金額）	1株当たりの純資産価額（第5表の⑪の金額）	1株当たりの純資産価額の80%相当額（第5表の⑫の記載がある場合のその金額）
	① 2,363 円	② 3,307 円	③ 円

	区分	1株当たりの価額の算定方法	1株当たりの価額
1株当たりの価額の計算	大会社の株式の価額	①の金額と②の金額とのいずれか低い方の金額（②の記載がないときは①の金額）	④ 円
	中会社の株式の価額	（①と②とのいずれか低い方の金額 2,363円× Lの割合 0.75）＋（②の金額（③の金額があるときは③の金額） 3,307 円×（1－ Lの割合 0.75））	⑤ 2,599 円
	小会社の株式の価額	②の金額（③の金額があるときは③の金額）と次の算式によって計算した金額とのいずれか低い方の金額 （①の金額 円×0.50）＋（②の金額（③の金額があるときは③の金額） 円×0.50）＝ 円	⑥ 円

	区分	算式	修正後の株式の価額
株式の価額の修正	課税時期において配当期待権の発生している場合	株式の価額（④、⑤又は⑥） 円－ 1株当たりの配当金額 円 銭	⑦ 円
	課税時期において株式の割当てを受ける権利、株主となる権利又は株式無償交付期待権の発生している場合	〔株式の価額（④、⑤又は⑥（⑦があるときは⑦））〕 （ 円＋ 割当株式1株当たりの払込金額 円× 1株当たりの割当株式数 株）÷（1株＋ 1株当たりの割当株式数又は交付株式数 株）	⑧ 円

2．配当還元方式による価額

1株当たりの資本金等の額、発行済株式数等	直前期末の資本金等の額	直前期末の発行済株式数	直前期末の自己株式数	1株当たりの資本金等の額を50円とした場合の発行済株式数（⑨÷50円）	1株当たりの資本金等の額（⑨÷（⑩－⑪））
	⑨ 千円	⑩ 株	⑪ 株	⑫ 株	⑬ 円

直前期末以前2年間の配当金額	事業年度	⑭ 年配当金額	⑮ 左のうち非経常的な配当金額	⑯ 差引経常的な年配当金額（⑭－⑮）	年平均配当金額
	直前期	千円	千円	㋑ 千円	⑰ （㋑＋㋺）÷2 千円
	直前々期	千円	千円	㋺ 千円	

1株(50円)当たりの年配当金額	年平均配当金額（⑰） 千円 ÷ ⑫の株式数 株 ＝ ⑱ 円 銭	〔この金額が2円50銭未満の場合は2円50銭とします。〕
配当還元価額	⑱の金額 円 銭 / 10% × ⑬の金額 円 / 50円 ＝ ⑲ 円　⑳ 円	〔⑲の金額が、原則的評価方式により計算した価額を超える場合には、原則的評価方式により計算した価額とします。〕

3．株式に関する権利の価額（1．及び2．に共通）

区分	算式	金額
配当期待権	1株当たりの予想配当金額（ 円 銭）－ 源泉徴収されるべき所得税相当額（ 円 銭）	㉑ 円 銭
株式の割当てを受ける権利（割当株式1株当たりの価額）	⑧（配当還元方式の場合は⑳）の金額 円－ 割当株式1株当たりの払込金額 円	㉒ 円
株主となる権利（割当株式1株当たりの価額）	⑧（配当還元方式の場合は⑳）の金額（課税時期後にその株主となる権利につき払い込むべき金額があるときは、その金額を控除した金額）	㉓ 円
株式無償交付期待権（交付される株式1株当たりの価額）	⑧（配当還元方式の場合は⑳）の金額	㉔ 円

4．株式及び株式に関する権利の価額（1．及び2．に共通）

区分	金額
株式の評価額	2,599 円
株式に関する権利の評価額	円（ 円 銭）

（取引相場のない株式（出資）の評価明細書）

第４表　類似業種比準価額等の計算明細書　　会社名 株式会社大須商店

（平成三十年一月一日以降用）

1. １株当たりの資本金等の額等の計算	直前期末の資本金等の額	直前期末の発行済株式数	直前期末の自己株式数	１株当たりの資本金等の額（①÷（②−③））	１株当たりの資本金等の額を50円とした場合の発行済株式数（①÷50円）
	① 千円 10,000	② 株 20,000	③ 株 0	④ 円 500	⑤ 株 200,000

2．比準要素等の金額の計算

１株（50円）当たりの年配当金額

事業年度	⑥ 年配当金額	⑦ 左のうち非経常的な配当金額	⑧ 差引経常的な年配当金額（⑥−⑦）	年平均配当金額	比準要素数１の会社・比準要素数０の会社の判定要素の金額
直前期	千円 1,000	千円 0	㋑ 千円 1,000	⑨（㋑＋㋺）÷2 千円 1,000	⑨/⑤ Ⓑ₁ 5円 0 0銭
直前々期	千円 1,000	千円 0	㋺ 千円 1,000	⑩（㋺＋㋩）÷2 千円 500	⑩/⑤ Ⓑ₂ 2円 5 0銭
直前々期の前期	千円 0	千円 0	㋩ 千円 0		１株（50円）当たりの年配当金額（Ⓑ₁の金額） Ⓑ 5円 00銭

直前期末以前２（３）年間の年平均配当金額

１株（50円）当たりの年利益金額

事業年度	⑪ 法人税の課税所得金額	⑫ 非経常的な利益金額	⑬ 受取配当等の益金不算入額	⑭ 左の所得税額	⑮ 損金算入した繰越欠損金の控除額	⑯ 差引利益金額（⑪−⑫＋⑬−⑭＋⑮）	比準要素数１の会社・比準要素数０の会社の判定要素の金額
直前期	千円 5,500	千円 0	千円 0	千円 0	千円 0	㊁ 千円 5,500	㊁/⑤ 又は（㊁＋㋭）÷2/⑤ Ⓒ₁ 円 25
直前々期	千円 3,000	千円 500	千円 0	千円 0	千円 2,000	㋭ 千円 4,500	㋭/⑤ 又は（㋭＋㋬）÷2/⑤ Ⓒ₂ 円 15
直前々期の前期	千円 0	千円 0	千円 0	千円 0	千円 1,500	㋬ 千円 1,500	１株（50円）当たりの年利益金額〔㊁/⑤ 又は（㊁＋㋭）÷2/⑤ の金額〕 Ⓒ 25円

直前期末以前２（３）年間の利益金額

１株（50円）当たりの純資産価額

事業年度	⑰ 資本金等の額	⑱ 利益積立金額	⑲ 純資産価額（⑰＋⑱）	比準要素数１の会社・比準要素数０の会社の判定要素の金額
直前期	千円 10,000	千円 80,000	㋣ 千円 90,000	㋣/⑤ Ⓓ₁ 450円
直前々期	千円 10,000	千円 65,000	㋠ 千円 75,000	㋠/⑤ Ⓓ₂ 375円
				１株（50円）当たりの純資産価額（Ⓓ₁の金額） Ⓓ 450円

直前期末（直前々期末）の純資産価額

3．類似業種比準価額の計算

１株（50円）当たりの比準価額の計算

類似業種と業種目番号：小売業（No. 79）

類似業種の株価	月	円
課税時期の属する月	6	㋷ 395
課税時期の属する月の前月	5	㋦ 365
課税時期の属する月の前々月	4	㋸ 338
前年平均株価		㋾ 372
課税時期の属する月以前2年間の平均株価		㋻ 382
A〔㋷、㋦、㋸、㋾及び㋻のうち最も低いもの〕		⑳ 338

比準割合の計算 区分	１株(50円)当たりの年配当金額	１株(50円)当たりの年利益金額	１株(50円)当たりの純資産価額	１株(50円)当たりの比準価額
評価会社	Ⓑ 5円 0 0銭	Ⓒ 25円	Ⓓ 450円	⑳×㉑×0.7 ※
類似業種	B 5円 40銭	C 31円	D 241円	※〔中会社は0.6 小会社は0.5 とします。〕
要素別比準割合	Ⓑ/B 0.92	Ⓒ/C 0.80	Ⓓ/D 1.86	
比準割合	（Ⓑ/B＋Ⓒ/C＋Ⓓ/D）/3 ＝ ㉑ 1.19			㉒ 241円 3 0銭

類似業種と業種目番号：飲食料品小売業（No. 82）

類似業種の株価	月	円
課税時期の属する月	6	㋕ 392
課税時期の属する月の前月	5	㋵ 366
課税時期の属する月の前々月	4	㋟ 345
前年平均株価		㋹ 345
課税時期の属する月以前2年間の平均株価		㋞ 355
A〔㋕、㋵、㋟、㋹及び㋞のうち最も低いもの〕		㉓ 345

比準割合の計算 区分	１株(50円)当たりの年配当金額	１株(50円)当たりの年利益金額	１株(50円)当たりの純資産価額	１株(50円)当たりの比準価額
評価会社	Ⓑ 5円 0 0銭	Ⓒ 25円	Ⓓ 450円	㉓×㉔×0.7 ※
類似業種	B 5円 2 0銭	C 26円	D 263円	※〔中会社は0.6 小会社は0.5 とします。〕
要素別比準割合	Ⓑ/B 0.96	Ⓒ/C 0.96	Ⓓ/D 1.71	
比準割合	（Ⓑ/B＋Ⓒ/C＋Ⓓ/D）/3 ＝ ㉔ 1.21			㉕ 250円 4 0銭

１株当たりの比準価額	比準価額（㉒と㉕とのいずれか低い方） 241円 3 0銭 × ④の金額 500円 / 50円	㉖ 2,413円

比準価額の修正			修正比準価額
直前期末の翌日から課税時期までの間に配当金交付の効力が発生した場合	比準価額（㉖） 2,413円 −	１株当たりの配当金額 50円 00銭	㉗ 2,363円
直前期末の翌日から課税時期までの間に株式の割当て等の効力が発生した場合	比準価額（㉖）（㉗があるときは㉗）（　　円＋	割当株式１株当たりの払込金額　円　銭× １株当たりの割当株式数　株）÷（1株＋	１株当たりの割当株式数又は交付株式数　株）	㉘ 円

（取引相場のない株式（出資）の評価明細書）

第5表　1株当たりの純資産価額（相続税評価額）の計算明細書　　会社名 株式会社大須商店

（平成三十年一月一日以降用）

1. **資産及び負債の金額**（課税時期現在）

資産の部				負債の部			
科目	相続税評価額	帳簿価額	備考	科目	相続税評価額	帳簿価額	備考
現金預金	千円 45,000	千円 45,000		買掛金	千円 8,000	千円 8,000	
売掛金	5,000	5,000		預り金	2,500	2,500	
未収金	70	70		長期借入金	12,000	12,000	
商品	13,500	13,500		未払法人税等	1,650	1,650	
建物	8,400	12,000		未払消費税等	1,200	1,200	
車両運搬具	2,000	2,000		未払配当金	1,000	1,000	
器具備品	2,500	2,500		死亡退職金	20,000	20,000	
土地	36,000	45,000					
電話加入権	20	500					
合計	① 112,490	② 125,570		合計	③ 46,350	④ 46,350	
株式等の価額の合計額	㋑ 0	㋺ 0					
土地等の価額の合計額	㋩ 36,000						
現物出資等受入れ資産の価額の合計額	㊁	㋭					

2. 評価差額に対する法人税額等相当額の計算		3. 1株当たりの純資産価額の計算	
相続税評価額による純資産価額（①－③）	⑤ 千円 66,140	課税時期現在の純資産価額（相続税評価額）（⑤－⑧）	⑨ 千円 66,140
帳簿価額による純資産価額（(②＋(㊁－㋭)－④)、マイナスの場合は0）	⑥ 千円 79,220	課税時期現在の発行済株式数（(第1表の1の①)－自己株式数）	⑩ 株 20,000
評価差額に相当する金額（⑤－⑥、マイナスの場合は0）	⑦ 千円 0	課税時期現在の1株当たりの純資産価額（相続税評価額）（⑨÷⑩）	⑪ 円 3,307
評価差額に対する法人税額等相当額（⑦× 37 %）	⑧ 千円 0	同族株主等の議決権割合（第1表の1の⑤の割合）が50%以下の場合（⑪×80%）	⑫ 円

（９）ゴルフ会員権

ゴルフ会員権は次の区分に従い評価します。

①　取引相場のある会員権

評価額＝課税時期の取引相場×70％

なお、この取引相場に含まれない預託金等がある場合には、これを加算して評価します。

②　取引相場のない会員権

イ、株主でなければ会員となれない会員権

評価額＝取引相場のない株式の評価に従い評価した金額

ロ、株主であり、かつ預託金等を預託しなければ会員となれない会員権

評価額＝株式の評価額＋預託金の評価額

ハ、預託金等を預託しなければ会員となれない会員権

評価額＝預託金の評価額

③　評価されないゴルフ会員権

株式の所有を必要とせず、譲渡できない会員権で、返還を受ける預託金もなく、単にゴルフ場施設を利用し、プレーができる会員権は、評価しません。

（１０）配偶者居住権等の評価

①　概要

民法改正により、令和２年４月１日より開始する相続から、配偶者が被相続人所有の建物に居住していた場合に、配偶者は遺産分割において配偶者居住権を取得することにより、終身又は一定期間、その建物に無償で居住することができるようになります。また、被相続人が遺贈等によって配偶者に配偶者居住権を取得させることもできます（民法1028条）。

この配偶者居住権は、居住用建物及びその敷地である土地に対する権利であり、次のように区分して評価します。

② 建物

建物は、配偶者居住権部分と所有権部分に区分され、個々に次のように評価します。

イ、配偶者居住権の価額

（算式）

$$\text{建物の相続税評価額}\ (A) - \{ (A) \times \frac{\text{残存耐用年数} - \text{存続年数}}{\text{残存耐用年数}} \times \text{存続年数に応じた複利現価率} \}$$

（注1）残存耐用年数とは、居住建物の所得税法に基づいて定められている耐用年数（住宅用）に1.5を乗じて計算した年数から居住建物の築後経過年数を控除した年数をいいます。

（注2）存続年数とは、配偶者の平均余命年数か遺産分割協議等により定められた配偶者居住権の存続年数のいずれか短いほうになります。

（注3）残存耐用年数－存続年数が0以下のとなる場合は、0とします。

ロ．建物の所有権の価額

（算式）

建物の相続税評価額　－　配偶者居住権の価額

③ 土地

敷地である土地は、敷地利用権と敷地所有権に区分され、個々に次のように評価します。

イ、敷地利用権

（算式）

土地等の相続税評価額　－（土地等の時価×残存年数に応じた複利現価率）

ロ．敷地の所有権等

（算式）

土地等の相続税評価額　－　敷地利用権の価額

【　配偶者居住権と敷地利用権　】

建物の所有権

＜建物の評価額＞

配偶者居住権

敷地利用権

＜土地の評価額＞

土地の所有権

（１１）その他の財産の評価

①　持分会社と協同組合の出資の評価

持分会社の持分評価は取引相場のない株式と同様に評価しますが、出資持分を有する人が死亡したことにより退社し、相続人が持分払戻請求権を相続した場合には、持分払戻請求権は純資産価額により評価します。

また、農業協同組合等組合員が有する出資の価額は、払込出資金額で評価します。

②　医療法人の出資

イ、持分の定めのある医療法人

持分の定めのある医療法人の出資は、原則として取引相場のない株式と同様の評価方式で評価します。

なお、類似業種比準方式を採用する場合、医療法人は配当が禁じられていることから、類似株価、利益及び純資産を基準として評価されます。

ロ、持分の定めのない医療法人

この場合には、各社員は出資に対する持分権を有しないので、財産評価の必要性はありません。

③　生命保険契約に関する権利

被相続人が保険契約者（保険料負担者）であり、相続人が被保険者である保険契約のように、相続開始時において保険事故が発生していない生命保険契約に関する権利は、次のように評価されます。

生命保険契約に関する権利の評価額

＝相続開始時に解約した場合に支払われる解約金－源泉徴収される所得税

（注）この場合の解約金には、前納保険料及び剰余金の分配金を含みます。

④　無体財産権

無体財産とは、特許権、商標権、著作権、電話加入権、営業権のように、物的実態のないものであるが、市場価値があるものです。

被相続人が事業を行っていた場合、特許権、営業権、商標権等がないかどうかの確認が必要です。また、事業において利益がある場合には、営業権の検討も必要となります。

無体財産権の評価方法は、権利ごとに異なります。

なお、一般の電話加入権の評価額は、1回線が2千円とされています。

⑤　外貨預金等

外貨預金等の円貨換算の方法は、取引金融機関の課税時期における最終の為替相場のうち、対顧客直物電信買相場（ＴＴＢ）で行います。

なお、為替予約により為替相場が確定している場合には、その確定した為替相場によります。

■ **Check Point !!**

☑　持分会社の出資持分は、定款に贈与や相続により承継できると規定した場合、取引相場のない株式に準じて評価します。

しかし、定款にこの規定のない会社の持分所有者が死亡退職した場合、相続人は「持分払戻請求権」を相続します。

3.小規模宅地の評価減

（1）概要

多くの相続の場合、居住用の宅地、事業の用として使用している宅地、不動産賃貸事業の用として使用している宅地があります。これらの宅地に関して、一定の範囲内で、所定の要件を満たす場合には、相続税の課税価格の計算上、宅地として評価した金額から、50％～80％の減額が認められています。これを、小規模宅地等の相続税の課税価格の特例といい、また課税実務では「小規模宅地等の評価減の特例」とも呼び、多くの相続において、これを適用することで、相続税の負担を軽減することができます。

① 多くの相続で利用

小規模宅地の評価減の特例を利用できるのは、居住用の宅地（マンションの敷地持分、借地権等を含む）を有している者、個人事業用の宅地を有している者、同族会社の事業用宅地を有している者、不動産賃貸事業用の宅地を有している者です。

このように、小規模宅地の評価減の特例は、適用される地積に限度はありますが、多くの相続において利用できる規定です。

② 高い節税効果

居住用の宅地並びに個人または同族会社の事業用の宅地に関しては、一定の面積に対し 80％の評価減ができます。また、不動産賃貸事業用の宅地に関しては、一定の面積に対し 50％の評価減ができます。

例えば、相続財産に自宅 330 ㎡（評価額 8,000 万円）、事業用宅地 400 ㎡（評価額 1 億円）の財産がある場合、土地の合計評価額 1 億 8,000 万円の評価額に対し、この特例を適用すると、1 億 4,400 万円の評価減を適用することができ、課税価格に算入される金額は 3,600 万円となります。

③ 特例適用の宅地の選択

相続財産に複数の宅地がある場合、どの宅地に小規模宅地の評価減の特例を適用するかは自由であり、その選択により、相続税の課税価格が異なります。

イ、不動産賃貸事業用の宅地に優先的に適用する場合

小規模宅地の評価減の特例を不動産賃貸事業用の宅地200㎡に全て適用した場合には、他の用途である居住用宅地や事業用宅地（同族会社の事業用宅地を含む。以下同じ。）に適用する余地はありません。

ロ、居住用宅地と事業用宅地に対する併用適用

小規模宅地の評価減の特例を居住用宅地と事業用宅地に対して適用する場合には、最大、居住用宅地330㎡及び事業用宅地400㎡の合計730㎡までの宅地に適用することができます。

ハ、複数の宅地に適用

相続財産に複数の宅地があり、1つの宅地の地積が小規模宅地の評価減の特例適用の限度面積以下である場合には、合計の地積が限度面積に達するまで、他の宅地に対しても適用できます。

④　1㎡の評価額の高い宅地への適用

小規模宅地の評価減の特例は、適用面積に限度があります。このため、複数の宅地がある場合、1㎡の評価額が高い宅地に適用することで課税価格の金額を少なくすることができます。

例えば、居住用宅地（330㎡）の1㎡の評価額が10万円、不動産事業用宅地（200㎡）の1㎡の評価額が50万円である場合、1㎡の評価額の高い不動産賃貸事業用宅地に優先的に適用すると評価減の金額は5,000万円（200㎡×50万円×50%）の評価減となり、居住用宅地の評価減の金額2,640万円（330㎡×10万円×80%）より多くの評価減となります。

⑤　適用のための申告要件及び添付書類

小規模宅地の評価減の特例の適用を受けるためには、相続税の申告書に所定の書類を添付して、被相続人の住所地を管轄する税務署長に申告する必要があります。

（2）適用の対象となる宅地

この小規模宅地等の課税価格の特例を適用できる宅地等は、次のものです。

① 特定居住用宅地等

被相続人の居住用の宅地等のうち、330 ㎡までの部分に関し、一定の要件を満たす場合、宅地等の評価額から 80%の減額をすることができます。

② 特定事業用宅地等

被相続人の事業用の宅地等のうち、400 ㎡までの部分に関し、一定の要件を満たす場合、宅地等の評価額から 80%の減額をすることができます。

③ 貸付事業用宅地等

被相続人の貸付事業用の宅地等のうち、200 ㎡までの部分に関し、一定の要件を満たす場合、宅地等の評価額から 50%の減額をすることができます。

④ 特定同族会社の事業用宅地等

特定同族会社の事業用に供する宅地等のうち、400 ㎡までの部分に関し一定の要件を満たす場合、宅地等の評価額から 80%の減額をすることができます。

宅地等の種類	限度面積	減額割合
特定居住用宅地等	330 ㎡	80%
特定事業用宅地等	400 ㎡	80%
貸付事業用宅地等	200 ㎡	50%
特定同族会社事業用宅地等	400 ㎡	80%

⑤ 併用して適用

この特例の適用は、特定居住用宅地等と特定事業用宅地等（特定同族会社事業用宅地等を含む）に限り、併用して適用ができます。例えば、特定居住用宅地等 330 ㎡と特定事業用宅地等 400 ㎡の合計 730 ㎡まで適用することできます。

⑥ 適用要件

小規模宅地用の特例の適用要件は、次の図表のとおりです。

【図表 4-4　特定居住用宅地等の要件】

区　分	特例の適用要件	
	取得者	取得者等ごとの要件
被相続人の居住の用に供されていた宅地等	被相続人の配偶者	要件なし（取得すれば適用）
	被相続人と同居していた親族	相続開始の直前から相続税の申告期限まで引き続きその家屋に居住し、かつ、その宅地等を相続税の申告期限まで有している人
	被相続人と同居していない親族	①、②及び③に該当する場合で、かつ、次の④から⑥までの要件を満たす人 ①　被相続人に配偶者がいないこと。 ②　被相続人に同居親族である相続人がいないこと。 ③　居住制限納税義務者又は非居住制限納税義務者のうち日本国籍を有しない者でないこと。 ④　相続開始前3年以内に次の者が所有する家屋に居住していないこと。 イ、自己又は自己の配偶者 ロ、3親等内の親族 ハ、特別の関係にある法人 ⑤　相続開始時に居住していた家屋を過去に所有していないこと。 ⑥　その宅地を相続税の申告期限まで有していること。
被相続人と生計を一にする被相続人の親族の居住の用に供されていた宅地等	被相続人の配偶者	要件なし（取得すれば適用）
	被相続人と生計を一にしていた親族	相続開始の直前から相続税の申告期限まで引き続きその家屋に居住し、かつ、その宅地等を相続税の申告期限まで有している人

（注）被相続人が老人ホーム等に入所していた場合でも適用される場合があります。

【図表 4-5　特定事業用宅地等の要件】

区分	特例の適用要件	
被相続人の事業の用に供されていた宅地等	事業承継要件	その宅地等の上で営まれていた被相続人の事業を相続税の申告期限までに引き継ぎ、かつ、その申告期限までその事業を営んでいること。
	保有継続要件	その宅地等を相続税の申告期限まで有していること。
被相続人と生計を一にしていた被相続人の親族の事業の用に供されていた宅地等	事業継続要件	相続開始の直前から相続税の申告期限まで、その宅地等の上で事業を営んでいること。
	保有継続要件	その宅地等を相続税の申告期限まで有していること。

(注) 相続開始前 3 年以内に新たに事業の用に供された宅地等

相続開始前 3 年以内に新たに事業の用に供された宅地等に関しては、小規模宅地等の適用はありません。

ただし、相続開始前 3 年以内新たに事業の用に供された場合であっても、宅地等の上で事業の用に供されている減価償却資産（建物、建物付属設備、構築物、機械装置等、工具器具備品等）の価額が、宅地等の価額の 15%以上である場合には、この特例を適用することができます。

【図表 4-6　特定同族会社事業用宅地等の要件】

区分	特例の適用要件	
一定の法人の事業の用に供されていた宅地等	法人役員要件	相続税の申告期限においてその法人の役員（法人税法に規定する役員（清算人を除く）をいう）であること。
	保有継続要件	その宅地等を相続税の申告期限まで有していること。

【図表 4-7　貸付事業用宅地等の要件】

区分	特例の適用要件	
被相続人の貸付事業の用に供されていた宅地等	事業承継要件	その宅地等に係る被相続人の貸付事業を相続税の申告期限までに引き継ぎ、かつ、その申告期限までその貸付事業を行っていること。
	保有継続要件	その宅地等を相続税の申告期限まで有していること。
被相続人と生計を一にしていた被相続人の親族の貸付事業の用に供されていた宅地等	事業継続要件	相続開始の直前から相続税の申告期限まで、その宅地等に係る貸付事業を行っていること。
	保有継続要件	その宅地等を相続税の申告期限まで有していること。

（注）相続開始前3年以内に新たに貸付事業の用に供された宅地等に関しては、小規模宅地等の適用はありません。ただし、相続開始の日まで3年を超えて引き続き事業的規模で貸付を行っていた被相続人等のその貸付事業の用に供された宅地等には、この特例を適用することができます。

■ **Check Point !!**

☑　小規模宅地等の課税価格の特例は、節税効果が高いことから、この制度を利用した「過度の節税策」に制限がかかりました。相続直前に、相続人が居住していた家屋を賃貸し、一時的に他の賃貸家屋に居住し、被相続人の居住用宅地等を相続し、この居住用宅地等の特例を適用したり、また、空地等を事業用又は貸付用にすることで事業用（貸付用）宅地等の特例を適用すること等、過度の節税対策として利用されていました。

【図表 4-8　小規模宅地等の特例の適用を受ける場合の添付書類】

区分	添付書類
共通	・戸籍謄本 ・遺言書の写し又は遺産分割協議書の写し ・相続人全員の印鑑証明書（遺産分割協議書に押印したもの） ・分割ができない場合は、申告期限後 3 年以内の分割見込書
特定居住用宅地等	・住民票の写し ・戸籍の附票の写し ・相続開始前 3 年以内に居住していた家屋が、取得者又はその配偶者の所有する家屋以外の家屋である旨を証する書類 ※取得者により、提出書類は異なります
特定事業用宅地等	・一定の郵便局舎の敷地の用に供されている場合には、総務大臣が交付した証明書
特定同族会社事業用宅地等	・特例の対象となる法人の定款 ・特例の対象となる法人の相続開始直前における発行済株式総数又は出資の総額及び被相続人及び被相続人の親族その他被相続人と特別の関係がある者が有するその法人の株式の総数又は出資の総額を記載した書類

■ **Check Point !!**

☑　小規模宅地等の課税価格の特例を適用するには、相続税の申告書を提出期限内に提出するとともに計算明細や一定の書類の添付が必要です。

☑　被相続人が介護施設等に入居していた場合には、施設が適格施設であること、要介護認定書類等が必要です。

【事例 4-7　小規模宅地等の課税価格の特例】

◇前提条件◇

Aは、次の財産を残して死亡しました。被相続人Aには配偶者B、長男C、長女Dの2名の子供がいます。相続人は未成年者又は障害者ではありません。

種　類		明　細
資産	土地（自宅）	3,500 万円
	建物	1,000 万円
	預金	1,500 万円
	上場有価証券	1,500 万円
債務	入院費未払	200 万円
葬式費用		300 万円

※被相続人Aから贈与で取得した財産はありません。

※自宅土地（350 ㎡）は、被相続人Aの居住用宅地で、配偶者Bが取得しました。

相続人は、法定相続分に従い、遺産分割を行いました。葬式費用も同様です。

≪相続税申告書の提出義務の有無≫

①　課税価格（特例の適用をしないで計算）

課税価格＝資産－債務－葬式費用

資産＝（土地 3,500 万円＋建物 1,000 万円＋預金 1,500 万円
　　　＋上場有価証券 1,500 万円）＝7,500 万円

債務＝入院費未払 200 万円、葬式費用 300 万円

課税価格＝7,500 万円－200 万円－300 万円＝7,000 万円

②　基礎控除額

基礎控除額＝3,000 万円＋600 万円×法定相続人の数
　　　　　＝3,000 万円＋600 円×3 名＝4,800 万円

③　課税遺産総額

課税遺産総額＝課税価格－基礎控除額

＝7,000 万円－4,800 万円＝2,200 万円

④　相続税の総額

イ、配偶者Ｂにかかる相続税

みなし取得財産＝2,200 万円× $\frac{1}{2}$ ＝1,100 万円、

相続税＝1,100 万円×15%－50 万円＝115 万円

ロ、長男Ｃ及び長女Ｄ

みなし取得財産＝2,200 万円×$\frac{1}{2}$ ×$\frac{1}{2}$ ＝550 万円、

相続税＝550 万円×10%＝55 万円

以上から相続税の総額は

＝115 万円＋55 万円＋55 万円＝225 万円となります。

≪結論　相続税申告書の提出義務があります。≫

相続税の総額が 225 万円で、そのほか未成年者控除等の税額控除がないことから納付すべき税額は 225 万円となります。このため、相続人は相続税の申告書を提出しなければなりません。

(注) 申告書の提出義務は、配偶者控除や小規模宅地の評価減の特例を適用しない場合に、納付すべき相続税があるか否かで判断します。

≪相続税の納税額の有無≫

自宅土地は、被相続人の居住用宅地で、遺産分割により配偶者 B が取得していることから、330 ㎡までは、居住用小規模宅地等の課税価格の特例（80%の評価減）の適用ができます。

⑤　**自宅土地の再評価額**

イ、特例適用部分＝330 ㎡×10 万円（1 ㎡あたりの評価額）×（1－80%）

＝660 万円

ロ、その他の部分＝（350 ㎡－330 ㎡）×10 万円＝200 万円

ハ、自宅土地の評価額＝660 万円＋200 万円＝860 万円

⑥　**課税価格**

小規模宅地等の課税価格の特例を適用した結果、課税価格は次のようになります。

資産＝（土地 860 万円＋建物 1,000 万円＋預金 1,500 万円

＋上場有価証券 1,500 万円）＝4,860 万円

債務＝入院費未払 200 万円、葬式費用 300 万円

課税価格＝4,860 万円－200 万円－300 万円＝4,360 万円

⑦　**課税遺産総額と納付すべき相続税**

課税価格（4,360 万円）から基礎控除（4,800 万円）を控除するとマイナスとなるため、課税遺産総額はゼロとなり、相続税の総額はゼロとなります。

≪結論　相続税の納税はありません≫

◇参考◇

この事例にあるように都市部に居住用宅地があり、基礎控除額を上回る場合、相続税の申告書を提出する必要がありますが、配偶者控除や小規模宅地等の課税価格の特例を適用すると納税額がない事例が数多くあります。

この配偶者控除や小規模宅地等の課税価格の特例の適用をするためには相続税の申告書を提出する必要があります。相続が発生したらよく検討し、不明な点は、税務署や専門家に聞いて、適切に対応して下さい。

◆◆　第五章　相続税の申告と納税　◆◆

1.相続税の申告

（1）概要

相続税の申告については、申告納税制度が採用されています。相続または遺贈により財産を取得した者及びその被相続人にかかる相続時精算課税適用者は、相続税の課税価格及び税額を計算し、納付税額があるときには、相続開始があったことを知った日の翌日から 10 ケ月以内に、一定の事項を記載した申告書を納税地の所轄税務署長に提出し、納税しなければなりません。

【図表 5-1　申告及び納付期限】

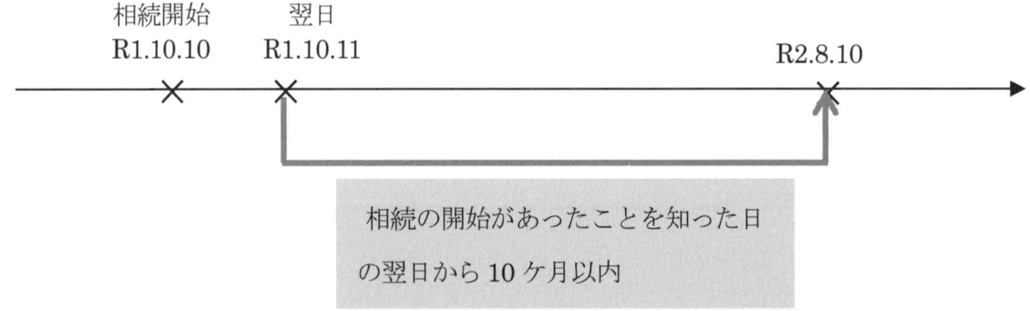

①　申告書の提出義務者

相続または遺贈により財産を取得した者及び相続時精算課税適用者のうち、配偶者控除や租税特別措置法の特例を適用しない場合において、納付すべき相続税がある者は、相続税の申告書を税務署長に提出しなければなりません。

具体的には、相続税の計算をした場合に納付税額（最低 100 円）が生じる場合です。

イ、提出義務者の判定

申告書の提出義務者を判定する場合、配偶者の税額軽減や租税特別措置法（小規模宅地等の課税価格の特例等）の規定を適用しないで判定します。これらの規定を適用しないで相続税の計算をした場合に納付する税額がある場合には、申告書の提出義務があります。

ロ、実際の納付額がゼロの場合の提出義務

配偶者の税額軽減や租税特別措置法（小規模宅地等の課税価格の特例等）を適用することで結果的に、納付税額がゼロになる場合でも相続税の申告書を提出しなければなりません。

ハ、配偶者の税額軽減の適用

配偶者の税額軽減の特例を適用するには相続税の申告書（修正申告、期限後申告を含む）に、適用を受ける旨、計算明細書、その他必要書類を添付して、被相続人の住所地を管轄する税務署長に提出する必要があります（相続税法19の2③）。

ニ、租税特別措置法の適用

通常、租税特別措置法の規定を適用する場合、税務申告書の提出に加え、所定の計算明細並びに添付書類の提出、期限内申告が前提とされます。

相続税法の特例となる租税特別措置法の規定は次のようなものがあります。

（イ）在外財産等についての課税価格の特例（措法69条の二）

（ロ）小規模宅地等の課税価格の特例（措法69条の四）

（ハ）特定計画山林の課税価格の特例（措法69条の五）

（ニ）国等に相続財産を贈与した場合の非課税（措法70条）

■ Check Point !!

☑ 特例の適用により、実際に納付する相続税がゼロとなる場合でも、相続税の申告書を提出する必要があります。

【事例 5-1　相続税の申告義務者】

◇前提条件◇

Aは、次の財産を残して死亡しました。被相続人Aには配偶者B、長男C（30歳）、長女D（25歳）の2人の子供がいます。相続人は法定相続分でもって遺産分割を行いました。また、相続人は障害者に該当しません。

種類		明細
資産	土地	自宅の敷地 200 ㎡（1 ㎡あたり 15 万円、相続評価額 3,000 万円）
	建物	居住用建物（相続評価額 1,000 万円）
	預金	1,000 万円
	上場有価証券	1,000 万円
	生命保険金	1,000 万円
債務	未払金	200 万円
葬式費用		200 万円

※宅地は小規模宅地等の課税価格の特例適用が可能

≪相続税の申告書を提出すべきかどうかの判定≫

①　課税価格の合計

資産合計 6,000 万円＋みなし財産（生命保険 1,000 万円－非課税 1,000 万円）－負債合計 200 万円－葬式費用 200 万円＝5,600 万円

②　基礎控除額

3,000 万円＋600 万円×法定相続人の数 3 人＝4,800 万円

③　課税遺産の総額

（課税価格合計 5,600 万円－基礎控除額 4,800 万円）＝800 万円

④　相続税の総額

配偶者Ｂ＝（800 万円× $\frac{1}{2}$ ）×10％＝40 万円

長男Ｃと長女Ｄ＝（800 万円× $\frac{1}{2}\times\frac{1}{2}$ ）×10％＝20 万円

相続税の総額＝40 万円＋20 万円＋20 万円＝80 万円

⑤　納付すべき相続税

配偶者Ｂ、長男Ｃ及び長女Ｄは、未成年者や障害者でもないことから、配偶者の税額軽減及び小規模宅地等の課税価格の特例を適用しない場合、各人の納付すべき税額の合計は 80 万円となります。

◇結論◇

Ａの相続人は、申告期限までに相続税の申告書を提出しなければなりません。

≪実際に納税するかどうかの判定≫

相続財産の中には小規模宅地等の課税価格の特例が適用できる居住用宅地があり、この特例を適用すると土地の評価額は次のようになります。

土地の評価額＝3,000 万円×（1－80％）＝600 万円

課税価格の合計

課税価格の合計＝5,600 万円－3,000 万円×80％＝3,200 万円

◇結論◇

課税価格の合計額は基礎控除額 4,800 万円より少ないことから、土地の遺産分割がなされ、相続税の申告書（小規模宅地等の課税価格の特例適用のための所定書類を添付します）を提出した場合には、相続税を納める必要はありません。

②　申告書の提出期限

相続税の申告書の提出期限は、相続人、受遺者又は法定代理人が相続の開始があったことを知った日の翌日から10ケ月以内です。

ただし、相続人や受遺者が納税管理人の届出をしないで、国外に住所または居所を移転する場合には、出国日までが申告期限となります。

通常、被相続人が死亡した日の翌日から10ケ月以内が申告期限となりますが、次のように特殊な場合には、申告期限はその事実のあることを知った日の翌日から10ケ月以内となります。

イ、失踪宣告に関する審判の確定

ロ、認知または相続人の廃除取消に関する裁判の確定

ハ、相続人となる胎児が生まれた日

③　申告書の提出先

原則として、相続税の申告書は、相続人や受遺者の住所地を所轄する税務署長に提出します。その者が国内に住所等を有しない場合には、納税地を定め、その納税地を所轄する税務署長に提出します。

ただし、死亡時に被相続人の住所が国内にある場合には、全ての相続人等は、被相続人の住所地の所轄税務署長に申告書を提出しなければなりません。

■ **Check Point !!**

☑　税務申告書は、所得税、法人税、贈与税に関しては納税義務者の住所地の所轄税務署長に提出しますが、相続税に関しては被相続人の住所地の所轄税務署長に提出します。

④　遺産が未分割の場合

相続税の申告書の提出期限までに、相続人間で遺産分割協議が成立しない場合には、法定相続分に従い取得したものとみなし、相続税の申告書を提出しなけれ

ばなりません。

遺産が未分割であることを理由に、相続税の申告を提出期限までに行わず、遺産分割がなされてから申告書を提出した場合には、期限後申告とされ、加算税や延滞税が課税される場合がありますので注意が必要です。

⑤　その他

イ、共同申告

相続税の申告は、各相続人が単独でも提出できますが、2 名以上が共同して提出することができます。共同申告の場合、事務手続（作成作業、必要書類、提出作業）が一度にできます。このため、共同申告が一般的です。

ロ、記載事項と添付書類

相続税の申告書に記載すべき事項並びに申告書に添付する書類は、法令で定められております。特に、配偶者の税額軽減、小規模宅地等の課税価格の特例等を適用する場合には、必要書類の添付が要件とされますので注意が必要です。

ハ、相続時精算課税適用者の還付申告

相続の結果、相続時精算課税適用者の既に納付した贈与税額が相続税額を上回る場合には、差額の贈与税相当額に関して還付のための申告書を被相続人の住所地の所轄税務署長に提出することにより、還付してもらうことができます。

■ **Check Point !!**

☑　配偶者の税額軽減や小規模宅地等の課税価格の特例の適用を受けるためには、相続税の申告書を提出する必要があります。

特に、特別措置法の特例を受ける場合には期限内申告が要件とされる場合があるので注意が必要です。

（2）修正申告と更正の請求

相続では、遺産分割協議がなかなか成立しないことも多く、後で相続財産が見つかることもよくあります。また、財産の評価方法や相続税の計算方法に誤りがあったり、後で認知した相続人が現れたり、胎児が生まれたりする場合もあります。

このような場合には、提出した申告書を訂正する必要があります。既に提出した申告書を訂正する方法としては、次の2つの方法があります。

① 修正申告

相続税の申告書を提出した後に、遺産分割協議の成立、新たな相続財産の発見、財産評価の誤り、相続の放棄等により、取得財産にかかる課税価格が増加し、納付するべき相続税が増加する場合には、相続税の修正申告書を提出しなければなりません。

自主的に行った修正申告により、追加して納付する相続税に対し、加算税は課税されません。

しかし、税務調査の通知があってからの修正申告や税務調査の結果行う修正申告である場合には、過少申告加算税（仮装隠ぺい等の事実がある場合には重加算税）や延滞税が課税されますので、申告等に当たっては注意が必要です。

■ Check Point !!

☑　申告漏れの財産や財産評価に誤り等が見つかったら、できるだけ早く自主的に修正申告を出すことが望まれます。

② 更正の請求

相続税の申告書を提出した後に、遺産分割協議の成立、財産の評価や計算誤り、新たな相続人の出現、配偶者の税額軽減の適用等により、納付するべき相続税が減少する場合には、税務署長に対し相続税の更正の請求を行い、既に納付した相続税の還付を受けることができます。

更正の請求を行う場合、いつまでも更正の請求ができるわけではなく、期間制限があります。相続税の場合、次の２つに区分することができます。

イ、通常の更正の請求

次のロ（特別事由）に該当する場合を除き、相続税の申告書を提出した者は、法定申告期限（相続のあったことを知った日の翌日から１０ケ月）から５年以内に限り、更正の請求をすることができます。

ロ、特別事由による更正の請求

次に掲げる事由に該当する場合には、上記イの規定にかかわらず、その事由が発生したことを知った日の翌日から４ケ月以内に限り、納税地の所轄税務署長に対し、課税価格や税額を正当な額に訂正するため、更正の請求をすることができます。

（イ）遺産分割協議の成立
（ロ）認知、相続人の廃除又は取消に関する裁判の確定等による相続人の異動
（ハ）遺留分による減殺請求に基づき、返還または弁償すべき額が確定
（ニ）相続、遺贈または贈与により取得した財産の権利帰属の裁判の判決
（ホ）条件付き遺贈の条件が成就したこと
（ヘ）申告期限後３年以内に遺産分割協議が成立し、配偶者の税額軽減に関する特例及び小規模宅地等の課税価格の特例を適用

■ **Check Point !!**

☑　財産評価や税金の計算等に誤りがあり、余分な相続税を払っている場合、更正の請求により、税金の還付を受けることができますが、更正の請求には期限があり、期限を過ぎると請求ができないので、注意して下さい。

2.相続税の納税

（1）概要

相続税の納税は、原則として、相続の開始を知った日の翌日から 10 ケ月以内に各相続人が所轄税務署に現金で納税しなければなりません。

しかし、相続の場合、相続財産に金銭や金融資産が少なく土地や非上場有価証券が多い場合、一度に金銭納付することが困難なこともあります。そこで、相続税の分割納付を可能とする延納制度、金銭納付でなく相続した財産そのもので納付する物納制度、また、農地、山林、非上場株式を相続した際には、一定の要件を満たす場合、納税を猶予する制度があります。

①　連帯納税義務

相続税の納税義務は各相続人にありますが、一部の相続人が納税しない場合、原則として、他の相続人は連帯して、その相続税を納付する義務があります。

②　延滞税

納税義務のある相続人が法定納期限までに相続税を納税しない場合には、延滞税が課税されます。それでも相続税を納税しない場合には、相続財産の差押え等の処分がなされます。差し押さえられた財産は競売等により処分され、換金され、相続税、加算税、延滞税等に充当されます。

■ ***Check Point !!***

☑　通常、銀行の借入金の利率と比較し、国税の延滞税、利子税、地方税の延滞金の利率は、高く設定されています。手元に納税資金がない場合、（相続財産を担保に）銀行借入金で納税する方が有利です。

（2）納期限の延長、相続税の納税猶予、軽減や免除

災害に遭遇したときには納期限までに申告や納税ができない場合があります。このような災害にあった場合には、相続税に関し、その納付期限の延長、納税の猶予、相続税の軽減や免除などの制度があります。

①　納期限の延長

災害等やむを得ない理由により、相続税の申告や納税が法定期限までにできない場合には、災害等のやんだ日から2ケ月以内の範囲でその期限の延長ができます。この場合、事前に所轄税務署長の承認を得ることが必要です。

なお、広域の災害が発生した場合には、国の方で告示によりその期限を設定するので、税務署長の承認は不要です。

（例）やむを得ない事由には、胎児が申告期限直前に生まれる予定の場合等も該当します。

②　納税の猶予

災害により相続人の財産に相当な損失を受けた場合には、災害のやんだ日から2ケ月以内に納税猶予の申請書を税務署長に提出すれば、その損失の程度に応じ、納期限から1年以内の期間に限り納税の猶予ができます（通則法46条①）。

また、納税者が災害を受けたり、盗難にあったり、本人や同居親族の病気や負傷により、税金を一度に納付できない場合には、担保の提供や所定の申請書を提出すれば、1年以内に限り納税の猶予を受けることができます（通則法46条②）。

③　相続税の軽減と免除

災害により、相続人が相続により取得した財産に被害を受けた場合には、相続税の軽減や免除ができます。

イ、相続税の申告書の提出期限前に被害を受けた場合

被害額が次のいずれかに該当する場合には、相続税の申告における納付すべき相続税の計算では、その被害額を財産等から控除して計算することができます。

（イ）被害額が財産額（資産－債務）の10%以上である場合

（ロ）金銭や有価証券を除く動産、不動産及び立木に受けた被害額がこれらの資産の合計額の10%以上である場合

ロ、相続税の申告書の提出期限後に被害を受けた場合

申告期限後に上記イに該当する被害があった場合、納付すべき税額のうち、被害額に相当する部分については、納税の免除が受けられます。

ハ、申告要件

上記イ又はロの適用を受けるには、イの場合には相続税の申告書に明細書を添付し、ロの場合には免除承認申請書に所定の事項を記載し、所轄税務署長に提出しなければなりません。

■ **Check Point !!**

☑ 台風、地震、火災、落雷等の災害により、被害を受けた場合には、相続税ばかりでなく、所得税、法人税、贈与税等に関しても、納期限の延長、納税猶予、租税の軽減や減免の特例の適用を受けることができます。

（3）延納

金銭で法定納付期限までに相続税を納付することが困難な場合等、一定の要件を満たす場合には、相続税を分割して納付することができます。

① 延納が認められる条件

イ、相続税が10万円超

ロ、納付期限までに、金銭での納付を困難とする事由があること

ハ、国債や社債等の有価証券、土地や建物等不動産等の担保を提供すること（延納税額が100万円以下で、かつ延納期間が3年以下ならば不要）

ニ、納付期限までに「延納申請書」を提出

② 延納許可限度額

延納が認められる限度額は、金銭での納付が困難と認められる金額です。具体的には次の金額です。

延納許可限度額 ＝ 相続税額 －｛納付期限において保有する金銭等（現金預金、換金が容易な財産）－ 3ケ月分の生計費や事業資金｝

③ 延納期間と利子税

イ、延納期間

通常の場合は、5年が最長の期間です（延納額が50万円以下の場合、延納額を10万円で除した年数。端数切上げ)。

なお、相続財産に不動産や計画伐採立木がある場合には、これらの資産の相続財産に占める割合に応じて5年から20年（一部40年）の延納ができます。

ロ、利子税

延納税額に対しては、借入金同様、金利である利子税の納付が必要となります。その利率は3.6%から6.0%が原則ですが、特例があります。

【図表5-2　利子税の割合】

相続財産に占める不動産等の割合	区　　分	延長期間	利子税（年割合）
75%以上	不動産などに対応する税額	20年	3.6%
	動産などに対応する税額	10年	5.4%
50%以上75%未満	不動産などに対応する税額	15年	3.6%
	動産などに対応する税額	10年	5.4%
50%未満	立木に対応する税額	5年	4.8%
	立木以外の財産に対応する税額	5年	6.0%

（注）計画伐採立木の価額が20%以上の場合の森林計画立木部分は、延納期間が5年～40年で、利子税は1.2%です。

④　**延納の許可申請**

相続税の延納の申請をするには、必要書類を一定の期限までに所轄税務署長に提出しなければなりません。

イ、必要書類

（イ）延納申請書

（ロ）担保提供関係書類

ロ、提出期限

（イ）期限内申告の相続税の場合

相続税申告書の提出期限

（ロ）期限後申告や修正申告にかかる相続税の場合

その申告書の提出の日

（ハ）更正又は決定にかかる相続税の場合

更正又は決定にかかる通知書が発せられてから１ケ月以内

⑤　**延納の許可と却下**

延納申請がなされた場合、税務署長は３ケ月（最長６ケ月）以内に延納の許可又は却下の決定を行い、その結果を申請者に通知します。

なお、この期間に許可又は却下をしない場合には、延納の許可があったものとされます。

（４）物納

相続税は金銭による納付が原則ですが、相続財産に不動産や非上場株式等が多い場合、金銭による納付や延納による納付が困難な場合もあります。このような場合、税務署長の許可を得て、相続財産でもって物納することができます。

①　**物納が認められる条件**

イ、延納でも金銭で納付することが困難な事由があること

ロ、金銭で納付することが困難な金額を限度とすること

ハ、申告期限までに「物納申請書」を提出すること

ニ、物納できる財産があること

②　物納できる財産と優先順位

全ての財産が物納できるわけでなく、また、物納できる財産がある場合でも、物納に供する財産については順位があり、先順位の財産がない場合において後順位の財産の物納が認められます。また、同順位であっても、劣後財産に関しては後順位となります。

イ、第一順位　（イ）不動産、船舶、国債、地方債、社債、上場株式、投資信託または貸付信託の受益証券、非上場投資法人の投資証券等で一定のもの

（ロ）これらの劣後財産

ロ、第二順位　（イ）非上場有価証券（第一順位に含まれるものを除く）

（ロ）これらの劣後財産

ハ、第三順位　動産

（注）劣後財産

劣後財産とは､資産に瑕疵があったり､賃借権や地役権が設定されたり､他の者が居住している建物のように、利用や売却に当たり何らかの障害のある資産をいいます。

③　物納できない財産

抵当権が設定されている不動産、境界が明らかでない土地、譲渡制限株式等管理処分不適格財産は、物納することができません。これらの財産を物納する場合には、抵当権等を外し、隣地との境界を明確にし、譲渡制限を外すことが求められます。

④　手続

物納申請書及び物納手続関係書類は、相続税の納期限までに税務署長に提出し、税務署長の許可を得なければなりません。

⑤　物納の撤回

物納の許可を受けた者が、その後の資力の変化等により金銭で一時納付または延納による納付が可能になった場合には、物納許可後１年以内に限り物納の撤回申請をすることができます。

ただし、物納財産が既に換価されている場合には、物納撤回の申請は却下されます。

⑥　**利子税と延滞税**

イ、利子税

物納の許可があった場合、相続税の申告期限の翌日から物納財産の引渡し・所有権移転の日等（納付があったものとみなされる日）までの期間に関しては、年7.3％又は基準割引率＋4％のいずれか低い利率で利子税が課税されます。

ロ、延滞税

物納申請が却下された場合、相続税の申告期限の翌日から却下の日までは利子税がかかりますが、却下の翌日から相続税を完納するまでの期間は延滞税が課税されます。

■ **Check Point !!**

☑　相続税の納税方法として延納や物納を利用する場合には、適用要件、財産に対する制限等に加え、申請期限がありますので、注意が必要です。

（5）相続税の更正と決定

相続税は、納税義務のある者が自己の税額を計算し、納付する申告納税制度をとっていますが、申告がない場合又は申告に誤りがある場合、税務署長は調査により相続税の課税価格や税額を決定又は更正し、相続税を徴収することができます。

①　**決定と更正**

税務署長は、相続税の申告がない場合には、税務調査により決定を行い、申告に誤りがある場合には税務調査により更正を行うことができます。

②　**決定と更正の期限**

決定と更正の期限は、申告期限から5年ですが、不正等の場合は7年です。

3.相続税の納税猶予と免除等の特例

（1）概要

相続税は、被相続人が生涯において蓄積した財産に対し、これを相続により取得した相続人の担税力を課税の根拠とし、課税価格に対し税率 10%～55%の税金負担を求めるものです。

被相続人の財産の全てに相続税を負担させると、被相続人の営んでいた事業（農業、林業、個人事業、法人事業、医業）の継続が困難となり、産業政策上望ましくないことになります。また、博物館等に美術品等を継続して寄託する場合においても、これに相続税を負担させると美術品等の処分がなされる等、望ましくないことになります。

そこで、これらに係る相続税に関しては、相続税の納税を猶予し、一定の条件を満たした場合には、猶予した相続税の免除を認める、次のような制度があります。

①農地等についての相続税の納税猶予及び免税等の特例

②山林についての相続税の納税猶予及び免税等の特例

③特定美術品についての相続税の納税猶予及び免税等の特例

④個人の事業用資産についての相続税の納税猶予及び免税等の特例

⑤非上場株式等についての相続税の納税猶予及び免税等の特例

⑥医療法人の持分に係る相続税の納税猶予及び免税等の特例

この章では、⑤の非上場株式等についての相続税の納税猶予及び免税等の特例以外の項目を記載し、⑤の非上場株式等についての相続税の納税猶予及び免税等の特例について、次の章にその概要を記載します。

（2）農地等の納税猶予及び免税

① 概要

この制度は、農業（農地の貸付を含む）を保護するため、一定の要件を満たす場合、農業相続人が相続した農地に係る相続税の一部を納税猶予し、その農業相続人が死亡するまで農業を営んでいた場合等には、納税猶予された相続税を免除するものです。

ただし、農業を廃止した場合、農地等を譲渡した場合等においては、納税猶予された相続税を納付しなければなりません。

イ、納税猶予される相続税

納税猶予される相続税は、次の（イ）の金額から（ロ）の金額を控除した金額です。

（イ）農業相続人が相続した農地等を通常評価した場合の相続税

（ロ）農業相続人が相続した農地等を農業投資価格で評価した場合の相続税

ロ、免除される場合

納税猶予された相続税は、次の場合には納税が免除されます。

（イ）農業相続人が死亡した場合

（ロ）農業相続人が農地等を農業後継者に生前一括贈与した場合

（注）特定貸付を行っていない農業相続人に限ります。

（ハ）三大都市圏の特定市以外の区域にある市街化区域農地等（生産緑地等を除きます）について、農業相続人が農業を20年継続した場合

（注）農地等のうちに都市営農農地等を有しない農業相続人に限ります。

②　特例を受けるための要件

この特例を受けるための要件は、次のとおりです。

イ、被相続人の要件

次のいずれかに該当する人

（イ）死亡の日まで農業を営んでいた人

（ロ）農地等の生前一括贈与をした人

（ハ）死亡の日まで、自己で農業をすることが困難で、営農困難時貸付をし、税務署長に届出をした人

（ニ）死亡の日まで、農地等の特定貸付等を行っていた人

（注）特定貸付等とは農地貸付等に係る法律等による農地の貸付をいいます。

ロ、農業相続人の要件

被相続人の相続人で、次のいずれかに該当する人

（イ）相続税の申告期限までに農業経営を開始し、農業経営を継続すると認められる人

（ロ）農地等の生前一括贈与を受けた人で、年金等の支給を受けるため推定相続人に農地等を使用貸借し、農業経営を委譲し、これを税務署長に届出をした人

（ハ）農地等の生前一括贈与を受けた人で、営農困難時貸付をし、これを税務署長に届出をした人

（ニ）相続税の申告期限までに特定貸付等を行なった人

ハ、特例農地等の要件

特例が受けられる農地等は、次のいずれかに該当し、相続税の期限内申告書に、この特例の適用を受ける旨の記載があるもの

（イ） 被相続人が農業用、特定貸付等、営農困難時貸付に供していた農地等で、相続税の申告期限までに遺産分割されたもの

（ロ）被相続人から生前一括贈与により取得した農地等で、納税猶予等の適用を受けていたもの

（ハ）相続等により財産を取得した人が、相続開始の年に、被相続人から生前一括贈与を受けていたもの

ニ、農地等

農地等とは、農地及び牧草地、準農地を言います。

なお、次に該当する農地は除かれます。

（イ）農地所有者が、農業委員会に耕作する意思表示をしてから６ケ月を経過しても、農地の利用増進が図られない農地

（ロ）農地所有者が、農業委員会に所有権の移転又は賃借権の設定をする旨の意思表示をしてから６ケ月を経過しても、これらがなされない農地

（ハ）農地所有者に、農業上の利用を行う意思のない農地

（ニ）利用意向調査に対し、農業員会に対し意思の表明がない農地

（ホ）農業員会が、農業上の利用増進が図られないことが確実と認めた農地

③　**特例を受けるための手続き等**

この特例を受けるためには、次の手続きが必要です。

イ、相続税の申告と担保提供

相続税の申告書に所定の事項を記載し、期限内に所轄税務署長に提出するとともに、納税猶予税額及び利子税の額に見合う担保の提供が必要です。

（注）申告書には、適格証明書や担保関係書類等の添付が必要です。

ロ、納税猶予期間中の継続届出

納税猶予期間中は、相続税の申告期限から3年目ごとに、この特例を受ける旨及び農業経営に関する事項を記載した継続届出書を提出することが必要です。

④　**納税猶予税額の納付**

次の場合には、納税猶予税額の一部または全部を納付しなければなりません。

イ、特例農地等の譲渡があった場合

ロ、特例農地等に係る農業経営を廃止した場合

ハ、継続届出書を提出しなかった場合

ニ、都市営農農地等について、生産緑地法の規定により、買取の申出又は指定の解除があった場合、また都市計画の変更等により特定農地等が特定市街化区域農地等に該当する場合（一定の場合を除く）。

ホ、特例の適用を受けている準農地について、申告期限後 10 年以内に農業の用に供していない場合

⑤　**利子税の納付**

納税猶予税額を納付する場合には、相続税の申告期限の翌日から納税猶予の期限までの期間（日数）に応じ、利子税を納付しなければなりません。

イ、都市営農農地等を有する農業相続人　　年 3.6%

ロ、市街化区域農地等（特定のものを除く）に係る部分　　年 6.6%

ハ、ロ以外に係る部分　　年 3.6%

（注）各年の特例基準割合が 7.3%に満たない場合には、調整されます。

⑥　貸し付け生産緑地への納税猶予の適用

都市農業が果たしてきた農産物の供給、防災、環境、農業体験等の機能を高めるため、これまで納税猶予が適用されていない「貸し付けられている生産緑地」に対しても納税猶予が適用されます。

生産緑地は、生産緑地指定（平成 3 年が最も多い）から 30 年たつと、農地の所有者はいつでも買取りの申し出ができます。しかし、平成 29 年の改正において、買取りを 10 年遅らせる特定生産緑地制度が創設されました。

イ、生産緑地を貸し付けた場合

都市農業者への貸付、市民農園への貸付に関しても納税猶予の対象となります。

ロ、三大都市圏の特定市以外の市町村の生産緑地

営農要件が終身営農となります。

ハ、特定生産緑地、田園住居地域の農地

納税猶予の対象となります。

ニ、特定生産緑地の指定のない農地

現に受けている納税猶予は継続されます。

（3）山林を相続した場合の納税猶予及び免税

①　概要

特定森林経営計画内にある山林を相続した林業経営相続人の納付すべき相続税のうち、特例山林にかかる課税価格の 80％に対応する相続税について、林業経営相続人の死亡の日まで納税が猶予されます。

この山林納税猶予税額は、林業経営相続人が死亡した場合には、その納税が免除されます。

イ、特定森林計画

市町村長の認定を受けた森林法に規定する森林経営計画で、一定の要件を満たすものです。

ロ、被相続人の要件

作業路網の整備を行う部分の面積が100ha以上の山林を有し、特定事項に関し農林水産大臣の確認を受けた人

ハ、林業経営相続人の要件

林業経営相続人とは、被相続人が有する特定森林経営計画内にある山林を全て相続等により取得した個人であって、被相続人の推定相続人であり、特定森林経営計画に沿って、申告期限まで、またその後も山林経営を適正かつ確実に行うと認められる人

ニ、特例山林

特例山林は、林業経営相続人が自ら経営を行なうものであって、作業路網の整備を行う山林等で、相続税の期限内申告書に、この特例を受ける旨を記載した山林をいいます。

② 納税猶予を受けるための手続き等

この特例を受けるための手続き等は、次のとおりです。

イ、申告と担保の提供

林業経営相続人は、相続税の申告書を期限内に、所轄税務署長に提出するとともに、納税猶予税額及び利子税の額に見合う担保を提供しなければなりません。

ロ、納税猶予期間中の手続き

林業経営相続人は、山林納税猶予税額が免除されるまで又は納税猶予が打ち切られるまで、この特例を受ける旨及び山林経営に関する事項を記載した継続届出書を所轄税務署長に提出しなければなりません。

（イ）施業整備期間（申告から10年）　　1年ごとに提出

（ロ）その後の期間　　3年ごとに提出

③ 納税猶予税額の納付

次の場合には、納税猶予税額の一部または全部を納付しなければなりません。

イ、森林経営計画が取り消された場合、継続して認定を受けられない場合

ロ、山林について、伐採、造林、又は作業路網の整備を行わない年がある場合

ハ、特例山林の譲渡があった場合

ニ、山林経営を廃止した場合

ホ、山林所得に係る収入金額がゼロとなった場合

ヘ、継続届出書を提出しない場合等

（4）特定美術品を相続した場合の納税猶予及び免税

① 概要

寄託先美術館の設置者と特定美術品の寄託契約を締結し、認定保存活用計画に基づき、その特定美術品を美術館に寄託していた被相続人から、寄託した特定美術品を相続等により取得した場合、相続人が継続して美術館と特定美術品を寄託する場合には、その美術品にかかる課税価格の 80％に相当する相続税の納税が猶予されます。

② 納税猶予の手続き等

【図表 5-3　特定美術品の納税猶予等】

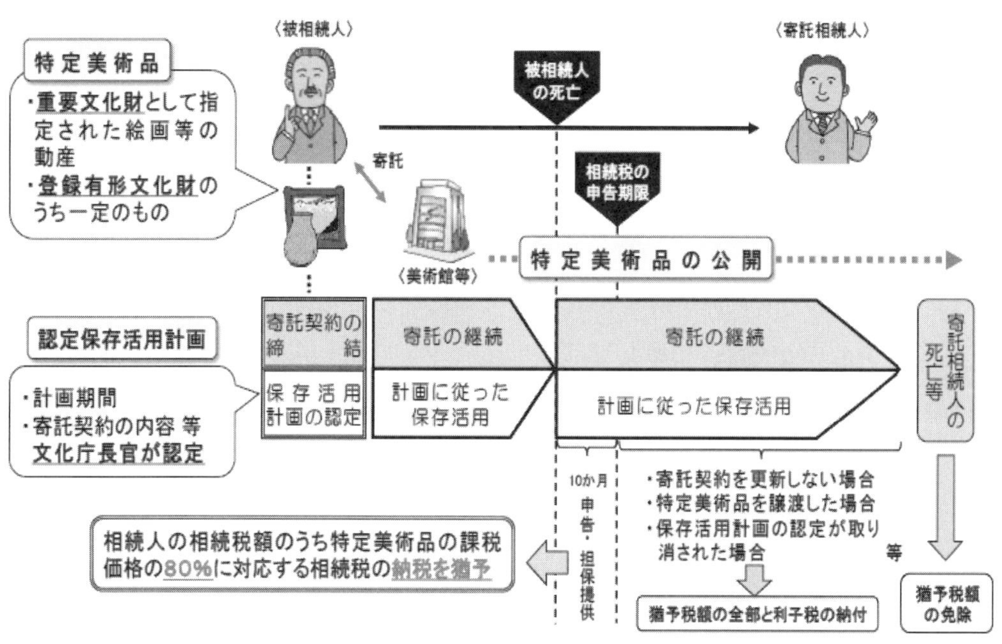

（出典：国税庁）

（5）個人事業用資産を相続した場合の納税猶予及び免税

①　概要

イ、100%の納税猶予

後継者（認定相続人）が、平成31年1月1日から令和10年12月31日までに、相続等により特定事業用資産を取得し、事業を継続する場合には、担保提供を条件に、特定事業用資産に係る相続税の100%が猶予されます。事業継続後、後継者が死亡した場合（または一定の場合）には、猶予された相続税が免除されます。

ロ、適用要件

納税猶予の適用を受けるためには、一定の要件を満たす必要があります。

（イ）先代（被相続人）及び後継者は、青色申告の承認を受けていること

（ロ）後継者は、承継計画に記載された後継者であり、経営承継円滑化法に基づく都道府県知事の「認定」を受けたものであること

（ハ）承継計画は、令和6年3月31日にまでに都道府県に確認をうけること

（ニ）相続税の申告期限から、3年に1回継続届出書を税務署長に提出すること等

②　特例事業用資産とは

先代の事業（不動産貸付事業等を除く）の用に供されていた次の資産で、先代の相続開始年の事業所得に係る青色申告書の貸借対照表に計上されているもののうち、次のものをいいます。

イ、事業用の宅地（400㎡まで）

ロ、事業用の建物（床面積800㎡まで）

ハ、建物以外の減価償却資産で次のもの

（イ）固定資産税の課税対象とされているもの（機械装置・器具備品）

（ロ）事業用の車両運搬具、生物、特許権、ソフトウエアなど

（注）貸借対照表に計上されていない事業用宅地は、小規模宅地の評価減の適用が可能です。

③ 猶予相続税額の納付

次の場合には、猶予されていた相続税額を納付する必要があります。

イ、全額（利子税を含む）納付

（イ）事業を廃止した場合（やむを得ない理由がある場合や破産手続開始の決定があった場合を除く）

（ロ）資産管理事業等に該当した場合

（ハ）特例事業用資産に係る事業について、その年のその事業に係る事業所得の総収入金額がゼロとなった場合

（ニ）青色申告の承認が取り消された場合等

ロ、一部（利子税を含む）納付

特例事業用資産が事業の用に供されなくなった場合には、納税が猶予されている相続税のうち、その事業の用に供されなくなった部分に対応する相続税の納付が必要です。

ただし、特例事業用資産の陳腐化による廃棄、特例事業用資産の買替等について税務署長の承認を得た場合は除きます。

④ 贈与税の納税猶予

贈与税についても、相続税の納税猶予と同様の規定が創設されました。

この制度を受けるための要件等は、次のとおりです。

イ、後継者である要件

（イ）贈与の日において、20 歳（令和 4 年 4 月 1 日以後は 18 歳）以上

（ロ）円滑化法の認定を得ていること

（ハ）贈与の日までに、同種・類似の事業に 3 年以上従事していたこと

（ニ）申告期限までに開業届出書を提出し、青色申告の承認を受けている等

ロ、先代事業者の要件

（イ）廃業届出書を提出し、又は申告期限までに提出見込みであること

（ロ）贈与の日の属する年、前年、前々年の確定申告が青色申告であること

ハ、その他

（イ）先代から、特定事業用資産の全ての贈与を受けること

（ロ）税務署に担保を提供すること

⑤　法人版事業承継税制と個人版事業承継税の比較

法人版事業承継税制（非上場株式等）と個人版事業承継税制を比較すると次のようになります。

【図表 5-4　法人と個人の事業承継税制の比較表】

	法人版（特例措置）	個人版
事前の計画策定	5年以内の特例承継計画の提出 平成 30 年 4 月 1 日から令和 5 年 3 月 31 日まで	5年以内の個人事業承継計画の提出 平成 31 年 4 月 1 日から令和 6 年 3 月 31 日まで
適用期限	10 年以内の贈与・相続等 平成 30 年 1 月 1 日から令和 9 年 12 月 31 日まで	10 年以内の贈与・相続等 平成 31 年 1 月 1 日から令和 10 年 12 月 31 日まで
対象資産	非上場株式等	特定事業用資産
納税猶予割合	100%	100%
承継パターン	複数の株主から最大 3 人の後継者	原則、先代 1 人から後継者 1 人 ※一定の場合、同一生計親族等からも可
贈与要件	一定数以上の株式等を贈与すること ※後継者 1 人の場合、原則 2/3 以上	その事業に係る特定事業用資産のすべてを贈与すること
雇用確保要件	あり（特定措置は弾力化）	なし
経営環境変化に対応した減免等	あり	あり ※後継者が重度障害等の場合には免除
円滑化法認定の有効期限	申告期限から 5 年間	最初の承継（相続・贈与）から 2 年間

（6）医療法人の持分を相続した場合の納税猶予及び免税

①　概要

相続人等が、被相続人から医療法人の持分を相続等により取得した場合において、医療法人が認定医療法人であるときは、その医療法人の持分の価額に対応する相続税について、一定の要件を満たすことにより、認定移行計画に記載された移行期限まで、その納税が猶予されます。

この納税猶予された相続税は、認定移行計画の移行期限までに、認定医療法人の持分の全てを放棄した場合には納税猶予税額の全部、または認定医療法人が基金拠出型医療法人に移行する場合に、その持分の一部を放棄し、残りの持分を基金として拠出した場合には、その持分放棄に相当する納税猶予税額が免除されます。

(注) 認定医療法人とは、出資持分の定めのある医療法人が出資持分のない医療法人に移行することに関し、厚労大臣に移行計画を提出し、これが認められた医療法人をいい、税務上の概念です。

②　医療法人制度の概要

イ、医療法人の種類と設立

医療法人には、出資額限度医療法人、基金拠出型医療法人、社会医療法人等があります。医療法人数は5万数千社ありますが、そのほとんどが出資持分のある医療法人です。

平成 19 年の法改正により、新たに医療法人を設立する場合、出資持分のない医療法人のみが許可されます。

ロ、出資持分なし医療法人への移行計画

国は、全ての医療法人を出資持分のない医療法人とすべく、医療法を改正し、実施しましたが、これに応じて既存の出資持分のある医療法人から出資持分のない医療法人に移行した法人は、平成19年からの10年間で、わずかに513法人でした。

ハ、持分の異動

持分の異動には、持分の払戻と持分の譲渡があります。

（イ）持分の払戻

出資持分あり医療法人の持分を有する者が退社した場合や相続があった場合には、持分払戻請求権が生じ、この権利請求により、医療法人はその出資割合に応じて法人資産を払い戻さなければなりません。

（ロ）持分の譲渡

退社前又は相続前において、持分を譲渡することができます。最近ではM＆A等により、持分を譲渡することが増えています。同族間の譲渡の場合には、財産評価通達に従い、持分を評価し、譲渡価格を算定します。

ニ、改正前の出資持分への移行に係る贈与税の納税猶予

（イ）概要

出資持分あり医療法人から出資持分なし医療法人への移行を促すために、平成26年10月から3年間に限り、移行計画の認定制度が創設され、移行の際に出資持分の放棄などにより生じる贈与税又は相続税について納税猶予されました。

（ロ）問題点

この納税猶予された贈与税・相続税については、出資持分なし医療法人への移行が完了した時点で免除されることとなりますが、一定の要件を満たす出資持分なし医療法人でなければ、その医療法人が出資持分の放棄により特別の利益の贈与を受けたものとして、当該医療法人を個人とみなして贈与税が課税されます。

このように医療法人に対して贈与税課税が生じてしまうため、出資持分なし医療法人へ移行する法人はわずかでした。

③　医療法人の持分にかかる相続税等の納税猶予の改正

イ、医業継続に係る相続税・贈与税の納税猶予制度の適用期間延長

出資持分あり医療法人から出資持分なし医療法人への移行計画認定期間が令和5年9月まで3年延長され、これに合わせ納税猶予制度の適用期間も延長されます。

ロ、持分放棄の場合の贈与税

移行計画の認定を受けた出資持分あり医療法人の持分を有する個人が、その持分の放棄したことにより当該医療法人が受けた経済的利益については、当該医療法人に贈与税を課さないこととされました。

ただし、出資持分なし医療法人へ移行後6年以内に移行計画の認定要件に該当しないこととなった場合には、当該医療法人を個人とみなして贈与税が課されますので、注意が必要です。

【図表 5-5　認定医療法人の制度の概要】

（持分あり医療法人）

持分なし医療法人への移行計画の認定を申請

大臣認定

◆移行期間中（最大3年）は、税制措置あり
・出資者の相続に係る相続税の猶予・免除
・出資者間のみなし贈与税の猶予・免除

（持分なし医療法人）

持分の放棄＋定款変更（解散時の残余財産の帰属制限）により移行完了

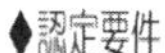
◆認定要件
・社員総会の議決があること
・移行計画が有効かつ適正であること
・移行計画期間が3年以内であること

認定医療法人については、移行の際の法人への贈与税を課税しない
・現状、相続税法により相続税等が「不当に減少」する場合、贈与税が課税される扱い。
・解釈通知（非課税基準）による税務署の個別判断

法人の運営が適正であることを要件として追加し、移行後6年間、当該要件を維持していることを求める。

【主な運営の適正性要件】
・法人関係者に利益供与しないこと
・役員報酬について不当に高額にならないよう定めていること
・社会保険診療に係る収入が全体の80%超　等

【非課税基準主な要件】
・理事6人、監事2人以上
・役員の親族1／3以下
・医療機関名の医療計画への記載
・法人関係者に利益供与しないこと　等

（出典：厚生労働省）

4.非上場株式等の納税猶予と免除の特例

（1）非上場株式等の納税猶予等の制度

① 概要

非上場株式等の相続税の納税猶予及び免除の特定に関する制度には、特例措置と一般措置があります。

イ、特例措置

中小企業における経営の承継の円滑化法による都道府県知事の認定を受ける非上場会社の後継者である相続人等（「特例経営承継相続人等」）が、被相続人から非上場株式等を相続等により取得し、その会社を経営していく場合、非上場株式等に係る相続税額の全額が納税猶予され、その特例経営承継相続人等が死亡した場合等には、その納税猶予税額の全額または一部が免除されます。

ただし、免除されるまでに、その非上場株式等を譲渡するなど一定の場合には、納税猶予税額の猶予が打ち切られ、その税額と利子税を納付しなければなりません。

ロ、一般措置

円滑法の認定を都道府県知事から受ける非上場会社の後継者である相続人等（「経営承継相続人等」）が、被相続人から非上場株式等（一定の部分に限ります）を相続等により取得し、その会社を経営していく場合、非上場株式等に係る相続税額の80%相当額が納税猶予され、その経営承継相続人等が死亡した場合等には、その納税猶予税額の全額または一部が免除されます。

ただし、免除されるまでに、その非上場株式等を譲渡するなど一定の場合には、納税猶予税額の猶予が打ち切られ、その税額と利子税を納付しなければなりません。

ハ、2つの制度の違い

特例措置は、平成30年1月1日から10年間限定の制度であり、被相続人が保有する全株式に係る相続税の全額が納税猶予となるもので、中小企業の事業承継にとっては極めて負担の少ない制度です。

他方、一般措置は、期間制限のない制度ですが、対象となる非上場株式等の割合は、総株式数の最大３分の２までであり、納税猶予割合も相続税等の80％です。

【図表5-6　特例措置と一般措置の相違点】

	特例措置	一般措置
事前の計画策定等	5年以内の特例承継計画の提出 【平成30年4月1日から令和5年3月31日まで】	不要
適用期限	10年以内の相続等・贈与 【平成30年1月1日から令和9年12月31日まで】	なし
対象株数（注1)	全株式	総株式数の最大3分の2まで
納税猶予割合	100%	相続等：80%、贈与：100%
承継パターン	複数の株主から最大3人の後継者	複数の株主から1人の後継者
雇用確保要件	弾力化（注2)	承継後5年間 平均8割の雇用維持が必要
事業の継続が困難な事由が生じた場合の免除	譲渡対価の額等に基づき再計算した猶予税額を納付し、従前の猶予税額との差額を免除	なし (猶予税額を納付)
相続時精算課税の適用	60歳以上の贈与者から20歳以上の者への贈与 （租税特別措置法第70条の2の7等)	60歳以上の贈与者から20歳以上の推定相続人（直系卑属）・孫への贈与 (相続税法第21条の9・租税特別措置法第70条の2の6)

（注）１　議決権に制限のない株式等に限ります。

２　雇用確保要件を満たさなかった場合には、中小企業における経営の承継の円滑化に関する法律施行規則第20条第３項に基づき、要件を満たさなかった理由等を記載した報告書を都道府県知事に提出し、その確認を受ける必要があります。

なお、当該報告書及び確認書の写しは、継続届出書の添付書類とされています。

（出典：国税庁）

（２）一般措置の概要

①　概要

会社の後継者である相続人等が、相続又は遺贈により、経済産業大臣の認定を受ける非上場会社の株式等を被相続人（先代経営者）から取得し、その会社を経営していく場合、その後継者が納付すべき相続税のうち、その非上場株式等（一定の部分に限る）に係る課税価格の80%に対応する相続税の納税が猶予されます。なお、その後継者の死亡等により、納税が猶予されていた相続税の納付が免除されます。

②　経済産業大臣の認定

非上場株式等に係る相続税の納税猶予の適用を受けようとする場合には、相続開始の日の翌日から８ケ月を経過する日までに、会社、後継者等に関する要件について、経済産業大臣の認定を受けなければなりません。

認定を受けるためには、全国にある地方経済産業局において、所定の事項を記載した申請書に必要書類を添付して、認定の申請をします。

③　被相続人（先代経営者）の要件

被相続人は次のいずれにも該当する人でなければなりません。

代表権	相続開始前のいずれかの日において会社の代表権を有していたことがあること
議決権割合と筆頭株主	・被相続人が相続開始の直前に代表権を有していた場合 相続開始の直前において、被相続人及び被相続人と特別の関係がある者が総議決権割合の50%超を有し、かつ、被相続人の有する議決権割合が、後継者である相続人等を除いた被相続人及び被相続人と特別の関係がある者の中で最も高いこと ・被相続人が相続開始の直前に代表者を退任していた場合 被相続人が代表権を有していた期間のいずれかの時及び相続開始の直前において上記の要件を満たすこと

④　経営承継相続人等（後継者である相続人等）の要件

会社の後継者となる経営承継相続人等は、次のいずれにも該当する者でなければなりません。なお、被相続人の親族以外であっても納税猶予の対象とされます。

役員	相続開始の直前において会社の役員であったこと（被相続人が60歳未満で死亡した場合等を除く）
議決権割合と筆頭株主	相続開始の時において、経営承継相続人等及びその特別の関係がある者が、総議決権割合の50%超を保有し、かつ、経営承継相続人等の有する議決権割合がこれらの者の中で最も高いこと
代表権	相続開始の日の翌日から5ケ月を経過する日において会社の代表権を有していること
保有	相続開始の時から相続税の申告期限まで、相続又は遺贈により取得した特例非上場株式等の全てを保有していること

⑤　会社の要件

特例の対象となる会社は、経済産業大臣の認定を受けた非上場会社等で、次のいずれにも該当する会社でなければなりません。

中小企業	中小企業者（⑥参照）であること
従業員数	相続開始の時において常時使用する従業員の数が1人以上であること なお、特例の対象となる会社の特別関係会社が一定の外国会社に該当する場合には、常時使用する従業員の数が5人以上であること
非資産管理	資産管理会社に該当しないこと
非風俗営業	風俗営業会社に該当しないこと
収入基準	相続開始の日の属する事業年度の直前の事業年度における総収入金額が零を超えること
現物出資等の割合	相続開始前3年以内に経営承継相続人等及びその特別の関係がある者から現物出資又は贈与により取得をした資産がある場合において、相続開始の時におけるその資産の価額の合計額が会社の資産の価額の合計額の

	70%未満であること
種類株式	経営承継相続人等以外の者が拒否権付株式を保有していないこと
特定特別関係会社	会社の特定特別関係会社が中小企業者で、次に該当しないこと イ、上場会社等 ロ、風俗営業会社

⑥　中小企業者の範囲

この特例の対象となる中小企業者とは、次に掲げる業種区分に応じて、資本金又は従業員数が一定以下の会社をいいます。

業　種	資本金（又は）	従業員数
製造業、建設業、運輸業、その他の業種	3億円以下	300人以下
製造業のうち、ゴム製品製造業（自動車用又は航空機用タイヤ及びチューブ製造業並びに工業用ベルト製造業を除く）	3億円以下	900人以下
卸売業	1億円以下	100人以下
小売業	5,000万円以下	50人以下
サービス業	5,000万円以下	100人以下
サービス業のうち ソフトウエア業又は情報処理サービス業	3億円以下	300人以下
サービス業のうち旅館業	5,000万円以下	200人以下

⑦　特例の対象となる非上場株式等の数

経営承継相続人等が相続等により取得した非上場株式等のうち、この特例の対象となるもの（「特例非上場株式等」といいます）は、次表の区分に応じ、それぞれに掲げる数が限度です。

（イ）経営承継相続人等が相続等により取得した非上場株式等の数

（ロ）経営承継相続人等が相続開始前から保有する非上場株式等の数

（ハ）相続開始の時における発行済株式等の総数

区分	特例の対象となる非上場株式の限度数
（イ）＋（ロ）＜（ハ）× $\frac{2}{3}$ の場合	経営承継相続人等が相続等により取得した非上場株式等の数＝（イ）
（イ）＋（ロ）≧（ハ）× $\frac{2}{3}$ の場合	発行済株式等の総数の3分の2から経営承継相続人等が相続開始前から保有する非上場株式等の数を控除した数 ＝（ハ） × $\frac{2}{3}$ －（ロ）

（注）非上場株式等については議決権に制限のないものに限ります。

⑧　申告要件等

イ、期限内申告書の提出

相続税の期限内申告書にこの特例の適用を受ける旨を記載し、その明細書を添付しなければなりません。

ロ、担保の提供

納税猶予額及び利子税の額に見合う担保を提供しなければなりません。

なお、特例非上場株式等のすべてを担保提供すれば、納税猶予額及び利子税の額に見合う担保提供があったとみなされます。

⑨　納税猶予額の全部又は一部が免除される主な場合

経営承継相続人等が納付すべき相続税のうち、特例非上場株式等に係る課税価格の 80％に対応する相続税が猶予されますが、次に該当する場合には、その猶予される相続税額の全部又は一部が免除されます。

しかし、免除されるまでに、特例非上場株式等を譲渡するなど一定の場合には、株式等納税猶予税額の全部又は一部について納税の猶予が打ち切られ、その税額と利子税を納付しなければなりません。

死亡	経営承継相続人等が死亡した場合
後継者への贈与①	経営承継期間（相続税の申告期限後5年を経過する日）内に、経営承継相続人等が、やむを得ない理由により代表権を有しないこととなった場合において、特例非上場株式等について、贈与税の納税猶予に係る贈与をした場合
後継者への贈与②	経営承継期間の末日の翌日以後に経営承継相続人等が、特例非上場株式等について、贈与税の納税猶予に係る贈与をした場合
組織再編等	経営承継期間の末日の翌日以後に次に掲げるいずれかに該当した場合 イ、経営承継相続人等が特例非上場株式等に係る会社の株式等の全部を譲渡等した場合（その経営承継相続人等と特別の関係がある者以外の一定の者に対して行う場合や民事再生法又は会社更生法の規定による認可の決定を受けた計画に基づき株式等を消却するために行う場合に限る） ロ、特例非上場株式等に係る会社が合併により消滅した場合で一定の場合 ハ、特例非上場株式等に係る会社が株式交換等により他の会社の株式交換完全子会社等となった場合で一定の場合 ニ、民事再生計画の認可決定等があった場合で会社の資産評定が行われた場合
破産や特別清算	経営承継期間の末日の翌日以後に特例非上場株式等に係る会社について破産手続開始の決定又は特別清算開始の命令があった場合

免除に際しては、一定の期限内に一定の事項を記載した免除届出書を税務署に提出しなければなりません。

⑩　納税猶予額を納付しなければならない主な場合

納税猶予を受けている相続税は、次の表に掲げる場合等に該当することとなったときは、その相続税額の全部又は一部を納付しなければなりません。また、納付する相続税額については、利子税が課されます。

譲渡	特例非上場株式等について譲渡又は贈与があった場合（一定の場合を除く）
非代表者	経営承継期間内に経営承継相続人等が代表権を有しないこととなった場合（障害など一定の事情による場合を除く）
雇用基準	経営承継期間内の一定の基準日における常時使用従業員数の平均が8割を維持できなかった場合
議決権割合	経営承継期間内に、経営承継相続人等及びその特別の関係がある者が保有する議決権割合が50%以下となった場合
筆頭株主	経営承継期間内に、経営承継相続人等と特別の関係がある者のうち１人が、経営承継相続人等を超える議決権数を有することとなった場合
資産管理	会社が資産管理会社に該当した場合
解散	会社が解散をした場合
収入基準	事業年度における総収入金額が零となった場合
減資	会社の資本金又は準備金を減資した場合
担保変更	担保の全部又は一部に変更があったことなどにより、増担保又は担保の変更を求められた場合で、その求めに応じなかった場合
届出書	納税猶予の適用を受けることをやめる旨の届出書を提出した場合

⑪　納税猶予期間中の税務署及び経済産業局への報告

イ、経営承継期間（相続税申告期限後５年間）の手続き

（イ）税務署

申告期限後５年間は毎年「継続届出書」を提出します。

（ロ）経済産業局

申告期限後５年間は毎年「年次報告書」を提出します。

ロ、経営承継期間経過後

経営承継期間の末日の翌日から３年ごとに税務署へ「継続届出書」を提出します。なお、経済産業局への提出は必要ありません。

【図表 5-7　非上場株式等の納税猶予の特例の概要】

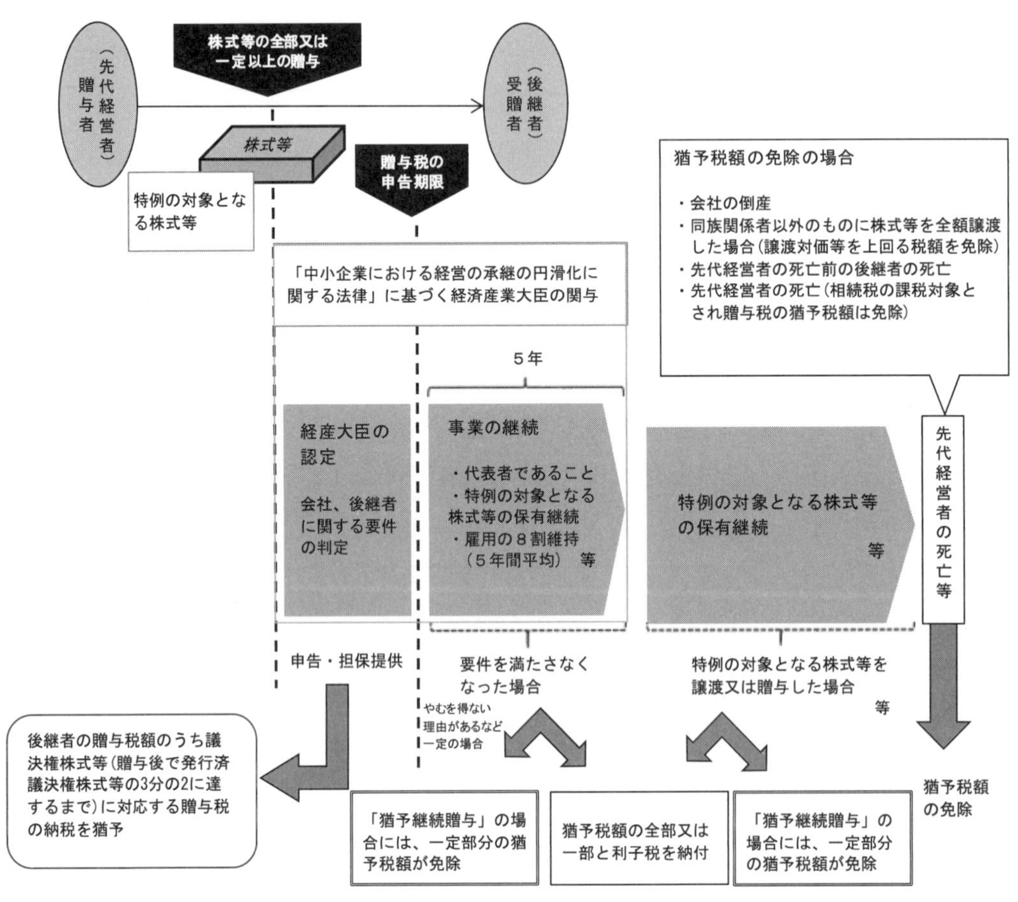

（出典：国税庁）

■ **Check Point !!**

☑　非上場株式及び農地に関しては、相続税と同様、贈与税に関しても納税猶予の制度があります。相続まで事業承継を待てない場合には、贈与税の納税猶予により対応ができます。

（3）特例措置の概要

① 概要

事業承継税制は、非公開企業の事業を後継者に円滑に承継させるために設けられた制度ですが、一般措置の事業承継制度の適用を受けるには、要件が厳しく、適用事例も少ないのが実情でした。

今後、団塊の世代の経営者が引退する時期を迎え、多くの事業承継が発生してくると同時に、後継者不足が大きな社会問題となっています。そこで、対象範囲を広げ、納税猶予額を増大し、適用要件等も緩和すること等で、事業承継を推進するため、10 年限定ではありますが、特例措置の制度が導入されました。

特例制度の概要は、次のとおりです。

【図表 5-8　特例措置の概要】

項目	制度の内容
対象株式	被相続人が保有する非上場株式等の 100%（全て）
納税猶予額	株式に係る相続税の 100%（一定の場合を除く）
雇用確保要件	雇用者数が 80%未満でも、雇用確保できない理由書を提出することで継続が可能
先代経営者	代表者以外の株主からの株式贈与も適用対象
後継者の要件	代表権を有する複数人（3 名まで）への承継も適用対象
譲渡・合併等の場合の納税額	業績悪化、解散、合併等に該当する場合には、その時点の株式評価額等で再計算した納税猶予額
相続時精算課税適用者	贈与者の推定相続人に加え、特例後継者（代表権のある者）も対象

② 納税猶予税額

納税猶予税額は、事業承継対象株式に係る税額（相続税又は贈与税）の全額となりますが、次のものは除外されます。

イ、認定会社が外国株式又は医療法人の株式を保有する場合

認定会社が認定会社の特別関係会社に該当する外国会社又は医療法人の株式を保有する場合には、外国会社及び医療法人の株式の価値を除いた金額が対象となります。

ロ、資産保有・運用型会社に該当する認定会社が上場株式を保有する場合

事業実態を有する資産保有・運用型会社に該当する認定会社が、上場株式の発行済株式総数の 3%以上保有する場合には、その上場株式の価値を除いた金額が対象となります。

③ 雇用確保要件

5 年間の雇用平均が 80%未満であっても、次のことを条件に、納税猶予の継続が可能となります。

イ、雇用条件を満たせない理由書の提出

認定経営革新等支援機関の所見が記載されている、雇用条件を満たせない理由書を都道府県に提出する必要があります。

ロ、認定経営革新等支援機関からの指導又は助言を受けた内容の記載

その満たせない理由が経営状況の悪化、又は正当なものと認められない場合には、認定経営革新等支援機関からの指導又は助言を受けた内容を記載しなければなりません。

④ 後継者

後継者は、代表権を有しているものに限られますが、最大 3 名まで指定することができます。

複数人（3 名以内）で承継する場合には、議決権割合の 10%以上を保有し、かつ議決権保有割合上位 3 位までの同族関係者に限られます。

⑤ 贈与税の納税猶予

非上場株式等の贈与を受ける場合にも、特例措置の納税猶予の制度があります。贈与の場合の納税猶予は次のとおりです。

イ、対象となる贈与の範囲

特例承継期間（5 年）内に贈与される、他の株主からの株式贈与も対象となります。この場合、先代経営者が最初の贈与者で、かつ一括贈与であることが必要です。

ロ、相続時精算課税制度への適用拡大

従来、贈与により、納税猶予を適用する場合、相続時精算課税を選択できず、暦年課税が適用されていましたが、平成 29 年の改正により、一般措置の相続時精算課税による納税猶予ができるようになりました。

さらに、平成 30 年の改正では、贈与者の子又は孫以外の者でも、贈与者が 60 歳以上であれば、特例措置の相続税精算課税制度を適用することができるようになりました。

⑥　経営環境悪化の場合の猶予及び減免措置

納税猶予額の一部免除に加え、特例継承期間（5 年）経過後に、M&Ａ等による会社の譲渡、吸収合併される場合、会社の解散をする場合には、その時点での株式価値で税額を再計算し、納税猶予額との差額が減免されます。これにより、後継者の将来の懸念を軽減できるようになります。

（4）特例措置の適用手続等

①　承継計画策定と認定、税務署への申告

この制度の適用手続きは、次の通りです。

イ、承継計画の策定と提出

承継計画は、会社が作成し、認定支援機関（商工会、金融機関、税理士等）が所見を記載します。承継計画は、令和 5 年 3 月 31 日までに都道府県に提出します。

（注）令和 5 年 3 月 31 日までに、相続・贈与を行う場合には、相続・贈与後に提出することもできます。

ロ、認定申請と相続税の申告

相続開始後 8 ヶ月以内に、承継計画を添付して、当道府県に認定申請を行います。その後、相続開始から 10 ヶ月以内に、認定書の写しとともに、相続税の申告を行います。

ハ、手続きの内容

承継計画策定と認定、税務署への申告の手続きは、上記のとおりですが、これを図式化したものが、次の表です。

【図表 5-9　特例措置の適用手続き】

特例承継計画の策定・提出・確認 （特例措置）	会社の後継者や承継時までの経営見通し等を記載した「特例承継計画」を策定し、認定経営革新等支援機関（税理士、商工会、商工会議所等）の所見を記載の上、令和５年３月３１日までに都道府県知事に提出※し、その確認を受けてください。
相続開始 ※　相続の時期についての要件は、１１ページを参照	相続開始後に会社の要件、後継者（相続人等）の要件、先代経営者等（被相続人）の要件を満たしていることについての都道府県知事の「円滑化法の認定」を受けてください※。
相続税の申告期限までの間 申告書の作成・提出	相続税の申告期限までに、この制度の適用を受ける旨を記載した相続税の申告書及び一定の書類を税務署へ提出するとともに、納税が猶予される相続税額及び利子税の額に見合う担保を提供する必要があります。 ◆　**この制度の適用を受けるための要件** １　会社の主な要件 次の会社のいずれにも該当しないこと ⑴　上場会社 ⑵　中小企業者に該当しない会社 ⑶　風俗営業会社 ⑷　資産管理会社（一定の要件を満たすものを除きます。） ２　後継者である相続人等の主な要件 ⑴　相続開始の日の翌日から５か月を経過する日において会社の代表権を有していること ⑵　相続開始の時において、後継者及び後継者と特別の関係がある者で総議決権数の５０％超の議決権数を保有することとなること

相続税の申告期限までの間	⑶　相続開始の時において後継者が有する議決権数が、次のイ又はロに該当すること（特例措置） イ　後継者が１人の場合 　後継者と特別の関係がある者（他の後継者を除きます。）の中で最も多くの議決権数を保有することとなること ロ　後継者が２人又は３人の場合 　総議決権数の１０％以上の議決権数を保有し、かつ、後継者と特別の関係がある者（他の後継者を除きます。）の中で最も多くの議決権数を保有することとなること ⑷　相続開始の直前において、会社の役員であること（被相続人が６０歳未満で死亡した場合を除きます。） ３　先代経営者等である被相続人の主な要件※ ⑴　会社の代表権を有していたこと ⑵　相続開始直前において、被相続人及び被相続人と特別の関係がある者で総議決権数の５０％超の議決権数を保有し、かつ、後継者を除いたこれらの者の中で最も多くの議決権数を保有していたこと ４　担保提供※ 　納税が猶予される相続税額及び利子税の額に見合う担保を税務署に提供する必要があります。
相続税の申告期限	◆ **相続税の申告期限** 　相続開始があったことを知った日（通常は被相続人が死亡した日）の翌日から１０か月以内に、所轄の税務署※に相続税の申告をする必要があります。

（出典：財務省）

②　相続税の申告後の手続き

相続税の申告後、次の手続きが必要です。

イ、申告期限後 5 年間

申告期限後 5 年間は、毎年、次の書類を作成・提出する必要があります。

（イ）都道府県　　　年次報告書（年１回）

（ロ）税務署　　　　継続届出書（年１回）

ロ、5 年経過後の実績報告

雇用が平均80%を下回った場合、その理由を記載し、認定経営革新等支援機関が確認した書類を提出する必要があります。その理由が経営状況の悪化等である場合、認定経営革新等支援機関から指導・助言を受け、その内容を記載する必要があります。

ハ、6年目以降

3年に1回、税務署へ「継続届出書」を提出します。

(注) 認定経営革新等支援機関

認定経営革新等支援機関とは、中小企業が安心して経営相談等が受けられるために専門知識や実務経験が一定レベル以上の者に対し、国が認定する公的な支援機関です。具体的には商工会や商工会議所などの中小企業支援者のほか、金融機関、税理士、公認会計士、弁護士等が主な指定支援機関として認定されています。

令和2年10月30日時点で37,720機関が認定されています。その内、税理士法人及び税理士が最も多く、次いで監査法人及び公認会計士です。

（5）納税猶予額の計算（一般措置の場合）

【事例 5-2　相続税の非上場株式の納税猶予額】

◇前提条件◇

被相続人	大須太郎	
相続人	子　A（後継者）、　B	
相続取得財産	A	預貯金　1億円 名古屋商事㈱（発行済株式数 3,000 株） 非上場株式 3,000 株　3億円
	B	預貯金　1億円

名古屋商事㈱、被相続人及びAは、相続税の非上場株式の納税猶予の対象となる条件をすべて満たしています。なお、名古屋商事㈱の株式のうち相続税の納税猶予の対象となる株式数は発行済株式総数の 2/3 が限度とされますので 2,000 株（3,000 株×2/3）となります。

◇結論◇

A及びBの相続税の納税額は下記の表の通りです。

	A	B	合計
取得財産	400,000,000 円	100,000,000 円	500,000,000 円
相続税額	121,680,000 円	30,420,000 円	152,100,000 円
納税猶予額	41,676,100 円	―	41,676,100 円
納付税額	80,003,900 円	30,420,000 円	110,423,900 円

≪Aの納税猶予額を計算する手順≫

<手順 1>

通常の相続税額を計算します。

<手順 2>

後継者Aが納税猶予の対象となる非上場株式のみを取得したものとして相続税を再計算します。この場合、その他の相続人Bが取得した財産はそのままで計算します。

<手順 3>

後継者Aが納税猶予の対象となる非上場株株式の価額の 20%相当額を取得したものとして相続税を再計算します。その他の相続人Bが取得した財産は<手順 2>と同様にそのままで計算します。

<手順 4>

<手順 2>から<手順 3>を控除した金額がAの納税猶予額となり、非上場株式の価額の 80%に対応する相続税が猶予されます。

<手順 5>

<手順 1>で計算した相続税額から<手順 4>で計算した納税猶予額を差し引いた金額が、Aが納付すべき相続税額となります。

≪具体的な計算≫

<手順 1>通常の相続税額の計算

① **課税価格**

預貯金 10,000 万円+非上場株式 30,000 万円＋預貯金 10,000 万円＝50,000 万円

② **基礎控除額**

3,000 万円+600 万円×2 人＝4,200 万円

③ **課税遺産総額**　(①－②)

50,000 万円－4,200 万円＝45,800 万円

④ **相続税の総額**

（イ）Aの法定相続分に応ずる取得金額　45,800 万円×1/2＝22,900 万円

Aの法定相続分に応ずる相続税額　22,900 万円×45%－2,700 万円

＝7,605 万円

（ロ）Ｂの法定相続分に応ずる取得金額　　45,800 万円×1/2＝22,900 万円
Ｂの法定相続分に応ずる相続税額　　22,900 万円×45%－2,700 万円
＝7,605 万円

（ハ）（イ）＋（ロ）＝15,210 万円

⑤　**各人の相続税額**

Ａ　15,210 万円　×　40,000 万円/50,000 万円＝12,168 万円

Ｂ　15,210 万円　×　10,000 万円/50,000 万円＝3,042 万円

（後継者でないＢの相続税は、3,042 万円となります。）

<手順 2>Ａが納税猶予の対象となる非上場株式のみを取得したものとした場合の相続税額

①　**課税価格の合計額の修正**

特例対象非上場株式 20,000 万円（2,000 株×100,000 円）
＋預貯金（Ｂの取得分）10,000 万円＝30,000 万円

②　**基礎控除額**

3,000 万円+600 万円×2 人＝4,200 万円

③　**①をもとにした課税遺産総額**

30,000 万円－4,200 万円＝25,800 万円

④　**相続税の総額**

（イ）Ａの法定相続分に応ずる取得金額　　25,800 万円×1/2＝12,900 万円
Ａの法定相続分に応ずる相続税額　　12,900 万円×40%－1,700 万円
＝3,460 万円

（ロ）Ｂの法定相続分に応ずる取得金額　　25,800 万円×1/2＝12,900 万円

Ｂの法定相続分に応ずる相続税額　　12,900 万円×40%－1,700 万円
＝3,460 万円

（ハ）（イ）＋（ロ）＝6,920 万円

⑤　Ａの相続税額

Ａ　6,920 万円　×　20,000 万円/30,000 万円＝46,133,333 円

<手順 3>Ａが納税猶予の対象となる非上場株式の 20%相当額を取得したものとした場合の相続税額

①　課税価格の合計額の修正

特例対象非上場株式 4,000 万円（2,000 株×100,000 円×20%）＋預貯金（Ｂの取得分）10,000 万円＝14,000 万円

②　基礎控除額

3,000 万円+600 万円×2 人＝4,200 万円

③　①をもとにした課税遺産総額

14,000 万円－4,200 万円＝9,800 万円

④　相続税の総額

（イ）Ａの法定相続分に応ずる取得金額　　9,800 万円×1/2＝4,900 万円
Ａの法定相続分に応ずる相続税額　　4,900 万円×20%－200 万円＝780 万円

（ロ）Ｂの法定相続分に応ずる取得金額　　9,800 万円×1/2＝4,900 万円
Ｂの法定相続分に応ずる相続税額　　4,900 万円×20%－200 万円＝780 万円

（ハ）　（イ）＋（ロ）＝1,560 万円

⑤　Ａの相続税額

1,560 万円×4,000 万円/14,000 万円＝4,457,142 円

<手順 4>Ａの相続税の納税猶予額

46,133,333 円－4,457,142 円≒41,676,100 円（百円未満切捨）

<手順 5>Ａの納付すべき相続税額

121,680,000 円－41,676,100 円＝80,003,900 円

（6）納税猶予額の計算（特例措置の場合）

【事例5-3　相続税の非上場株式の納税猶予額】

◇前提条件◇

被相続人	大須太郎	
相続人	子　A（後継者）、　B	
相続取得財産	A	預貯金　1億円 名古屋商事㈱（発行済株式数3,000株） 非上場株式3,000株　3億円
	B	預貯金　1億円

名古屋商事㈱、被相続人及びAは、相続税の非上場株式の納税猶予の対象となる条件をすべて満たしています。なお、名古屋商事㈱の株式のうち相続税の納税猶予の対象となる株式数は発行済株式総数の全てとなりますので、3,000株となります。

◇結論◇

A及びBの相続税の納税額は下記の表の通りです。

	A	B	合計
取得財産	400,000,000円	100,000,000円	500,000,000円
相続税額	121,680,000円	30,420,000円	152,100,000円
納税猶予額	81,900,000円	－	81,900,000円
納付税額	39,780,000円	30,420,000円	70,200,000円

≪Aの納税猶予額を計算する手順≫

＜手順1＞

通常の相続税額を計算します。

＜手順 2＞

後継者Ａが納税猶予の対象となる非上場株式のみを取得したものとして相続税を再計算します。この場合、その他の相続人Ｂが取得した財産はそのままで計算します。

＜手順 3＞

＜手順 1＞で計算した相続税額から＜手順 2＞で計算した納税猶予額を差し引いた金額が、Ａが納付すべき相続税額となります。

≪具体的な計算≫

＜手順 1＞通常の相続税額の計算

① **課税価格**

預貯金 10,000 万円+非上場株式 30,000 万円＋預貯金 10,000 万円＝50,000 万円

② **基礎控除額**

3,000 万円+600 万円×2 人＝4,200 万円

③ **課税遺産総額**　（①－②）

50,000 万円－4,200 万円＝45,800 万円

④ **相続税の総額**

（イ）Ａの法定相続分に応ずる取得金額　45,800 万円×1/2＝22,900 万円
　　Ａの法定相続分に応ずる相続税額　22,900 万円×45％－2,700 万円
　　＝7,605 万円

（ロ）Ｂの法定相続分に応ずる取得金額　45,800 万円×1/2＝22,900 万円
　　Ｂの法定相続分に応ずる相続税額　22,900 万円×45％－2,700 万円
　　＝7,605 万円

（ハ）（イ）＋（ロ）＝15,210 万円

⑤ **各人の相続税額**

Ａ　15,210 万円　×　40,000 万円/50,000 万円＝12,168 万円

B　15,210万円　×　10,000万円/50,000万円＝3,042万円

（後継者でないBの相続税は、3,042万円となります。）

<手順2>Aが納税猶予の対象となる非上場株式のみを取得したものとした場合の相続税額

① **課税価格の合計額の修正**

特例対象非上場株式30,000万円（3,000株×100,000円）

＋預貯金（Bの取得分）10,000万円＝40,000万円

② **基礎控除額**

3,000万円+600万円×2人＝4,200万円

③ **①をもとにした課税遺産総額**

40,000万円－4,200万円＝35,800万円

④ **相続税の総額**

（イ）Aの法定相続分に応ずる取得金額　35,800万円×1/2＝17,900万円

Aの法定相続分に応ずる相続税額　17,900万円×40%－1,700万円＝5,460万円

（ロ）Bの法定相続分に応ずる取得金額　35,800万円×1/2＝17,900万円

Bの法定相続分に応ずる相続税額　17,900万円×40%－1,700万円＝5,460万円

（ハ）（イ）＋（ロ）＝10,920万円

⑤ **Aの相続税額**

A　10,920万円　×　30,000万円/40,000万円＝8,190万円

<手順3>Aの納付すべき相続税額

121,680,000円－81,900,000円＝39,780,000円

◆◆　第六章　相続対策　◆◆

1.概要

（1）相続対策の分類

相続対策といった場合、一般には相続税の節税対策を指すことが多いですが、相続では、相続人間の争い、事業の承継問題、相続税の納税、残された配偶者の扶養等多くの問題があります。このような相続問題に対し、事前に対応策を検討し、これを実行することで、相続が円満に進むようにすることが相続対策です。

相続対策をあえて分類するならば、次のようになります。

①　争族対策

相続で最も時間がかかるのが相続人間の調整です。多くの者ができるだけ多くの財産を取得したいと思うのは自然のことであり、この相続人間の欲望を調整する必要があります。

親としては、残された財産を巡って、相続人間で争いをすることを望みません。このため、生前において相続人間の争いをできるだけ避けるための対策（以下「争族対策」といいます）が必要になります。

②　相続税対策

納付すべき相続税が発生する者にとって、相続税をできるだけ少なくしたいと考えるのは自然なことです。相続税法や財産の評価方法を理解することで、ある程度の節税をすることが可能です。また、できるだけ早い段階から対策を検討し実行することが有効な方法です。

③　事業承継対策

事業を営む親が家業を子供に継がせようと考えるのは、どの時代でも、どの国でも同じです。

しかし、事業承継を考える場合、事業の将来性、後継者の問題、相続税の負担等多くの問題があります。できるだけ円滑に事業承継できるようにするには、早い段階で現状や問題点を把握し、その対策を検討し、実行することが必要です。

④ 資金対策

相続税対策のため、多額の借入金でもって資産を購入し相続税を減らしても、相続人には多額の借入金の返済という問題が残ります。過去において、多額の銀行借入金で相続税負担は少なくなったが、銀行借入金の返済ができず相続財産のみならず、所有する財産すべてを失ってしまう事例が多くありました。

資金繰りを考えた相続税対策、納税対策が何よりも必要です。

⑤ 二次相続対策

相続対策では、一次相続（夫婦のうち早く死亡する者の相続）ばかりでなく、二次相続（残された配偶者の相続）をも考えて対策することが重要です。

例えば、一次相続に適用できる配偶者の税額軽減が二次相続では適用されないことから、一次相続対策の段階で二次相続を考えて行動することが必要となります。

■ Check Point !!

☑ 相続において最も多い問題は、相続人間の争いです。争いを少なくする方法は、財産の保有者である者（被相続人）の明確な意思です。

このため、生前に被相続人の意思を相続人に話し、これを遺言書等で明確にすることが望まれます。

（2）環境の構築

相続に関する法令は多岐にわたり、特に税法に関しては毎年改正されます。また、相続の場合、通常、複数の相続人（背後にいるその配偶者や子）、財産の評価、債務の存在等、多くの課題があり、相続人間の話し合いや専門家の助けが必要になる場合もあります。そこで、次のような環境を構築し、円滑に相続がすすむようにすることが必要となります。

①　相続関連法令に関する理解と改正に注意

相続対策を立てるには、相続関連法令に関しある程度の理解が必要です。また、相続対策を立てたとしても、それは対策を立てた時点の法令に基づいたものであり、民法や税法が改正された場合には、それに合わせて修正が必要となります。最近では民法が改正され、また、税法は、毎年改正されますので注意が必要です。

②　利害関係人との良好な関係

相続は一人で行うのではなく、相続人間の話し合いで行われます。相続人間の関係（その親族を含む）、相続人の金銭欲や生活環境等により、相続の結果は異なります。このため、他の相続人やその親族等との関係を日頃から良好なものにし、円満な話し合いができる環境に整えておくことが望まれます。

③　気軽に相談できる専門家を置く

相続に関する法令は、きわめて専門的な事項もあります。書式、添付資料、期限、財産評価の特例、納税猶予、納税方法等に関する手続きを誤ると取り返しのつかない結果になることが多くあります。

このため、身近なところに気軽に色々なことを相談できる専門家を置き、問題の発生を未然に防止するようにして下さい。

（3）相続対策のための準備

相続対策を打つためには、現状と問題点の把握が必要です。そこから、問題点を解決する対策案を検討し、具体策を策定し、実行していきます。

①　相続人等を確認する

相続は相続人及び受遺者（遺言により遺産を取得する者）間で行います。このため、相続人や受遺者となる人の確認が必要となります。また、一次相続だけでなく、二次相続における相続人と受遺者も確認して下さい。二次相続の場合、配偶者の税額軽減規定の適用がなく税金負担が多くなり、また両親とも死亡しているため、遺産分割において相続人間の争いが多くなる傾向にあります。

また、相続人や受遺者が被相続人の一親等の血族（その代襲相続人を含み、代襲相続人でない孫養子を除く）及び配偶者でない場合は、相続税の2割加算の適用があります。

イ、戸籍謄本での確認

法定相続人は、(生まれた時からの) 被相続人の戸籍謄本に記載されています。嫡出子だけでなく、養子縁組で養子となった子、認知した非嫡出子も戸籍謄本に記載されています。

ロ、受遺者の確認

受遺者は遺言書で確認できます。被相続人が特定の者に遺産を渡すことを指示したものが遺言書であり、遺言により、特定の者に財産を相続させることができます。この特定の者を受遺者といいます。

② 相続財産の確認

相続財産には、土地、建物、有価証券、預金等の資産ばかりでなく、借入金、未払金等の債務も含まれます。このほか、被相続人の勤務先から支払われる死亡退職金、保険契約に基づいて支払われる生命保険金等も相続税法上の相続財産となります。

さらに、相続税の課税財産には相続開始前3年以内贈与財産、相続時精算課税適用贈与財産も含まれます。

相続財産の確認・整理のため、相続財産リストの作成が望まれます。そのリストには、一次相続財産だけでなく、二次相続財産も含めて記載し、二次相続対策も同時にできるようにすることが実務的です。

財産リストの作成にあたっては、資産、負債、みなし相続財産を項目別に記載し、その評価額、予定受取人等を一覧表形式にすることで、わかりやすく検討しやすいものにして下さい。

③ 相続税の概算税額と納税

財産リストができたら、相続税の概算税額を計算し、その納税ができるかどうかを検討します。

相続人等に財産を相続させても、納税資金がない場合には、相続財産や手持ちの財産を売却し納税するか、銀行等から借入をして納税することになります。銀行等からの借入金の返済ができない場合には、相続財産等を処分し、返済することになります。非上場株式のように相続財産が処分しにくいもの、また居住用家屋のように処分したくないものが相続財産である場合、処分も難しく、納税や借入金返済に困る場合があります。

④　遺留分の検討

被相続人が遺言で特定の者に財産を相続させようとしても、法定相続人（兄弟姉妹が法定相続人の場合を除く）には遺留分があり、遺留分の減殺請求により、法定相続人は財産を取得した受遺者等に対し、金銭等の請求できます。どんなに仲の良い親族でも、金銭が絡むと事情は異なります。この遺留分の減殺請求がなされた場合の遺留分相当額を把握し、その支払方法を検討して下さい。

遺留分に関しては、生前に放棄の手続きができます。この遺留分の放棄は、遺留分を有する本人の意思に基づいて、家庭裁判所に申請し、家庭裁判所の許可が必要です。

⑤　問題点の整理

以上のことから、一次相続の問題点、二次相続の問題点を明確にし、問題点を整理し、一覧表にします。

■ **Check Point !!**

☑　遺言書を作成する場合には、相続人間の争いを想定し、各相続人の遺留分を考慮することが望まれます。

☑　民法改正により、遺留分の減殺請求は、金銭支払を求める権利になりました。

2.争続対策

争続対策は、相続人・受遺者の問題、遺産分割の問題、遺言と遺留分の問題等を解決し、相続人間の遺産分割を円満にすすめるためのものです。

（1）争いの原因

なぜ、相続人間で争いが生じるのか、その原因として一般にあげられる事項は次のとおりです。

① 財産の分割が相続人間で平等でない場合

② 相続人（その配偶者等を含む）間で仲が良くない場合

③ 相続人が欲を出し、遺産分割に対し、自己主張し、譲らない場合

④ 財産が少ない又は１つしか分ける財産がない場合

⑤ 遺言書もなく、故人の遺志がわからない場合

⑥ 故人の遺志（遺言）に反し、遺留分の減殺請求権が行使される場合

（2）争続への対策

① 争いの原因のうち、上記②及び③について

これに関しては、各人の人間性にかかわる問題であり、長年の様々ないきさつや環境で形成されたものであるため、一朝一夕に改善できる問題ではありません。

これに対する対策として、次のような方法があります。

イ、相続人（又は親族等）の中で人望があり、他の相続人にも信頼されている人を中心に（又は仲立ちしていただき）相続を進める

ロ、長年多くのことを相談してきた会計士・税理士に仲立ちをしてもらう

ハ、お互いに弁護士を立て、合理的に相続を進める

② 遺言と財産の分割

従来、被相続人が遺言書により、遺産分割の方法を指定しても、法定相続人が持つ遺留分の減殺請求権の行使により、遺言の通り遺産分割が行われないこともありました。これは、民法改正前の遺留分の減殺請求が遺産の分割を請求するも

ので、金銭の支払い請求でないためでした。

イ、遺言書の効果が高まる

今回の民法改正により、遺留分権利者（法定相続人）は、受遺者（遺言により財産を取得した者）に対し、遺留分侵害額に相当する金銭の請求ができますが、財産の分割請求はできなくなりました（民法 1046 条）。このため、遺言書にしたがって遺産分割が行われ、仮に遺留分の減殺請求があっても、金銭の支払いで対応できるようになりました。

このように、民法改正により遺言書の効果が従来よりも高くなりました。今後、遺言書を作成する被相続人が増加すると考えられます。

ロ、遺言書の作成

法定相続人や受遺者間の争いをできるだけ減らすため、遺言書には、先祖の祭祀を継ぐ者、介護を依頼する者又は事業を継承する者を明らかにし、その対価として相続させる財産、過去相続人に贈与した財産（特別受益）金額、事業用財産の形成に対する寄与分等を具体的に遺言書に記載し、この特別受益や寄与分を考慮して、個別具体的にどの財産をだれに相続させるかを遺言書に記載することが望まれます。

ハ、遺言書の変更

遺言書は、いつでも変更することができます。遺言書を変更した場合、変更部分に関する事項は、新しい遺言が有効なものとされ、従前の遺言は無効となります。このため、一度作成した遺言書であっても、その後、遺言者が期待したように、受遺者が行動しない場合（介護を期待したのに一切介護をしない場合、事業承継を期待したのに継がない場合等）には、遺言書を新たに作成し、前の遺言を無効にすることで、変化に対応することができます。

③　分ける財産がない

現在相続人と同居している自宅のみが相続財産という場合があります。相続人が一人であるならば問題ありませんが、相続人が複数いる場合には問題が発生する可能性があります。相続人間の話し合いで円満に解決できる（できる見込である）場合には問題ありませんが、そうでない場合には、次のような対策があります。

イ、遺言書を作成し、自宅を相続する者を指定する方法

被相続人が遺言書にて自宅を相続する者をしてした場合、通常、被相続人の意思を尊重し、他の相続人も遺言に従う場合が多く見られます。しかし、それでも他の相続人から遺留分の減殺請求がある場合には、遺留分侵害額相当の金銭の支払いが必要となります。

ロ、生前に贈与する方法

生前に贈与する方法は、多くの人が利用している方法です。この場合、相続開始前10年以内の生前贈与は、特別受益となり、他の相続人から遺留分の減殺請求がある場合には、遺留分侵害額に相当する金銭を支払う必要が生じます。

ハ、 自宅を相続させる予定の者に自宅を譲渡する方法

この場合には、自宅購入資金が必要になり、資金手当てや資金返済を考える必要があります。親子間の金銭貸借の場合、適正な返済期間や金利が設定されない金銭消費貸借契約は、税務上、贈与等の問題が生じることがあります。

ニ、その他の方法

上記イ～ハの方法が取れない場合、相続に当たり、他の相続人に相当の金銭を渡すか、又は自宅を売却し、その売却代金でもって金銭による解決を図ること等になります。

④ 遺言書がないために遺産分割でもめる

多くの相続では、被相続人の遺志を尊重して、相続人間で遺産分割を行うのが一般的です。このため、生前に遺言書を作成し、どの相続人にどの財産を与えるかを明確に指示し、後日できるだけ争いが生じないようにすることが望まれます。

遺言書には、自筆証書遺言書、秘密遺言書、公正証書遺言書があります。それぞれ一定の法的要件を具備しない場合、無効となることがあります。遺言書の種類の選定、遺言書の作成にあたっては、十分に注意が必要です。

また、作成した遺言書の紛失、作成した遺言書を探し出せない、さらには遺言書が書き換えられたりする場合もありますので注意して下さい。改正民法では、自筆証書遺言の要件が緩和され、また法務局において自筆証書遺言の保管制度が開始されました。少ない費用で遺言書の作成、法務局での保管ができるようになり、今後、その利用が増加する見込みです。

■ **Check Point !!**

☑ 公証人役場で作成した公正証書遺言、法務局に保管する自筆証書遺言についても遺言内容をいつでも変更することができます。

（３）その他の問題と対応

① 相続人に関するもの

イ、認知した子がいる場合

（イ）相続分

認知した子は、非嫡出子となり相続人となります。また、その相続分は嫡出子と同じです。

嫡出子である兄弟姉妹間でも相続をめぐり争いになる場合があります。相続に非嫡出子が加わるとさらに複雑になり、争うケースが増えてきます。

（ロ）対応

非嫡出子と他の相続人の関係が良好な場合には、生前に遺言書を作成し、相続での問題発生をできるだけ回避することが望まれます。

また、関係が良好でない場合、被相続人は遺言書を作成するとともに、嫡出子及び非嫡出子に相続で争わないように話をし、それでも争いを回避できないと考えられ場合は、遺留分の放棄を検討し、また、遺留分侵害額に相当する金銭を準備するのも一つの方法です。

ロ、夫婦に子供がなく、死亡した夫に兄弟がいる場合

（イ）夫の希望

夫は妻に全ての財産を渡し、夫の兄弟に渡したくない。

（ロ）対応

子や親がいない場合、被相続人の兄弟姉妹も相続人となります。兄弟姉妹には遺留分の減殺請求権がありませんので、生前に遺言書を作成することで残された配偶者に全ての財産を渡すことができます。

ハ、相続人である妻が認知症の場合

（イ）夫の希望

妻が認知症であり、自分（夫）が死亡した後のことが心配です。妻の余生を少しでも良くしたい。

（ロ）対応

相続人が認知症である場合、後見人を家庭裁判所で選んでもらう必要があります。後見人には、配偶者や親族でもなれますが、同じ相続人となる者は利害が対立するため後見人になることはできません。

後見人には、補助人、保佐人及び成年後見人の3種類があり、被後見人（妻）の判断能力に応じて選任されます（3 種の後見人の代理権には差異があります）。

認知症の妻（相続人）がいる場合には、生前に遺言書を作成し、誰に介護させるかを指示し、その介護を遺産分割の条件にすることも一つの方法です。

② 遺産分割に関する事項

イ、特別受益（過去に被相続人から受領した財産等）がある場合

生前に被相続人から財産の贈与を受けた場合、贈与を受けた財産は特別受益となります。特別受益がある場合、相続財産に特別受益を加えた総額が遺産分割対象財産となります。各人の相続分は、遺産分割対象財産に法定相続分を乗じ、そこから特別受益を控除した金額となります。

遺言書を書く場合、特別受益を明確にし、これを考慮した遺産分割となるようにすることが望まれます。

なお、遺産分割等で特別受益を主張する場合には、証拠資料等で立証する必要があります。

ロ、寄与分（財産形成へ貢献、介護費用）

被相続人の事業を助け、その財産形成に貢献した場合や介護をしたことで支払う介護費用を節約できた場合、寄与分が認められ、その分遺産分割で多く財産を請求することができます。

しかし、寄与分の計算は証拠資料がないことが多く、計算が困難な上に、他の相続人が認めないことがあります。

そこで、生前に遺言書を作成し、寄与分相当額を遺産として余分に与えるように指示することも一つの方法です。

ハ、相続人は多いが、財産が自宅だけの場合

親がなくなり、子供は多いが、相続財産が自宅（土地・建物）のみの場合があります。このような場合、その自宅の相続をめぐり兄弟姉妹間で争う場合があります。

親が同居していた子供に相続させたい場合には、生前に同居している子供に、自宅を贈与し（長い期間かけて贈与することで、税金負担を少なくすることが可能）、又は遺言書において同居している子供のみに相続させる旨の遺言が望まれます。ただし、兄弟姉妹には遺留分の減殺請求権は残りますので、生前において遺留分の放棄を他の子供にさせることで解決することもできます。

③　遺言書の無効

せっかく相続対策として遺言書を作成したにも関わらず、法的要件を満たさず無効となり、故人の遺志に反した遺産分割が行われることはよくあることです。

遺言書を作成する場合には、専門家に依頼し、公正証書遺言にすることが望ましい方法といえます。公正証書遺言は、公証人の手で作成され、遺言の無効の恐れがなく、一部が公証役場に保管され、家庭裁判所の検認等の必要もなく最も安全な遺言書といえます。

なお、公証人は公証人役場だけでなく、病院や自宅にも出張し、遺言書を作成してくれます。

また、改正民法では、法務局で自筆証書遺言の保管制度が創設されました。法務局で保管する自筆証書遺言は、法務省令で定める様式にしたがって作成した無封のものでならない（遺言書保管法第４条）ことから、遺言無効のおそれのないもので、家庭裁判所の検認等の必要もなく、安全な遺言書といえます。

④　借入金の負担

借入金等の債務が資産の総額を上回る場合、相続の開始（死亡）を知った時から３ケ月以内であれば、家庭裁判所に対し、相続放棄又は限定承認の申述をすることで借金を背負わないことができます。

債務が資産を上回ることを知っていながら、相続の放棄等の手続きをとらないと、借金を相続し、これを支払わなければならなくなります。

なお、相続開始から３ケ月以内に被相続人の財産を検討したが、被相続人に債務があることが分からず、後日、債務があることが分かる場合もあります。このようなときには、債務があることを知った時から３ケ月以内に家庭裁判所に相続放棄の申述をすると、相続放棄が認められる場合があります。相続開始から３ケ月を経過して債務があることが判明したら直ちに、弁護士や家庭裁判所に相談し、事情をよく説明し、できるだけ早く家庭裁判所に申請して下さい。

中小企業を経営する場合、会社の借入金（金融機関からの借入金等）に対し、経営者は連帯保証人になっているのが通常です。このような連帯保証債務も相続財産となり、相続の放棄をしない限り、相続人は保証債務を引き継ぎます。

このような場合には、会社の財産をよく検討し、相続放棄の手続きをとるかどうかの判断が必要となります。

■ ***Check Point !!***

☑　相続開始後、相続人が短期間で資産や債務を把握するには限界があります。

このため、生前に、被相続人は資産や債務の明細を作成し、これを信頼できる者に預け、保管しておくことが望まれます。

3.相続税対策

（1）概要

相続税対策では、相続税の節税対策が中心になりがちですが、次のことも検討して下さい。また、相続税対策は長い歳月をかけるとかなり効果が上がります。10年から 20 年以上の長い歳月をかけて、相続対策を行うことにより、相続税負担を大きく減少させ、相続人間の争いを少なくすることが可能となります。

①　納税対策と資金対策

相続税対策では節税対策も必要ですが、節税後の税金の納税対策と資金繰りの検討も重要です。

②　二次相続の検討

また、節税を考える場合、一次相続ばかりでなく、二次相続も含めて検討することが重要です。二次相続では配偶者の税額軽減規定の適用はなく、法定相続人も減少することから、適用される税率が高くなり税金負担が多くなります。

③　生前贈与や譲渡を併せて検討

贈与や譲渡を絡めて対策を検討することが節税効果をさらに上げることとなります。贈与の場合、非課税となる贈与、長い歳月をかけて行う贈与等により、効果を上げることができます。

（2）相続税対策の方法

相続税の額は相続税の課税財産（本来の相続財産、みなし相続財産、贈与財産）の範囲、その評価額並びにこれを相続する相続人に影響を受けます。このため、相続税を節税する方法は、次のものに分類することができます。

①　資産に関するもの

イ、課税財産から外す

課税財産から外すには、生前に財産を推定相続人へ贈与する方法、財産を会社に売却する方法等があります。贈与の場合には、贈与税の非課税規定の利用、贈与税の実効税率と相続税の実効税率とを比較し、実効税率の差異を利用した贈与等は有効な方法です。時価より高い固定資産税評価となっている古い建物の場合、時価で建物を会社（相続人等が株主）に売却することで、高い評価の建物を課税財産から外すことができます。

ロ、課税財産の評価額を下げる

換金性の高い資産は取引時価に近い金額で評価されます。他方、換金性の低い資産や取引市場のない資産は、評価の安全性を考慮して、取引価額より低く評価されます。この財産評価の方法の違いを利用して、課税財産の評価額を下げることができます。

ハ、非課税規定を利用する

相続税法や租税特別措置法の非課税規定にある財産を生前に取得し、また贈与税の非課税規定を利用して生前に贈与を行うことで、租税負担を軽減することができます。

ニ、課税価格の特例規定を利用する

相続税の課税価格の特例規定（小規模宅地等）を利用するとともに、金融資産やその他の資産から、課税価格の特例が利用できる資産へシフトすることで課税価格を引き下げ、租税負担を減少させることができます。

②　債務に関するもの

債務はほぼ額面で評価されることから、借入金等で評価額の低い資産を取得することで、取得資産の評価額と債務の増加額との差を利用して、課税価格を引き下げ、租税負担を減少させることができます。

③　法定相続人に関するもの

法定相続人に関する相続税対策は、養子に関する法定相続人の人数への算入制限、孫養子の相続税の2割加算という相続税法の改正により、節税策として、ほとんど効果がないものになりました。

このため、相続税対策でなく、相続人の問題、家の継承（先祖の供養・祭祀の守り等）、子供がいないことによる寂しさ、老後の問題等から養子という制度を検討することが望まれます。

（3）資産に関する対策

資産に関する節税対策には、次のようなものがあります。

① 課税資産から外す

課税資産としないための方法としては、生前贈与や資産の売却等があります。贈与税の非課税規定を利用した贈与、相続税の実効税率を上回らない範囲での贈与、時価より高い固定資産税評価の建物の売却等が節税対策として有効です。

イ、推定相続人に対する贈与

（イ）暦年贈与

推定相続人に対しては、早い段階から毎年少しずつ贈与することで、少ない贈与税負担をしながら、相続財産を推定相続人に移転させ、相続財産を減らすことができます。

なお、相続開始前3年以内贈与は相続税の課税財産に加算されますので、注意が必要です。

（ロ）贈与税の非課税規定や控除規定の適用

贈与税の非課税規定や課税価格の計算上適用できる控除の規定には、次のような制度があります。

【図表6-1　贈与税の非課税規定や控除規定】

項目	内容
教育資金	30歳までの直系卑属に対する教育資金の贈与（1,500万円まで）
結婚・子育て資金	直系尊属から、20歳から50歳までの直系卑属に対し、結婚・子育てに充てる資金（1,000万円まで）
配偶者控除	婚姻期間20年以上の配偶者に対する居住用不動産又はこれを取得するための資金（2,000万円まで）
扶養信託受益権	特別障害者を受益者とする扶養信託受益権の贈与（6,000万円まで） （特別障害者以外の特定障害者の場合には3,000万円まで）
住宅取得等資金	直系尊属から、直系卑属への住宅取得等資金の贈与 （非課税限度額は、年度又は省エネ等住宅かどうかで異なります）

これらの制度は、相続開始前3年以内の贈与税の加算対象とならない（一定の場合を除く）ため、死亡の直前まで利用できる対策です。

ただし、贈与契約は贈与者の意思表示に基づいて行われるものであることから、贈与時点の被相続人に行為能力（意識が明確）があるかどうかが問題となります。贈与者が病院等に入院している場合には、医師等に確認し、立会人等になっていただくことも一つの方法です。

ロ、孫等に対する贈与

推定相続人以外の者である孫等に対し贈与することで、相続税を有効に節税できる方法です。特に、孫に対する贈与は、相続を一世代飛ばすことができるので、子の相続における租税負担を軽減できます。

（イ）暦年贈与

相続人でない孫等に対しては、相続税の実効税率との比較から、長い期間にわたり、毎年少しずつ贈与することが効果的です。相続人以外の者が贈与により取得した財産は、相続開始前3年以内贈与加算の対象とならないことから、短期の対策としても有効です。

（ロ）贈与税の非課税規定や控除規定の適用

贈与税の非課税規定を利用した孫等に対する贈与はいつでも有効な相続対策となります。この方法は長期的な観点からも短期的な観点からも、相続税対策として有効なものです。

短期的に利用する場合には、非課税規定の内容をよく検討し、申告要件や資料の添付要件等を失念しないようにして下さい。また、贈与者の行為能力には注意して下さい。

これには、次のようなものがあります。

A、直系卑属に対する教育資金の贈与

B、直系卑属に対する住宅取得等資金の贈与

C、特別障害者を受益者とする扶養信託受益権の贈与

D、直系卑属に対する結婚・子育て資金の贈与

ハ、古い建物の譲渡

建物の固定資産税評価は、取得後 15 年以上経過すると、なかなか下がりません。他方、建物の時価は、経年劣化し、毎年減少します。相続税の評価において、建物は、時価でなく、固定資産税評価額で評価されます。

そこで、建物を時価で会社（相続人等が株主）に売却することで、相続税負担を適正化できます。

② 非課税規定を利用する

イ、生前において、仏壇、墓所、祭祀等の非課税財産を取得

非課税財産を相続開始後に取得してもその購入資金は非課税となりません。

生前において、仏壇、墓所、祭祀等の非課税財産を取得すると購入資金が支出によりなくなり、購入した仏壇等は非課税財産となり、相続税は少なくなります。

【図表 6-2 墓地等の購入時期】

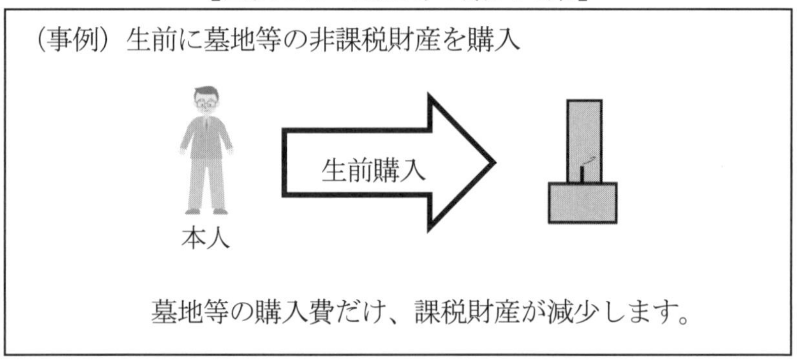

（事例）生前に墓地等の非課税財産を購入
生前購入
本人
墓地等の購入費だけ、課税財産が減少します。

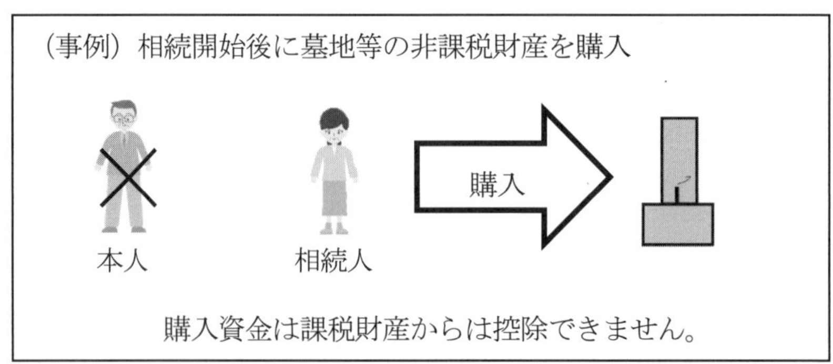

（事例）相続開始後に墓地等の非課税財産を購入
購入
本人
相続人
購入資金は課税財産からは控除できません。

ロ、死亡退職金に関する非課税（法定相続人の数×500 万円まで）の利用

死亡前に退職金を本人が受領した場合、本人の所得税課税の対象財産となり、

課税後残った資金は相続財産となり、相続税課税の対象となります。

他方、死亡により会社役員を退職した場合、役員退職金はみなし相続財産となり、所得税の課税はなく、相続において死亡退職金の非課税規定を利用することができます。

ハ、生命保険金に関する非課税（法定相続人の数×500万円まで）の利用

死亡前に満期生命保険金を本人（契約者）が受領した場合には、本人の所得税課税の対象財産とされ、課税後残った資金は相続財産となります。

他方、保険金受取人を相続人とする終身保険等に加入し、死亡保険金を相続人が受領することで、相続において生命保険金の非課税規定を利用することができます。

また、生命保険金は、相続税の納税対策としても有効な方法の一つです。

③ 課税価格の特例規定を利用する

相続税の課税価格の計算上、一定面積までの居住用宅地等、事業用宅地等、同族会社事業用宅地等及び貸付事業用宅地等については、その評価額から一定割合の金額を減額し、減額後金額が課税価格となります。この課税価格の特例を利用する場合とそうでない場合では、税金負担が大きく異なります。

イ、特例の概要

保有する宅地等が特定の居住用宅地等、事業用宅地等、同族会社事業用宅地等や貸付事業用宅地等に該当する場合には、課税価格の計算上、次の金額が減額されます。

（イ）特定居住用宅地等	330㎡までの宅地等について80%の減額
（ロ）特定事業用宅地等	400㎡までの宅地等について80%の減額
（ハ）貸付事業用宅地等	200㎡までの宅地等について50%の減額
（ニ）特定同族会社事業用宅地等	400㎡までの宅地等について80%の減額

この特例を利用するには一定の要件があり、また相続税の申告書の提出、計算明細書、その他必要書類の添付が必要となります。

ロ、対策

（イ）保有する宅地への対策

保有している財産に宅地がある場合、この特例を適用できるようにすることが、相続税対策となります。

（ロ）預金や上場有価証券で特例を適用できる宅地の購入と利用

小規模宅地等の課税価格の特例を適用する余地がある場合には、保有する預金や上場有価証券でもって、特例の適用できる宅地を購入し利用することが課税価格を減少させ、租税負担を合理的に削減できます。

例えば、手持ち預金１億円で住宅用宅地 330 ㎡（取得価額 10,000 万円、相続評価額 8,000 万円）を購入し、その上に 5,000 万円で建物を建築し、住宅の用に供した場合、この居住用宅地は、課税価格の計算上、1,600 万円（＝8,000 万円×（1－0.8））の評価額となります。

このように、小規模宅地等の課税価格の特例規定を利用すると、相続税の課税価格は大幅に減少し、租税負担は少なくなります。特に、都市部にある高い評価の宅地等の場合、相続税対策としては有効な方法です。

ハ、留意点

この特例は、居住用宅地については 330 ㎡まで適用でき、また事業用宅地の 400 ㎡との併用により、730 ㎡まで適用できます。この特例を貸付事業用宅地のみに適用する場合には 200 ㎡までです。この特例の適用にあたっては、宅地１ ㎡の評価額、適用する宅地用途等を検討し、有利となる宅地に適用することが得策です。

④　課税資産の評価額を下げる

課税資産の評価を下げる方法としては、次のような方法があります。この方法に関しては、事例を用いて、次の項で説明します。

イ、同じ時価でも財産評価額が低い財産へ預金や上場有価証券をシフト

ロ、他の者の権利（借家権や借地権）を付けることで評価を下げる

ハ、資産の評価要素を失くしたり、変えたりすることで評価を下げる

⑤　保有財産の変更と小規模宅地等の特例の利用

【事例 6-1　金融資産で事業用の土地や建物を取得】

◇前提条件◇

現在、借家で事業を行っているAが、預金2億円でもって事業用の土地及び建物を購入し、事業の用に供し、その5年後に相続を迎えました。

宅地の相続評価は購入価額の 80%、建物は 70%、借地権割合 50%、借家権割合 30%とします。また、相続時に、宅地は事業用宅地としての要件を満たしています。

種類		明細
土地 （事業用土地 250 ㎡）	取得時	購入価格 12,500 万円 相続評価額 10,000 万円（取引金額の 80%）
	相続時	土地の市場価格　12,500 万円（変わらず） 相続評価額 10,000 万円（変わらず）
建物	取得時	購入価格 7,500 万円 固定資産税評価額 5,250 万円（取引金額の 70%）
	相続時	建物の固定資産税評価額　4,725 万円 （購入時より 10%減額）

≪相続税の課税価格≫

①　**土地の相続税評価額**＝10,000 万円

小規模宅地等の評価減（400 ㎡以下）＝10,000 万円×80%＝8,000 万円

②　**建物の相続税評価額**＝4,725 万円

以上から土地及び建物合計課税価格

＝10,000 万円－8,000 万円＋4,725 万円＝6,725 万円

◇結論◇

2億円の預金は、土地及び建物 6,725 万円となり、資産を金融資産から事業用宅地・建物に変えることで課税資産の評価額は大幅に減額し、結果、相続税負担は減少します。

⑥　財産の評価額を下げる（他の者の権利をつける）

【事例 6-2　借地権や借家権の評価規定の利用】

◇前提条件◇

500 ㎡（相続評価 2 億円）の宅地を有するAは、銀行からの 1 億円の借入、自己資金 5,000 万円でもって、高齢者向け賃貸住宅（単身用 20 室、一室 7 坪、取得価額 15,000 万円、固定資産税評価額 10,500 万円＝取得価額の 70%）を建設し、賃貸事業を始めました。事業開始後 5 年目に相続が開始しました。

相続開始時点の土地の自用地評価額は 5 年前と変わりませんが、建物は時の経過で固定資産税評価額が 10%減額し 9,450 万円となりました。借入金は、毎月 50 万円の返済で 5 年間 3,000 万円を返済し残高は 7,000 万円です。

また、毎月の賃貸収入 200 万円から、借入金、金利、経費合計 120 万円を支出し、生活費や税金等の負担で 70 万円を支出し、手元には月 10 万円が預金として残っています。なお、賃貸後の土地は貸付事業用宅地の要件を満たすものとします。

相続開始時の財産明細

種類		明細
資産	土地	自用地評価額 2 億円（変わらず）
	建物	評価額 9,450 万円（取得時固定資産税評価額の 90%）
	預金	600 万円 （月 10 万円×12 ケ月×5 年）
債務	借入金	7,000 万円 （返済額 3,000 万円（毎月 50 万円の返済で 5 年間））

≪相続税の課税価格≫

①　土地評価額

宅地（借地権割合 50%、借家権割合 30%）は、賃貸により、自用地としての評価から、貸家建付地としての評価に変わります。

貸家建付地評価額＝自用地評価×（1－借地権割合×借家権割合）

＝20,000 万円×（1－0.5×0.3）＝17,000 万円

貸付事業用宅地の減額＝17,000 万円×（200 ㎡÷500 ㎡）×50%

＝3,400 万円

土地の評価額＝17,000 万円－3,400 万円＝13,600 万円

② 建物評価額

建物は貸家であることから借家権を差引いて評価されます。

評価額＝固定資産税評価額×（1－借家権）

＝9,450 万円×（1－0.3）＝6,615 万円

③ 預金

預金＝当初 5,000 万円－支出 5,000 万円＋5 年間 600 万円＝600 万円

④ 借入金

借入金＝当初 10,000 万円－返済 3,000 万円＝7,000 万円

以上から相続税の課税価格は＝13,600 万円＋6,615 万円＋600 万円－7,000 万円

＝13,815 万円となります。

◇結論◇

2 億円の土地は 13,600 万円、15,000 万円の建物は 6,615 万円となりました。

また、当初の財産（土地と預金）25,000 万円は、課税価格の計算上 13,815 万円となり、課税価格は 11,185 万円減少し、その分相続税の金額も大幅に少なくなります。

ここで注意が必要なのは、銀行借入金です。借入金の返済が無理なくできるかどうかがポイントとなります。

⑦　資産の評価額を下げる（非上場株式の評価を利用）

【事例 6-3　金融資産から不動産・非上場株式を取得】

◇前提条件◇

Aは、預金３億円のうち、１億円を資本金としＢ会社を設立し、残り２億円はＢ社に貸付け、Ｂ社はこれでもって土地１億円、建物１億８千万円を購入し、手元資金２千万円を残して賃貸事業を開始し、Ｂ社の社長を長男Ｃとしました。また、会社設立、不動産取得税や登記費用、その他経費として 1,000 万円を支出しました。

事業開始時の貸借対照表は次のとおりです。（単位：百万円）

Aの貸借対照表

貸付 200	
株式 100	自己資金 300

Ｂ社の貸借対照表

建物 180	借入金 200
土地 100	資本金 100
預金 20	

Ｂ社の収入は月 200 万円で、Aに対して借入金の返済 70 万円、借入金利 50 万円の合計 120 万円を支払い、またＣに給与として 50 万円を支払います。Ｂ社は土地建物の税金や維持費として月 30 万円を支出します。

鉄骨建物の耐用年数 30 年、建物付属設備 10 年、備品６年で、減価償却費は、１年～5 年平均 1,500 万円とします。

Ｂ社の１年目の損益計算書と貸借対照表は次のとおりです。（単位：百万円）

１年後のＢの損益計算書

減価償却 15	収入　24
給与 6	損失　16.6
金利 6	
経費 13.6	

１年目のＢの貸借対照表

建物 165	借入金 191.6
土地 100	資本金 100
預金 10	損失△16.6

Ｂ社の５年間の累計損益計算書と貸借対照表

5 年間の累計損益計算書	
減価償却 75	収入 120
給与 30	損失 43
金利 30	
経費 28	

5 年目の貸借対照表	
建物　105	A借入 158
土地　100	資本金 100
預金　10	損失　△43

このような状況でAの相続が開始された場合には、次のように財産は評価されます。

≪相続税の課税価格≫

①　Ａの所有するＢ社株式の評価（純資産方式の適用）

イ、建物（貸家）の評価

建物の固定資産税評価（取得価額の 70%、5 年経過しさらに 10%減）

＝18,000 万円×70%×90%＝11,340 万円

貸家としての評価額＝11,340 万円×（1－借家権割合 30%）＝7,938 万円

ロ、土地（貸家建付地）の評価

土地の自用地評価（取得価額の 80%、土地価格が下落しないと仮定）

＝10,000 万円×80%＝8,000 万円

貸家建付地の評価＝8,000 万円×（1－借地権割合 50%×借家権割合 30%）

＝6,800 万円

ハ、Ｂ社株式評価

資産－負債＝（7,938 万円＋6,800 万円＋預金 1,000 万円）－15,800 万円

＝△62 万円

②　貸付金

15,800 万円（20,000 万円－月返済額 70 万円×12 月×5 年）

③　資産総額

Aの資産＝Ｂ社株式＋Ｂ社への貸付金＝0＋15,800 万円＝15,800 万円となります。

◇結論◇

会社を設立し賃貸事業を営むことで、当初 3 億円あった現金預金がB社への貸付金 15,800 万円となり、課税価格が減少し、相続税負担が減少します。

なお、Aの相続開始が遅れれば遅れるほど、様々な対策を講じることができ、Aの課税価格を減少させることができます。

（4）債務に関する対策

相続人にとって、債務や税金は少なければ少ないほど望ましいものです。相続税の課税価格の計算上債務は全額控除されることから、債務の増加は課税価格の減少となり、節税対策となる場合があります。

しかし、銀行等からの借入金は返済する必要がありますので、相続後の資金繰りを検討してから慎重に行って下さい。

債務を利用した相続税対策として、次のような方法があります。

① 金融機関からの借入金で財産評価が時価より低い財産（例えば貸家）を購入する場合

② 金融機関からの借入金で子や孫等に住宅取得資金、教育資金の贈与を行う場合

■ Check Point !!

☑ 少子高齢化・人口減少社会の日本では、賃貸住宅の空家が増加し、賃料が減少しています。金融機関等からの借入金を利用した貸家取得には、十分注意して下さい。

(5) 取引相場のない株式に対する対応

取引相場のない株式の相続税対策も資産に対する対策と同様です。取引相場のない株式の場合、事業承継対策や納税対策も合わせ、相続対策を行うことが一般的です。

また、取引相場のない株式の評価方法は、複雑であり、その株式の評価額を下げるには、評価方法を理解しなければできません。

ここでは、いくつかの非上場株式に対する対策を紹介します。

① 類似業種比準方式での対応

類似業種比準方式は、課税時期の類似株価、配当、利益、純資産でもって株価が算定されます。課税時期の選択(上場株式の状況)、配当するかどうかの選択、退職金支払等により損失が発生した時期等の選択等により、株式の評価額は異なります。対策ではこれを利用して、非上場株式の生前贈与等を行います。

② 純資産価額方式での対応

株式を純資産価額方式で評価する場合、土地及び建物に関しては、取得後3年以内においては、相続税評価でなく取得価額を基礎として評価されます。このため、相続税対策を考える場合、取得した土地や建物が3年を経過してから株式の生前贈与等を行います。

また、資産の評価額が減少した場合又は負債が増加した場合には株式の評価額は下がることになります。デフレにより保有不動産や上場株式が下落した場合、事業上の損失が発生した場合等がこれにあたります。株式の評価額が下落した状況で子や孫に株式の生前贈与を行い、相続財産を減らします。

③ 評価方法の選択

会社区分が大会社、中会社、小会社にかかわらず、全ての会社の株式評価は、純資産価額方式で行うことができます(清算中の会社を除く)。また、大会社では類似業種比準方式で中会社と小会社は類似業種比準方式と純資産価額方式との折衷方式で行うこともできます。

どの方式を選択するかで株式評価額は異なります。

④　配当還元方式の利用

非上場株式の評価において、類似業種比準方式や純資産価額方式が適用される株主は、同族会社における同族株主です（一部同族株主でも配当還元方式で評価される株主がいます)。同族株主以外の株主に対しては、配当還元方式で評価されます。

経営支配できる持株を手元に残し、それ以外の株式を従業員や取引先等に譲渡し、従業員の経営への意識を高め、取引先との関係を強化しながら、相続時の保有株式を減少させることもできます。

⑤　自己株式の取得

会社は金庫株として自己株式の取得ができます。この規定を利用し、相続開始後、相続で取得した株式をその発行会社に譲渡することで、相続税の納税資金を確保することができるため、納税資金対策として有効です。

通常、株式の発行会社への譲渡に対してはみなし配当課税がありますが、相続により取得した株式を譲渡した場合には、譲渡所得とされ、また相続税の一部が譲渡経費とされることから、所得税負担も軽減されます。

⑥　生前贈与

生前に会社の後継者に対し持株を贈与し、相続時の保有株式を減らすことができます。この場合、できるだけ長い歳月をかけて贈与することが望まれます。

長い歳月の間には、会社の業績のいい時、悪い時があり、また保有資産の評価額が下落することもあります。時期を選択しながら、贈与する株数を調整することが節税につながります。

⑦　納税猶予の適用

一定の要件を満たす事業の後継者が贈与または相続により取得する非上場株式に関しては、納税猶予の適用（一般措置の場合、議決権のある株式総数の 3 分の 2 までの株式について、最大 80％の納税猶予。10 年間の特例措置の場合、株総数の 100％につき、100％の納税猶予）ができます。これにより実際に納付する税額を大幅に減額することができます。

4.事業承継対策

事業承継対策の目的は、事業そのものを後継者に引継がせる方法等を検討し、相続税や贈与税等の負担を軽減し、さらに事業を引継いだ者が経営しやすい環境を整えることにあります。

（1）事業承継の場合に検討すべき事項

① 現在の事業内容と事業の将来性

② 事業の後継者候補とその経営力

③ 取引先・金融機関との関係維持

④ 役員・管理者・社員の支持や理解

⑤ 相続税や贈与税の負担

⑥ 代替的方法としてのＭ＆Ａ

（2）事業承継の手順

① 事業承継の準備と検討

イ、上記（1）に関する事項の現状把握と検討

ロ、問題点の把握

ハ、問題点を解決する方策の検討

ニ、事業承継計画書の作成

計画書は項目ごとに、目標、具体方法、実行時期、完了時期、実行担当者と責任者を明確にし、相談者等を加えた一覧表形式で作成する。

② 計画の実行と進捗管理

イ、事業承継計画に沿って、具体的に実行していく。

ロ、実行に当たっては、定期的に会合を持ち、進捗を管理し、情報を共有する。

ハ、想定しない問題点が発生した場合、問題と原因を把握し、それに対する解決策を立て、実行していく。

ニ、実際の実行に当たっては、役員や社員、取引先、金融機関、弁護士、公認

会計士や税理士等の助言と手助けを求める。

ホ、途中経過に関して必要に応じ、主要取引先や主要取引金融機関に説明する。

へ、途中経過に関して定期的に役員、管理者、一般社員に対して説明をし、理解を求め、また必要に応じ意見を求める。

（3）事業承継後の問題

① 新経営者

事業承継の手続きが完了し後継者が経営者となっても、うまく経営していけるかどうか、役員や社員、取引先や銀行が協力してくれるか、納税資金のために借りた資金の返済がうまくいくかどうか等多くの問題への対応が必要です。

② 旧経営者

後継者が経営者となり事業の一線から退いても、後継者がうまく事業をやれるかどうか、自分の老後をどのようにしていくか、事業を引継がなかった他の子に対して財産をどのように相続させるか等多くの問題への対応が必要です。

（4）事業承継のための相続税対策

① 非上場株式等の納税猶予の利用

代表権を有していた前経営者から、事業を承継した現経営者が相続によりその会社の議決権のある株式を取得した場合には、一定の要件を前提に納税猶予の特例が適用できます。これに関しては、第五章の4に詳しく説明していますので参考にして下さい。なお、贈与の場合も同様の趣旨の納税猶予があります。

イ、一般措置

議決権のある発行済株式総数の 3 分の 2 にかかる相続税額の 80%相当額の納税猶予が可能です、

ロ、特例措置

10 年限りであるが株式総数の 100%に関し、100%の納税猶予が可能です。

② 社員持株会の利用

会社を経営支配していくには、議決権のある株式総数の 3 分の 2 以上（主要な特別決議の議決権割合）の株式を保有することで、可能です。

このため、3分の2を超える株式については、従業員持株会に持たせることで、事業承継者の相続税負担を軽減できます。

③ その他

以上の他、事業承継対策としては多くの方法があります。争続対策、相続税対策、納税対策等に関しては上記2から3を参照して下さい。

また、事業承継では、様々な法令や手続きが複雑に関係してくるため、できれば信頼できる専門家に依頼し、一緒に検討することが望まれます。

（5）適当な後継者がいない場合

適当な後継者がいない場合には、M&Aで株式を売却し、また会社を清算し、現金預金に替えることも一つの方法です。

① 従業員への株式売却

中小企業では、適当な後継者を従業員の中から選択し、持株すべてを従業員に売却し、投資回収を図ることがよく見られます。

② 他社への株式売却

これは、同業者や事業の拡大を目指している会社に対し、他の株主の保有する持株を含め、会社が発行する持株すべてを売却し、投資回収を図る方法です。

③ 会社の清算（廃業）

これは、会社が保有する全資産を売却し、全債務の支払いを行い、税引き後の残額を株主に分配することで、投資回収を図る方法です。

■ Check Point !!

☑ 事業承継対策は、会社経営、事業環境、後継者、従業員、業種、後継者の資質等を総合的に検討する必要があります。信頼できる専門家と相談しながら進めることが望まれます。

5.相続対策の落とし穴

相続対策は、あくまでも一定の想定の下で計画されたものです。しかし、現実は厳しく、想定通りに行かないこともあります。相続対策にあたっては、次のような失敗事例や問題点を参考にして下さい。

（1）金融機関からの借入金が返済できない

相続対策の一つに、金融機関からの借入金で貸家を建設し、賃貸することで相続税を減らす方法があります。この方法では、借入金は債務として全額控除でき、他方購入した土地や建物は貸家建付地や貸家となり取得金額より低い相続税評価となるため、結果として課税価格（資産から債務等を控除した金額）が少なくなり、相続税額は少なくなります。

しかし、現実は厳しく、少子高齢化、人口減少、賃貸住宅の増加等により、空家の増加、家賃相場の下落が生じます。このため、入居者確保も計画通りにいかず、土地や建物の価格も下落した結果、銀行借入金の返済ができず、担保にしていた貸家だけでは足りず、自宅も全て売却する羽目になった事例が数多くあります。

これを推進した銀行、不動産業者、建設業者、税理士等は責任を負わず、本人だけが厳しい現実を迎え、一時社会問題にまでなりました。のど元過ぎると手を変え品を変え、同じようなことが繰り返されるので十分注意して下さい。

（2）孫名義預金の否認

相続対策のため、孫が生まれてから毎年、贈与税の非課税の範囲内で贈与し、孫名義の預金通帳に預金し、その通帳と印鑑は孫が大学を卒業したら渡そうと祖父（被相続人）が保管していました。

孫が大学を卒業する前に祖父が亡くなり、その後相続税の調査が行われ、孫への贈与である預金通帳残高が祖父の相続財産と認定され、相続税が追徴課税される事例がよくあります。

せっかくの相続対策も水の泡となり、加算税まで負担する結果となった理由は、預金を支配管理しているのが祖父であり、他人名義で預金をしているのとなんら実態が変わらないためです。

このような失敗をしないためには、毎年贈与証書を作成し、贈与税の申告をすることです。贈与証書には孫の両親を法定代理人とし、また贈与税の非課税の範囲内でも申告書を提出することで、法的にも経済的実体としても贈与があったことを明らかにしておくことが望まれます。

(3) 相続税法の改正

どのような国でも、法の不備や抜け穴を探し、節税を図る者がいます。日本でも多くの節税策が横行し、これに対し、課税当局は法律の改正により対処してきました。

節税策は法律が改正されるまでは有効ですが、一旦法律改正がなされると、役に立たないばかりか、無駄や問題が発生します。このような相続税対策として、過去に次のような方法がありました。

① 土地や建物の購入による株式評価額の引下げ

これは、相続評価と時価との違いを利用した節税策です。つまり、株式の評価において、資産の評価は相続税評価で行います。他方、預金や借入金はそのままの金額で評価されます。そこで、手持ちの預金や銀行借入金で土地や建物を購入すると、購入した資産の取得価額と相続税評価額との差額分、株式の純資産評価額を引き下げることができます。

これに対して国は、株式の評価規定を変更し、3 年以内取得の土地や建物の評価は、相続評価でなく取引価額で評価するように改正することで、この節税策に対応しました。

② 負担付贈与や低額譲渡

負担付贈与（第七章を参照）の場合も、上記①と同様、取引時価と相続評価の差額を利用した節税策です。つまり、銀行借入金でもって、土地や建物を購入し、これを子や孫に贈与し、同時に債務である借入金も負担させることで、子や孫の贈与税を節税し、被相続人の保有する土地や建物を相続評価で移転させるものです。

これに対し課税当局は、負担付贈与の場合、土地や建物の評価を取引市場価格とすることで、この節税策を封じ込めました。

③　小規模宅地の評価減の特例

最近では、節税効果の高い小規模宅地の評価減の特例を利用した極端な節税策が、問題となり、貸家等への住み替えによる居住用宅地の特例の適用、相続開始前３年以内の事業用宅地や貸付用宅地の特例適用に対し、法令の改正により、原則として、適用できなくなりました。

法令が想定しない過度の節税策に対し、課税当局は法律や通達の改正で対応しています。あまりにも過激な節税策に関しては、近い将来、法律等の改正があることを前提に行動することが望まれます。

（４）子や孫が先に死亡

相続対策は、死亡の順番が祖父母、父母、子、孫、ひ孫という順序で行われることを前提に、生前に子や孫に財産を移転させるものです。

しかし、現実には子や孫が先に死亡することもよくあります。過度の生前贈与や相続対策が、結果的に相続税や贈与税負担を増加させ、また、財産を失う結果となる場合があります。次のような事例がこれに該当します。

①　子が先に死亡し、父が財産を相続

Ａさんは長男を可愛がり、長男が子供の頃から多額の贈与税を負担し、毎年財産を贈与してきました。しかしその長男が事故により、Ａさんより早く亡くなりました。

長男には配偶者もおらず、相続人は老いたＡさん夫婦のみでした。結果、Ａさん夫婦は、多額の贈与税を支出して贈与した財産を、今度は多額の相続税を支払って取得することになりました。

②　子が死亡し、財産を相続した配偶者は他の男性と結婚

Ｂさんは、一人息子の長男に、毎年、子供の頃から財産を贈与してきました。その長男が結婚し安心していたところ、長男を事故により失い、若い配偶者が残りました。

長男の相続人は、配偶者とBさん夫婦のみであり、結果、長男が保有する財産の3分の2を配偶者が取得しました。この配偶者は、1年後に他の男性と結婚し、長男の財産とともにBさんの家を出て行きました。

（5）事業の失敗

株式の価値は、事業が成功している場合には高く、事業に失敗すると無価値になります。

事業承継対策として、早くから経営する会社の株式を贈与する場合がありますが、長引くデフレと経済低迷により、事業に失敗すると贈与した株式は無価値になります。

しかし、生前贈与に係る贈与税は返ってくることはありません。事業承継対策は、事業の将来性、後継者の能力等を総合的に勘案し、慎重に行うことが肝要といえます。

（6）デフレによる土地や上場株式の下落

日本では、平成元年から約20数年、デフレ経済下にあり、土地や上場株式の価額は、約3分の1から4分の1に下落しました。その後、平成22年頃から上場株式や都市部の土地は、上昇基調にあります。

①　無駄な贈与税

デフレ経済が進行する中で、相続対策により、贈与税を負担して、生前に土地や上場株式を子や孫に贈与することが多く見受けられました。

しかしながら、贈与後、土地や上場株式の価額が大幅に下落し、10年もたてば、ほとんど負担する必要のない贈与税であったといえます。

②　デフレ時の対応

デフレ経済時には、現物資産に対し、現金預金と借入金債務の価値が相対的に上昇します。

このため、デフレ時には、優先順位として現預金に対する対策を先に行い、土地等に関しては、デフレによる価格下落に任せておく方が得策です。

特に、デフレ時に銀行借入金でもって貸家用の土地や建物を取得することは、最も悪い対策の一つであり、厳に慎むことが必要です。その理由は、取得した土地等の価格は下落する一方、借入金の価値は現預金と同様に上昇します。このため借入金の返済が困難になり、他の資産まで失い、時には破産となります。

なお、インフレ時には、銀行借入金でもって貸家用の土地や建物を取得することは、考えられる対策の一つであります。ここ10年、都市部の土地、株式、金等の価格が世界的に上昇しています。これは、世界各国の貨幣供給量が経済成長率を超えて、大幅に増加したことによるものです。

（7）法定相続人に対する対策

① 養子を利用した節税対策への規制

相続税の計算では、法定相続人数を基礎として、基礎控除、相続税の総額に適用する税率、生命保険金や死亡退職金の非課税額が決定します。このため、過去の節税対策では、孫やひ孫を養子とすることで、相続税負担を軽減するという方法が横行しました。

そこで、相続税法が改正され、法定相続人の数に算入される養子の数が制限され、孫養子については、兄弟姉妹同様相続税の2割加算が適用されるようになりました。さらに、不当に相続税を減少させる目的で養子とした場合には、養子そのものを法定相続人の数に含めることができないようになり、養子を利用した節税対策への規制が強化されました。

② 養子の必要性

養子制度は、古今東西、多くの国にその制度があり、社会制度として存続しています。相続税法も社会制度としての養子制度を否定するのでなく、一定の場合には養子を実子と同様の地位に置き、法定相続人の数への算入、相続税の2割加算適用除外規定を置いています。

養子制度は、養親側の要求と養子側の要求から、社会制度として存続しています。

イ、養親の要求

養親としては、相続人間の問題、家の継承（先祖の供養・祭祀の守り等)、子供がいないことによる寂しさ、老後の問題等から養子を求めています。

ロ、養子の要求

養子の側としては、両親がいないため生活に困窮している、両親がいないことによる精神的不安や寂しさ、家が貧しく生活が困難、両親に問題があり同居できない等の理由から、養親を求めています。

③　法定相続人の人数に加算される養子

イ、通常の場合

普通養子に対しては、実子がいる場合、相続税法上の法定相続人の数に加算される養子は1人まで、また、実子がいない場合には2人までです。

ただし、養子にした行為が不当に相続税を軽減させる行為と認められる場合には、1人の養子も相続税法上の法定相続人数に入れることはできません。

ロ、実子とみなされる養子

次の場合の養子は、相続税法上、法定相続人の数に算入され、相続税の2割加算も適用されません。

（イ）特別養子制度における特別養子

（ロ）被相続人の配偶者の連れ子（実子）で被相続人の普通養子となっている者

（ハ）被相続人と配偶者の結婚前に、特別養子縁組によりその配偶者の特別養子となっていた者で、被相続人と配偶者の結婚後に被相続人の普通養子となった者

以上のように、養子に対する制度は変遷しています。制度の趣旨に沿った養子である場合には問題はないと解され、法定相続人の数に加算されます。

◆◆　第七章　贈与税の概要　◆◆

1.概要

贈与税は、個人が不動産、株式、現金などの財産を無償で取得した場合のほか、受けた経済的利益が実質的に贈与と何ら変わらないもの（みなし贈与財産）について課税される税金です。

（1）相続税との関係

相続税と贈与税は相互補完関係にあります。つまり、子孫や配偶者に財産を生前に渡す場合には贈与税が課税され、死亡後に渡す場合には相続税が課税されます。また、贈与税の税率は、累進性（税率の上昇）が高く、他方、相続税の税率は、累進性が緩やかです。これは、財産の移転を生前にするか相続時にするかの選択において、相続時を選択した人の税負担が不利にならないようにするためです。

この補完関係だけでなく、さらに相続税と贈与税の関係を一体化した税制として次のものがあります。

①　相続開始前３年以内贈与の加算

相続開始前３年以内に被相続人から贈与を受けた財産は、原則として相続税の課税財産に加算され、加算される財産に関し納付した贈与税がある場合、その贈与税は相続税から控除されます。

【図表 7-1　相続開始前３年以内贈与加算】

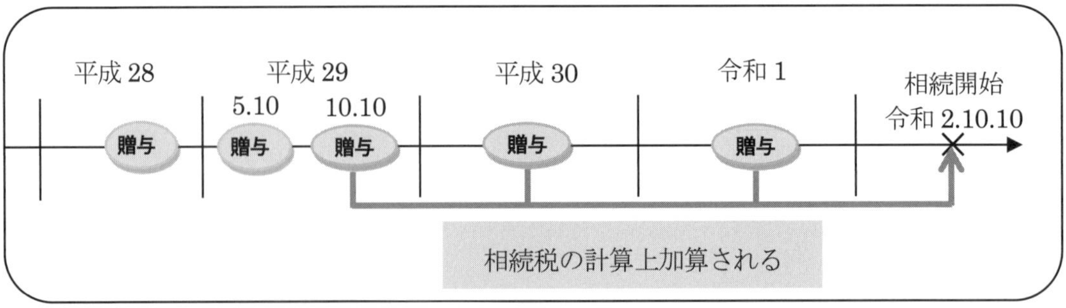

② 相続時精算課税

生前に相続時精算課税の適用を受けた贈与財産は、その全てが相続税の課税財産となり、納付した贈与税は相続税から控除されます。

このように、相続への対応を考える場合、贈与税と相続税は相互に関連しており、贈与税に対する理解が必要となります。

■ ***Check Point !!***

☑ 相続開始前3年以内贈与であっても、婚姻期間20年以上の配偶者への居住用財産の贈与や直系尊属からの教育資金や結婚・子育て資金等の贈与は、相続税の課税財産となりません。

（2）贈与とその種類

① 贈与契約

贈与は、贈与者が自己の財産を無償で与える意思表示をし、受贈者がこれを受諾することにより成立する契約のことです（民法549条）。

贈与の意思表示は、口頭や書面で行うことができます。口頭による贈与はいつでも取り消すことができますが、書面による贈与は受贈者の同意等がなければ取り消すことができません。

② 贈与の種類

贈与には次の種類があります。

イ、通常の贈与

通常、個人が自己の有する財産を無償で与える意思を表示し、受贈者がこれを受諾することにより成立する贈与をここでは通常の贈与といいます。

ロ、負担付贈与

例えば、土地を贈与すると同時に、第三者への金銭支払義務を負担させるように、受贈者に贈与の目的と対価関係にない一定の給付義務を負わせる贈与を負担付贈与といいます（民法553条）。

ハ、死因贈与

贈与者の死亡により効力を生じる贈与を死因贈与といいます（民法554条）。死因贈与により財産を取得した場合、死亡を原因とすることから相続税の課税財産となります。

ニ、定期贈与

例えば、毎年末100万円を贈与するというように、定期的に一定の給付を目的とする贈与を定期贈与といいます（民法552条）。

定期贈与の場合、贈与期間の定めがない場合には贈与者又は受贈者の死亡によりその効力を失います。

■ **Check Point !!**

☑ 贈与契約の種類に応じ、課税関係や財産の評価（時価）も異なります。負担付き贈与の場合、贈与財産の評価は相続税評価でなく、時価評価とされ、また贈与財産に係る負担金額がその取得原価を上回る場合、所得税が課されます。

（3）個人の納税義務者と課税範囲

① 納税義務者

贈与税の納税義務者は、原則として、贈与により財産を取得（贈与により取得したとみなされる場合を含む）した個人です。

ただし、贈与税の税負担の公平を図るため、人格のない社団や財団、公益法人に対しても、個人とみなして贈与税が課される場合があります。

個人の納税義務者は、無制限納税義務者、制限納税義務者並びに国外転出時課税制度における納税義務者に区分されます。

② 無制限納税義務者

無制限納税義務者とは、世界中にある財産が課税対象となる者で、次のイ又はロに該当する場合に無制限納税義務者となります。

イ、居住無制限納税義務者

贈与により財産を取得した次に掲げる者であって、その取得した時において、日本国内住所を有する者（居住者）

（イ）「一時居住者」でない者

（ロ）「一時居住者」であるが、贈与者が「一時居住者」又は「非居住者」でない者

ロ、非居住無制限納税義務者

贈与により財産を取得した次に掲げる者であって、その取得した時において、日本国内に住所を有していない者

（イ）日本国籍を有する者で、次のいずれかに該当する場合

A、贈与前10年以内のいずれかの時期に日本に住所を有していた者

B、贈与前 10 年以内のいずれの時期にも日本に住所を有していないが、贈与者が「一時居住者」又は「非居住者」でない者

（ロ）日本国籍を有しない者で、贈与者人が「一時居住者」又は「非居住者」でない場合

③ 制限納税義務者

制限納税義務者とは、日本国内にある財産のみが課税対象となる者で、次のいずれかに該当する場合に制限納税義務者となります。

イ、居住制限納税義務者

贈与により日本国内にある財産を取得した者が、その取得した時において、日本国内に住所を有するが、上記②のイの居住無制限納税義務者に該当しない者

ロ、非居住制限納税義務者

贈与により日本国内にある財産を取得した者が、その取得した時において、日本国内に住所を有しないが、上記②のロ非居住無制限納税義務者に該当しない者

なお、令和 4 年 3 月 31 日までの間に、非居住外国人から贈与により財産を取得した時において、日本国内に住所を有せず、かつ日本国籍を有しない個人については、非居住制限納税義務者となります。この場合の非居住外国人とは、平成 29 年 4 月 1 日から贈与の時まで引き続き、日本国内に住所を有しない個人であって日本国籍を有しない個人をいいます。

【図表 7-2　納税義務者の概要図】

贈与者＼受贈者		国内に住所あり		国内に住所なし		
			短期滞在の外国人	日本国籍あり		日本国籍なし
				10年以内に住所あり	10年以内に住所なし	
国内に住所あり						
	短期滞在の外国人（※1）					
国内に住所なし	10年以内に住所あり					
	短期滞在の外国人（※2）					
	10年以内に住所なし					

（注）図中▒部分は国内・国外財産ともに課税。□部分は国内財産のみに課税。

（注 1）短期滞在の外国人（一時居住者）

出入国管理及び難民認定法の在留資格を有し、贈与前 15 年以内において、日本国内に住所を有していた期間が 10 年以下の人をいいます。

（注 2）概要図の贈与者欄において、国内に住所ありの短期滞在の外国人（※1）は「一時居住贈与者」であり、国内に住所なしの短期滞在の外国人（※2）は「非居住贈与者」です。

（注 3）一時居住贈与者（※1）

出入国管理及び難民認定法の在留資格を有して、贈与前 15 年以内において、日本国内に住所を有していた期間が 10 年以下の贈与者をいいます。

（注 4）非居住贈与者（※2）

贈与時に日本に住所を有さない贈与者であって、次のいずれかに該当する者は、非居住贈与者となります。

イ、贈与前 10 年以内のいずれかの時において、日本国内に住所を有していたことがある者で、かつこの期間において日本国籍を有しない者

ロ、贈与税前 10 年以内のいずれの時においても日本国内に住所を有しない贈与者

④　国外転出課税制度に係る納税義務者

居住者が国外転出をする場合、譲渡所得等の特例に係る納税猶予（所得税法 137 条の 2）の延長又は贈与等により非居住者に資産が移転した場合の譲渡所得等の特例に係る納税猶予の延長の適用がある場合には、居住無制限納税義務者又は非居住制限納税義務者の判定において、次のように見なされます。

イ、国外転出した者が贈与する場合

国外転出者が財産の贈与をした場合、その者がたとえ贈与前 10 年以内に日本国内に住所を有していなくても、その者は贈与前 10 年のいずれかの時において日本国内に住所を有していたものとみなされます。

ロ、非居住者に資産が移転した場合

非居住者に財産の贈与をした場合の納税猶予の適用を受けた者から財産の贈与を受けた受贈者（一次贈与）が、さらに贈与（二次贈与）をした場合、受贈者（一次贈与）もまた、贈与前 10 年のいずれかの時において日本国内に住所を有していたものとみなされます。

また、納税猶予の適用を受けていた相続人が、財産の贈与をした場合には、その贈与に関し、その相続人は贈与前 10 年以内のいずれかの時において日本国内に住所を有していたものとみなされます。ただし、その相続人が相続開始前 10 年以内に日本に住所を有していない場合を除きます。

⑤　連帯納付の義務

贈与税は、財産の贈与を受けた人（受贈者）に贈与税の納税義務があります。しかし、受贈者が贈与税を納付しない場合には、財産を贈与した人（贈与者）は、受贈者に代わって、贈与税を納める義務（連帯納付義務）があります。

例えば、日本の居住者が、海外にいる者に対し、日本にある現金を送金により贈与した場合、海外にいる者が贈与税を支払わない場合には、贈与者が代わりに贈与税を納める必要があります。

■ Check Point !!

☑　相続税や贈与税では、連帯納税義務があります。日本の居住者が、海外の子供や特別関係者に対し贈与した場合、受贈者が贈与税を納付しない場合、贈与者に納付義務が生じます。

（4）法人等の納税義務者と課税範囲

①　法人の納税義務者

贈与税の納税義務者は原則として個人ですが、贈与により、個人ばかりでなく法人等もまた財産を取得する場合があります。贈与により次の法人等が財産を取得した場合には、贈与税の納税義務者となります。

②　人格のない社団（又は財団）

人格のない社団とは、株式会社のような法人格はないが、代表者の定めがあり、団体の目的や行動規範があり、これに基づいて行動する人の集まりをいいます。

人格のない社団又は財団に対し、個人から財産の贈与があった場合には、これらの社団や財団を個人とみなし、贈与税の納税義務があります。また、贈与により、人格なき社団や財団を設立するため財産の提供があった場合も同様に、贈与税の納税義務者となります。

③　持分の定めのない法人

株式会社のように持分の定めがある法人が、贈与により財産を取得した場合には法人税が課税されますので贈与税は課税されません。

しかし、一般社団法人のような持分の定めのない法人に対し財産の贈与があった場合、その法人への贈与により、その贈与者の親族その他贈与者と特別関係にある者の贈与税の負担が不当に減少する結果となると認められるときには、この持分のない法人を個人とみなして、贈与税が課税されます。

贈与税が課税される場合において、贈与により増加した所得に対し課税された法人税額に関しては、贈与税額から控除されます。

（5）財産の取得時期と贈与税の申告

①　財産の取得時期

贈与により財産を取得した場合、財産の取得時期が問題となります。つまり、取得時期を基準として、財産が評価され、また申告期限等が決定されます。

イ、書面による贈与

贈与契約の効力が生じた日

ロ、書面によらない贈与

贈与の履行が実際になされた日。ただし、停止条件付きの贈与に場合には、その条件が成就した日

ハ、農地等の贈与

原則として、農業委員会等の許可の日又は届出の効力が生じた日

ニ、所有権移転の登記の目的となる財産で、贈与の日が明確でない場合

所有権移転登記又は登録の目的となる財産でも、上記イ～ハによりますが、贈与の日が明確でない場合、所有権移転登記又は登録の日が財産取得の日となります。

② 贈与税の申告

贈与税の申告書の申告件数及び申告納税額は次の図表のとおりです。平成 27 年以降、申告件数は減少傾向ですが、納税額は、ほぼ横ばいの状況です。

申告件数では、申告納税額のない申告件数が毎年 13 万件～15 万件あります。これは 110 万円未満の贈与であっても、将来に備え、贈与の事実を申告により明確にするため、また、非違があっても無申告加算税を回避するためと推定されます。

【図表 7-3　贈与税の申告状況】

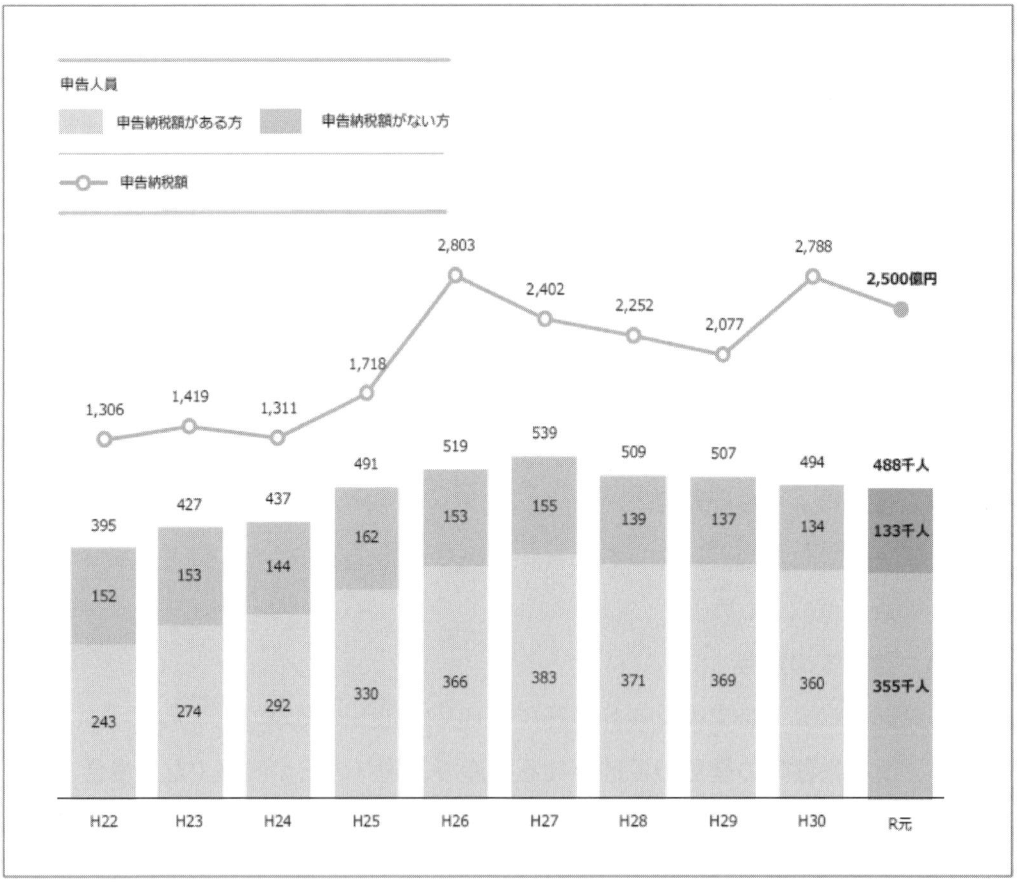

（出典：国税庁）

2.課税財産と非課税財産

（1）概要

贈与により取得した財産に関する課税関係を示すと次のようになります。

① 課税財産と非課税財産

贈与により取得した財産には、贈与税が課税される財産（課税財産）と贈与税が課税されない財産（非課税財産）があります。

生活費や教育資金の贈与のように非課税とされる贈与を除き、個人が贈与により取得した財産は、原則として贈与税の課税財産となります。

② 課税財産

課税財産には、本来の贈与により取得した財産（以下「本来の贈与財産」といいます）とみなし贈与により取得した財産（以下「みなし贈与財産」といいます）があります。

イ、本来の贈与財産

本来の贈与とは、贈与者と受贈者との意思表示に基づいて、無償により財産を与え、これを受領する贈与契約をいい、これにより取得した財産を本来の贈与財産といいます。民法に規定する贈与契約がこれに当たります。

ロ、みなし贈与財産

相続税法では、本来の贈与財産だけでなく、贈与と経済的実質が同じものも贈与税の課税財産となります。これをみなし贈与財産といいます。

③ 非課税財産

贈与により取得した財産のうち、社会政策的見地や国民感情等を考慮し贈与税を課税することが適当でないとされる財産については非課税財産とされ、贈与税が課税されません。

贈与税の非課税財産には、次のものがあります。

イ、相続税法の規定による非課税財産

ロ、租税特別措置法の規定による非課税財産

（2）本来の贈与財産

贈与契約により財産を取得する場合、贈与契約は口頭でもまたは書面でも有効であり、さらに口頭による贈与はいつでも取り消すことができます。そのため、実際に贈与があったかどうか特定することが困難な場合もあります。

贈与は親子間や夫婦間等のように親しい間柄で行われることが多く、贈与契約証書を作成することなく行われ、当事者間の意思表示がわかりにくいばかりでなく、実質は贈与でありながら売買や財産分与などの形式をとっている場合もあります。

そこで、通常の贈与契約による財産の取得の場合のほか、取引の状況を勘案し、次のような場合は本来の贈与により取得した財産として贈与税が課税されることがあります。

①　対価の授受なしの名義変更

父名義の不動産を子供に贈与したが、形式的には売買として登記した場合のように、登記上は売買による名義変更であるが、実質は父から子への贈与である取引。

この場合、無償による財産の移転であることから、子に対し、父からの贈与により財産を取得したものとして贈与税が課税されます。

②　他人名義での財産取得

長男が不動産を他の者から取得し自己の財産として登記したが、その購入資金が父から出ている場合。

この場合、父が資金を長男に無償で渡し、その資金をもって長男は不動産を取得しているものとみなされ、長男に対し、父から資金の贈与を受けたものとして贈与税が課税されます。

③　負担付贈与の取扱

父から長男に対し土地を贈与するにあたり、長男から長女に一定の金銭を渡すことを条件とする場合のように、負担付贈与とは、贈与の条件として、受贈者に贈与の目的と対価関係にない一定の給付義務を負わせる贈与をいいます。この負担付贈与を利用した節税策が横行したことから、負担付贈与に関しては、課税上次のように取り扱われます。

イ、取引の実態

この取引を分解すると次のようになります。

（イ）長女が長男から金銭を無償で受ける行為は、贈与となります。

（ロ）長男が父から負担付で受けた土地の取得は、負担部分（長女への金銭贈与）を除き、無償による取得であることから贈与となります。

（ハ）父が長女への金銭贈与という条件を付して長男に土地を無償で渡した取引は、土地の対価として長女への金銭贈与という負担を免れたことから、負担を対価として土地を譲渡したものとされます。

ロ、贈与財産の評価

通常、贈与財産の評価は相続税法及び相続税財産評価基本通達に基づいて評価されますが、負担付き贈与により取得した財産は、取得時の時価（相続税評価でなく、市場での取引価格）で贈与を受けたものとして、贈与税が課税されます。

ハ、一般贈与との比較

一般贈与と比較し、負担付贈与の場合には贈与者及び受贈者に余分な租税負担が生じる可能性があります。具体的には次のとおりです。

（イ）父から長男への土地の贈与

父から長男に土地を贈与する場合、父には何らの課税関係も生じません（所得税課税がない）。

また、長男の贈与税課税において、財産は時価（取引価格）でなく、相続評価で評価されます。

（ロ）長男から長女への金銭贈与

長男には何らの課税も生じませんが、長女には贈与税の課税関係が生じます。

なお、負担付贈与に関する課税関係に関しては、次頁の事例 7-1 を参照して下さい。

【事例 7-1　贈与税の課税関係（負担付贈与）】

◇前提条件◇

父Aは、長男Bに相続税評価 3,000 万円（通常の取引価格 5,000 万円）の土地を贈与するにあたり、長男Bが長女Cに 2,000 万円の金銭を贈与する条件を付して贈与しました。

なお、贈与した土地の取得原価は 500 万円でした。

種類	明細
土地	相続税評価　3,000 万円 通常の取引価格　5,000 万円 取得原価　500 万円

≪長男Bの課税関係≫

負担付贈与の場合、贈与取得財産の評価は、相続評価額 3,000 万円でなく通常の取引価格 5,000 万円で評価されます。また、負担する債務は贈与税の計算上、控除されます。

受贈金額（5,000 万円－2,000 万円）＝3,000 万円に対し贈与税が課税

≪長女Cの課税関係≫

長男からの金銭受贈金額＝2,000 万円に対し贈与税が課税

≪父Aの課税関係≫

父は、長女Cへの金銭贈与という負担を免れたことからその負担額が土地の譲渡対価となります（2,000 万円）。

土地の譲渡益（2,000 万円－500 万円）＝1,500 万円に対し所得税が課税

◇結論◇

負担付贈与の場合、贈与を受けた財産の評価が相続評価でなく、通常の取引価格で評価されるだけでなく、贈与した者に対し、所得税課税も発生します。

④　離婚（婚姻取消の場合を含む）による財産分与

イ、財産分与を受けた者

離婚に基づく財産分与により財産を取得した場合には、無償ではなく精神的苦痛に伴う損害賠償の対価として取得したものであることから、贈与税の課税財産とならず、所得税課税における収入となります。

しかし、損害賠償に基づく収入であることから、所得税法上非課税収入となり、所得税は課税されません。

ただし、次のような場合は贈与税が課税されます。

（イ）財産分与により取得した財産が、婚姻中の夫婦の協力によって得た財産の額、その他の事情を考慮しても不当に高額な場合

この場合、不当に高額な部分が、贈与により取得したものとして贈与税が課税されます。

（ロ）離婚等が形式的で、贈与税や相続税を免れるためになされたものである場合

この場合は、その全額が贈与税の課税財産となり、さらに重加算税等の加算税が課されます。

ロ、財産を分与した者

離婚等により、相手に渡す金額は損害賠償金額です。損害賠償金額（例えば5,000万円）を5,000万円の金銭等で渡した場合には課税関係は生じません。

しかし、分与する財産が金銭以外の場合、渡した財産の時価が損害賠償額であることから、分与財産の取得価額が財産分与時の時価と異なる場合に、発生したキャピタルゲインに対し課税関係が生じます。

例えば、離婚による財産分与財産として、時価5,000万円の宅地（20年前の取得原価2,000万円）を離婚相手に渡した場合、損害賠償金額は5,000万円であり、これが宅地の譲渡金額となります。したがって、譲渡対価5,000万円と取得原価2,000万円との差額が宅地の譲渡所得となります。

次に事例で、財産分与の課税関係を説明しますので参照して下さい。

【事例 7-2　贈与税の課税関係（財産分与）】

◇前提条件◇

夫Aが、妻Bと離婚するにあたり、保有する下記不動産を財産分与として渡した場合

種類	明細
土地	自宅土地 取得価格 2,000 万円、分与時の取引時価 5,000 万円
建物	取得価格 1,000 万円 分与時の時価 500 万円、減価償却後の残存価額 400 万円

≪妻Bの課税関係≫

取得した土地 5,000 万円と建物 500 万円合計 5,500 万円が、離婚に伴う損害賠償額として相当な金額であるならば、所得税や贈与税は課税されません。

≪夫Aの課税関係≫

分与した財産の時価が財産の譲渡収入となり、そこから財産の取得原価や譲渡費用を控除した結果、利益がある場合には譲渡所得税が課税されます。

①　土地の譲渡益

土地の譲渡益（時価 5,000 万円－取得価格 2,000 万円）＝3,000 万円

②　建物の譲渡益

建物の譲渡益（時価 500 万円－償却後の残存価額 400 万円）＝100 万円

③　所得税課税

譲渡益（3,000 万円＋100 万円）＝3,100 万円に所得税課税

◇結論◇

結果として、夫Aは、離婚に伴い土地 5,000 万円、建物 500 万円以外に所得税まで負担することになります。

⑤　**共有持分の取扱**

財産の共有持分者の一人がその持分を放棄した場合には、他の共有持分者は、放棄した者から増加した持分相当額を贈与により取得したものとされます。

■ **Check Point !!**

☑　離婚による財産分与で金銭以外の財産を分与する場合、財産を渡す者に課税関係が生じることがありますので注意が必要です。

☑　負担付贈与は、贈与財産の価額を算定する場合、相続評価でなく、市場での取引時価とされますので、注意が必要です。

（3）みなし贈与財産

贈与税は、土地や建物等の財産を無償で取得する場合のほか、受けた経済的利益が実質的に贈与と何ら変わらないもの(みなし贈与財産)についても課税されます。

次のようなものがみなし贈与財産となります。

①　**保険金受取人以外の者が保険料を負担している場合**

イ、満期保険金を受領した場合

父が保険契約者として保険料を負担し、保険金の受取人が長男である場合において、保険契約が満期を迎え、長男が満期保険金を取得した場合。

長男が受領した保険金は、父から贈与により取得したものとして、贈与税の課税財産とされます。

ロ、死亡保険金を受領した場合

被保険者が父で、保険契約者（保険料負担者）が母で、保険受取人が長男である場合において、父が死亡したことにより、長男が生命保険金を受領した場合。

長男が受領した生命保険金は、保険契約者（保険料負担者）である母から贈与により取得したものとして、贈与税の課税財産とされます。

（注）父が保険契約者（保険料負担者）である場合には、みなし相続財産となります。

②　低額譲渡

著しく低い対価で資産の譲渡（以下「低額譲渡」といいます）がなされた場合には、次のような課税関係となります。

イ、資産を譲り受けた者

資産の時価（市場での取引時価）と支払対価との差額がみなし贈与財産とされ、贈与税の課税財産となります。

ロ、資産を譲渡した者

受領した対価により資産を譲渡したものとして、譲渡益（受取対価－取得原価）に対し、所得税が課税されます。

なお、この場合、譲渡益でなく譲渡損失が生じたときは、その譲渡損失はなかったものとされます（所得税法59条2項）。

ハ、例外

低額譲渡に該当する場合でも、資産を譲り受けた者が資力を失くし、債務の弁済をすることが困難なため、その債務弁済のために扶養義務者から低額譲渡を受けた場合には、贈与税課税はありません。

③　その他

このほか、みなし贈与財産とされるものとして、次のようなものがあります。

イ、定期金受取人以外の者が掛金を負担していた定期金

ロ、債務免除による利益

ハ、信託に関する利益

（4）相続税法に規定する非課税財産

次のものは、相続税法上、贈与税の非課税財産となります。

①　法人から贈与を受けた財産

贈与税は個人間の無償による財産の移転を課税対象とするものです。このため、相手が法人である場合には贈与税の非課税財産となります。

なお、個人が法人から無償で財産を取得した場合には、一時所得や給与所得等として所得税が課税されます。

②　生活費や教育資金の贈与

扶養義務者から、通常必要と認められる生活費や教育費として資金の贈与を受けた場合には、その資金は非課税財産となります。

ただし、通常必要と認められる生活費や教育費の範囲を超える金銭は、贈与税の課税対象となります。

③　公益事業を行う者が贈与を受けた財産で、公益事業の用に供されるもの

公益事業とは、社会福祉事業、更生保護事業、学校教育法に定める学校、その他公益の増進事業をいいます。

④　特定公益信託から交付される金品

学術に関する貢献や研究に対し、表彰又は奨励する特定公益信託から交付される金品が該当します。

⑤　心身障害者共済制度に基づく給付金の受給権

地方公共団体が、精神又は身体に障害のある者に対し実施する共済制度に基づいて支給される給付金を受けた権利については、贈与税の非課税財産となります。

⑥　公職選挙法に基づいて、候補者が選挙運動のために贈与を受けた金品

国会議員等の公職選挙の候補者が、選挙運動のために贈与を受けた金品で公職選挙法に基づいて報告がなされたものは贈与税の非課税財産となります。

⑦　社交上必要と認められる香典等

個人から受ける香典、花輪代、年始年末の贈答、祝物、見舞金等で、社会通念上相当と認められるものについては、贈与税の非課税財産となります。

なお、社会通念上、相当でないものは課税財産となります。この場合の社会通念上相当なものとは、資金等を提供する者の資力、資金等を受領する者の需要、社会の常識、その他一切のことを総合的に判断した結果、相当と認められる額とされます。

⑧ 相続があった年に、被相続人から贈与により取得した財産

相続があった年に、相続人（受遺者を含む）が被相続人から贈与により取得した財産は、相続税の課税財産となることから贈与税に関しては非課税財産となります。

したがって、相続人（受遺者を含む）以外の者が、相続があった年に贈与により財産を取得した場合、贈与税の課税財産となります。

⑨ 特別障害者の信託受益権

特別障害者を受益者とする特別障害者扶養信託契約に基づき、金銭、有価証券その他財産が信託されたときは、その信託受益権の価額のうち6,000万円までの金額が贈与税の非課税財産となります。

■ ***Check Point !!***

☑ 子供や孫にお年玉として渡す金額が、社会通念上相当と認められる金額を超える場合、超える金額は贈与税の課税対象となります。過度なお年玉や祝い金は課税上問題になる場合があります。

（5）租税特別措置法における非課税財産

次に掲げるものは、租税特別措置法の規定により贈与税の非課税財産となります。

①　住宅取得等資金の贈与

直系尊属から一定の要件を満たす者が、住宅の取得や増改築の資金の贈与を受け、居住用不動産を取得し、居住の用に供した場合には、一定金額が非課税となります。

イ、受贈者の範囲

次のすべての要件を満たす個人

（イ）無制限納税義務者であること。

（ロ）贈与を受けた年の1月1日において20歳以上であること。

（ハ）贈与の年において、合計所得金額が2,000万円以下であること。

ロ、贈与者の範囲

贈与者は、直系尊属に限られます。このため、配偶者の父母や祖父母は除かれます。

ハ、非課税の金額

（イ）取得した住宅等に10%の消費税が課される場合

贈与の時期	省エネ又は耐震性を満たす住宅	左記以外の住宅
平成31年4月1日～令和2年3月31日	3,000万円	2,500万円
令和2年4月1日～令和3年3月31日	1,500万円	1,000万円
令和3年4月1日～令和3年12月31日	1,200万円	700万円

（ロ）その他の場合

贈与の時期	省エネ又は耐震性を満たす住宅	左記以外の住宅
平成28年1月1日～令和2年3月31日	1,200万円	700万円
令和2年4月1日～令和3年3月31日	1,000万円	500万円
令和3年4月1日～令和3年12月31日	800万円	300万円

ニ、対象住宅

この特例の対象となるものは、次のとおりです。

（イ）新築住宅

床面積の50%以上が居住用であり、床面積が50㎡以上240㎡以下の住宅であること。

（ロ）既存住宅

（イ）の新築住宅の要件に加え、耐震性のある住宅又は新築後20年（耐火性の住宅の場合25年）以内の住宅であること。

（ハ）増改築

増改築等に要する費用が100万円以上で、増改築工事の50%以上が居住用であること等一定の要件を満たす増改築であること。

ホ、特例を受けるための添付書類

この特例を受けるためには、贈与税の期限内申告書に、計算明細書、受贈者の戸籍謄本（戸籍の附表）、源泉徴収票、贈与者の住民票（戸籍の附表）等一定の書類を添付して申告する必要があります。

② 教育資金の非課税制度

30歳未満の直系卑属に対し、教育資金に充てるため資金を贈与した場合、1,500万円までの資金が非課税財産となります。

イ、受贈者

受贈者は、30歳未満の直系卑属（子、孫、ひ孫）で、贈与の年の前年の合計所得金額が1,000万円以下の者です。

ロ、教育資金

贈与の目的が、教育資金に充てるためのものであることが必要です。

ハ、非課税限度額

非課税限度額は1,500万円ですが、学習塾や習い事等、学校等以外のものに支出される場合には、500万円が限度です。

ニ、資金の預け先

教育資金は、教育資金管理契約により信託銀行、銀行等の金融機関に預けられます。利用者は教育資金の支払いに充てたことを証する書類を資金の預け先金融機関に提出する必要があります。

ホ、教育資金の精算

受贈者が 30 歳に達した際に残金がある場合には、その残金に対し贈与があったものとして贈与税が課税されます。

ヘ、適用時期

この制度は、平成 25 年 4 月 1 日から令和 3 年 3 月 31 日までに、教育資金として拠出されるものについて適用されます。

【図表 7-4　教育資金の非課税措置】

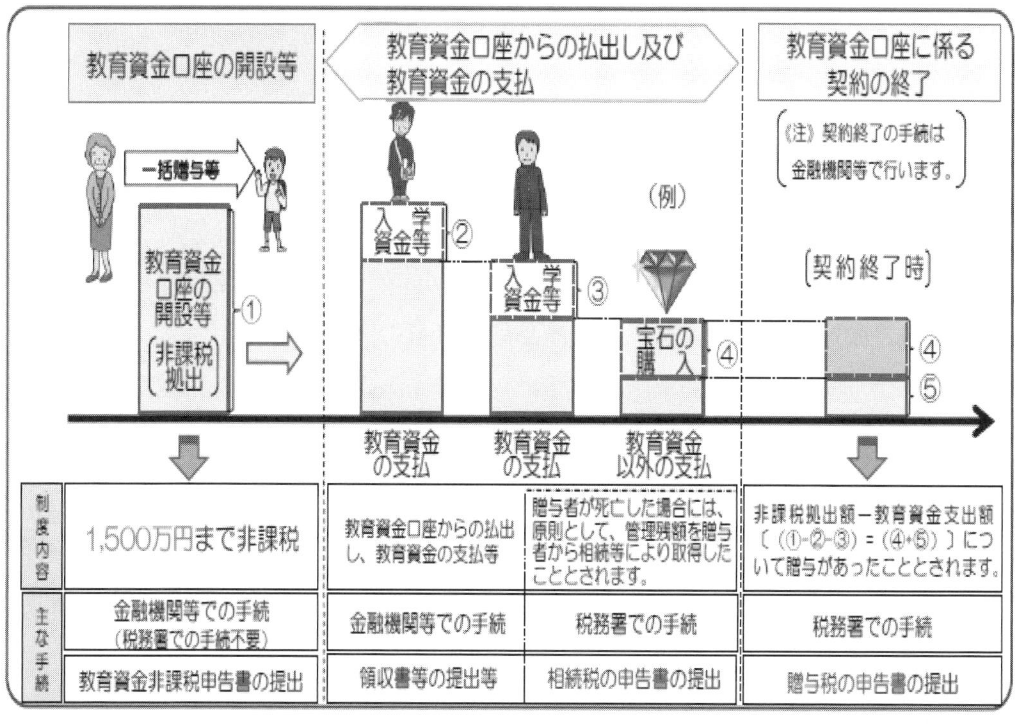

（出典：国税庁）

③　結婚・子育て支援資金の贈与

少子化対策の一つとして、一括贈与により若年層の経済的不安を解消し、結婚・出産を後押しすることを目的として、直系尊属が20歳以上50歳未満の直系卑属者に対して、結婚・子育て資金にあてるために金銭を贈与した場合に、1,000万円までを非課税とする制度です。

イ、受贈者

受贈者は、20歳以上50歳未満の直系卑属（子、孫、ひ孫）で、かつ贈与の年の前年の合計所得金額が1,000万円以下の者に限られます。

ロ、結婚及び子育て費用

結婚費用とは、婚姻の日の1年前から支払われる婚礼にかかわる費用、居住用家屋の家賃、転居費用等です。また、子育て費用とは、妊娠、出産、育児に係る一定の費用です。

これらの費用は、直接、婚礼関係の事業者、病院、賃貸人、地方公共団体等に支払われるものが対象となります。

ハ、手続き

この特例を受けるためには、次のような手続きが必要となります。

（イ）結婚・子育て資金管理契約

贈与者である直系尊属と信託会社との間で、資金の管理契約を締結する。

（ロ）金融機関の預金又は金融商品取引業者の有価証券

贈与契約に基づいて贈与を受けた金銭を金融機関に預金し、又は金融商品取引業者（証券会社等）で有価証券を購入する

（ハ）結婚・子育て資金非課税申告書の提出

贈与者は、預金の預入又は有価証券の購入日までに、取扱金融機関を経由して、「結婚・子育て資金非課税申告書」を贈与者の納税地の所轄税務署長に提出する必要があります。

ニ、適用時期

この制度は、平成27年4月1日から令和3年3月31日までに、結婚・子育て費用として拠出されるものに関し適用されます。

【図表 7-5　結婚・子育て費用のイメージ図】

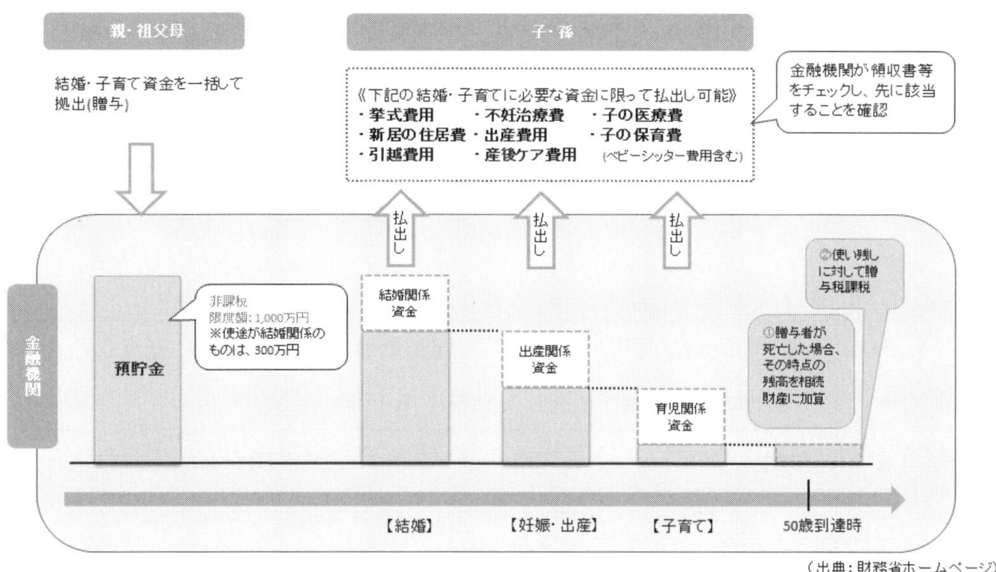

（出典：財務省ホームページ）

【図表 7-6　結婚・子育て資金の贈与と教育資金の贈与の対比】

項目	結婚・子育て資金の一括贈与	教育資金の一括贈与
贈与者	受贈者の直系尊属であること	
受贈者	贈与者の直系卑属で、前年の合計所得 1,000 万円以下の者	
	20 歳以上～50 歳未満	0 歳～30 歳未満
非課税限度額	1,000 万円	1,500 万円
（内枠限度額）	結婚に係る支出　300 万円	学校等以外の支出　500 万円
資金の目的	結婚に際して支出する婚礼（結婚披露含む）に要する費用、住居に要する費用及び引越しに要する費用のうち一定のもの	学校等に支払われる入学金その他の金銭
	妊娠、出産、子の医療費及び子の保育料のうち一定のもの	学校等以外の者（塾など）に支払われる金銭のうち一定のもの
取扱金融機関	信託銀行を含む信託会社等金融機関	

	銀行	
	金融商品取引業者（第一種金融商品取引業者に限る）	
拠出時の手続き	受贈者は、特例の適用を受ける旨等を記載した「結婚・子育て資金非課税申告書」を、金融機関を経由して、受贈者の納税地の税務署長に提出する。	名称が「教育資金非課税申告書」以外は同左
払出しの手続き	受贈者は、払い出した資金が教育資金等所定の支払いに充当したことを証する書類を金融機関に提出	
	金融機関は、払い出された金銭が教育資金等所定の支出に充当されたことを提出された書類で確認し、その確認した金額を記録する。	
終了時の手続き	取扱金融機関は調書を受贈者の納税地の税務署長に提出	
（終了事由）	①受贈者が 50 歳に達した場合	①受贈者が 30 歳に達した場合
	②受贈者が死亡した場合	②同左
	③信託財産等の価額はゼロになった場合において、終了の合意があったとき	③同左
（残額の処理）	残額（各非課税拠出額-各資金支出額）については、その終了の日において、贈与税が課税される。 ただし②については残額がある場合でも贈与税は課税されない。	
対象期間中における贈与者の死亡	贈与者の死亡日における「残額」は、受贈者が相続等によって取得したものとみなされ、相続税が課税される（相続財産に加算）。ただし、相続税額の 2 割加算の対象としない。	贈与から 3 年以内に贈与者が死亡した場合、残額については相続財産に加算（受贈者が 23 歳未満である等一定の場合を除く）。ただし、2 割加算の対象としない。

３.贈与税の課税価格と税額計算

（１）概要

贈与税の課税方法には、暦年課税と相続時精算課税の２つの方法があります。

① 暦年課税

暦年課税とは、贈与取得財産に係る課税関係が１年毎に完結し、将来の課税関係に影響を与えない課税方式をいいます。

ただし、相続人が被相続人から相続開始前３年以内に受けた贈与に関しては、相続税の課税財産となります。

② 相続時精算課税

相続時精算課税とは、贈与により取得した財産に関し、一旦贈与時において課税を受け、将来相続が発生した場合にその全額が相続税の課税財産となり相続税課税を受けるが、その相続税課税において過年度に納付した贈与税が精算（控除）される課税方式です。

③ 長所と短所

イ、暦年課税の長所と短所

（イ）短所

暦年課税において適用される税率の累進性は、相続税の累進性より高いため、一度に多額の贈与をする場合、通常、相続税よりも高い税金負担となります。

（ロ）長所

贈与税の基礎控除は、110 万円であり、また１年毎に課税関係が完結することから、将来想定される相続税の適用税率より低い贈与税の実効税率の範囲の贈与である場合、相続税の節税対策として利用することができます。

ロ、相続時精算課税の長所と短所

（イ）短所

財産の贈与時点と相続時点に長い期間があり、その間、相続時精算課税を選択し取得した贈与財産の時価が下落する場合には、贈与時点の価格で相続税が計算されるため、相続時に取得することを選択した場合と比較し、税金負担が多くなります。

特に、デフレ経済下において不動産や株式のように長期的に価格下落が続いている資産の場合には注意が必要です。

（ロ）長所

将来想定される相続税負担がほとんどない場合において、相続時精算課税の特別控除額が 2,500 万円であることを利用し、子の資産形成のために生前に財産を贈与するときには有効な方法です。

また、将来の相続人間の争いを回避するため、生前に財産を分配し、できるだけ相続人間の争いを避ける場合等には有効な方法とも言えます（ただし、遺留分の請求は回避できません）。

■Check Point !!

☑　相続時精算課税の適用にあたって、適用財産が不動産や株式のように評価額が大きく変動する財産である場合、将来の財産価格の動向を十分に検討して下さい。評価額が上昇するときは望ましいが、下落のときは税金の過大負担となります。

（2）暦年課税

1 年間に受けた贈与財産の金額から基礎控除額を控除した課税価格に対し、贈与税率を乗じて計算した際に納付する贈与税がある場合、納税義務者は、贈与を受けた年の翌年 3 月 15 日までに、納税地の所轄税務署長に対し贈与税の申告書を提出し、贈与税を納付しなければなりません。

① 贈与税の基礎控除

暦年課税における贈与税の基礎控除額は、110 万円です。この基礎控除額を超える贈与がある場合には、贈与税の申告と納税をする必要があります。

② 贈与税額の計算

贈与税の計算は、配偶者控除及び基礎控除後の課税価格に税率を乗じて計算します（贈与税の計算は、速算表を用いて計算すると便利です）。

イ、課税価格と贈与税額の計算

課税価格＝受贈財産の合計額－基礎控除額 110 万円－配偶者控除額

贈与税額＝課税価格×速算表の税率－速算表の控除額　　（百円未満切捨）

ロ、直系尊属からの贈与に対する贈与税率の特例

贈与税額の計算は、20 歳以上の子や孫が直系尊属から受ける贈与であるか否かにより、課税価格に乗じる税率が異なります。

20 歳以上の子や孫が直系尊属からの贈与に関し、特例税率を適用する場合には、贈与税の申告書に、計算明細及び贈与者と受贈者の関係がわかる戸籍謄本等を添付して申告する必要があります。

【図表 7-7　贈与税の特例税率表】

基礎控除後の課税価格	税率	控除額
200 万円以下	10%	―
400 万円以下	15%	10 万円
600 万円以下	20%	30 万円
1, 000 万円以下	30%	90 万円
1, 500 万円以下	40%	190 万円
3, 000 万円以下	45%	265 万円
4, 500 万円以下	50%	415 万円
4, 500 万円超	55%	640 万円

ハ、その他の贈与の場合の税率表

上記ロ以外の贈与の場合には、次の税率表が適用されます。

【図表 7-8　その他の贈与税の税率表】

基礎控除後の課税価格	税率	控除額
200 万円以下	10%	—
300 万円以下	15%	10 万円
400 万円以下	20%	25 万円
600 万円以下	30%	65 万円
1,000 万円以下	40%	125 万円
1,500 万円以下	45%	175 万円
3,000 万円以下	50%	250 万円
3,000 万円超	55%	400 万円

③　**贈与税の配偶者控除**

配偶者が居住用不動産（土地又は家屋）を贈与により取得した場合又は居住用不動産を取得するための金銭の贈与を受け、居住用不動産を取得した場合に、贈与時点で婚姻期間が 20 年以上であること、贈与税の申告書を提出すること等一定の要件を満たすときは、贈与税の課税価格の計算上、2,000 万円を限度として、配偶者控除の適用を受けることができます。

イ、婚姻期間

婚姻期間の計算は入籍時から開始し、贈与の時点までの期間で行われます。この期間が 20 年以上であることが必要要件です。1 日でも不足する場合には適用されませんので注意が必要です。

ロ、居住用不動産の範囲

居住用不動産は、居住用の土地のみの場合、居住用の家屋のみの場合、一定の店舗兼住宅等の土地や家屋に関しても適用されます。また、居住用不動産を取得するための金銭の贈与を受け、その金銭で居住用不動産を取得した場合にも適用されます。

【図表 7-9　居住用不動産の贈与】

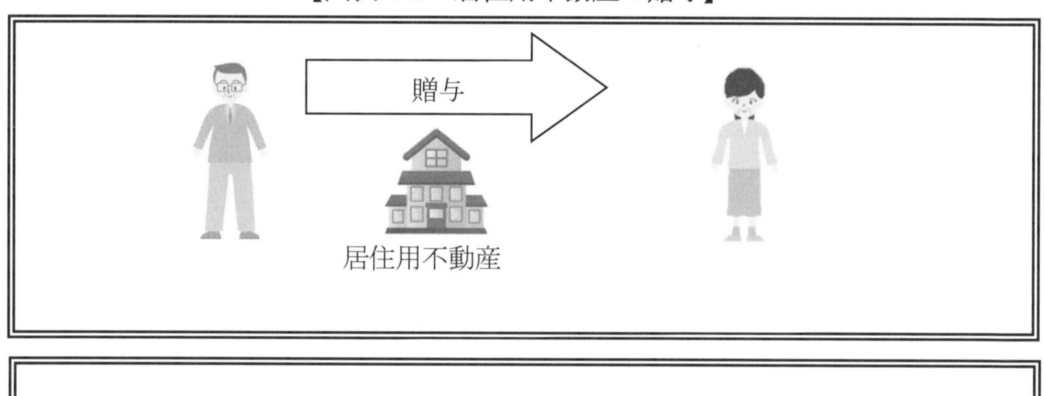

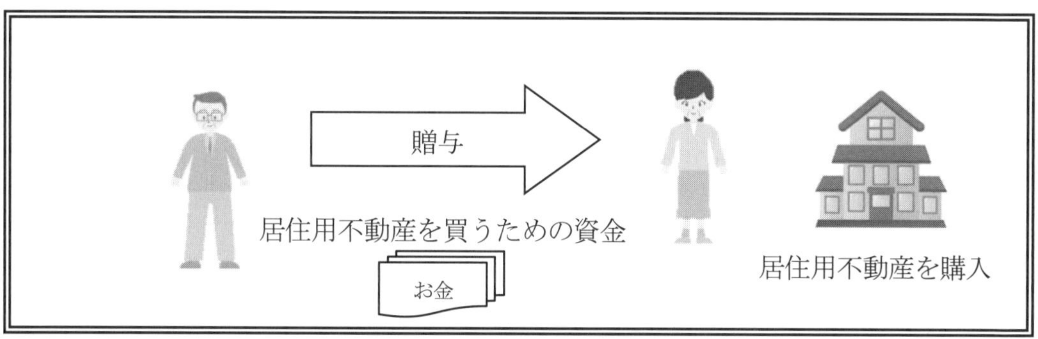

ハ、控除金額

配偶者控除金額は、2,000 万円が限度です。暦年課税の贈与税の計算においてこの配偶者控除の適用を受ける者は、上記の基礎控除 110 万円も適用することができるため、結果として 2,110 万円までは贈与税が課税されないことになります。

ニ、相続開始前 3 年以内贈与加算の対象外

相続開始前 3 年以内に被相続人から贈与を受けた財産は相続税の課税財産となりますが、その例外として、居住用不動産に関し配偶者控除を受けた財産のうち、配偶者控除が適用された金額に関しては、一定の手続きにより相続税の課税財産となりません（特定贈与財産）。

ホ、申告手続

贈与税の配偶者控除の適用を受けるためには、贈与税の申告書にその適用を受ける旨や適用金額等を記載し、居住用不動産、婚姻期間等を証する書類を添付して、所轄税務署長に申告書を提出する必要があります。

（3）相続時精算課税

①　適用対象者

贈与税の暦年課税にかえ、相続時精算課税を選択することができる者は次のとおりです。

イ、贈与者

贈与をした年の1月1日において、60歳以上の者

（注）平成26年12月31日までの贈与は65歳以上の者とされます。

ロ、受贈者

受贈者が贈与者の推定相続人（直系卑属に限る）であり、かつ贈与を受けた年の1月1日において20歳以上である者（相法21条の9）

平成27年1月1日からは20歳以上の孫もこの規定の適用ができます。

②　選択の届出と撤回

イ、届出

相続時精算課税の適用を受けるためには、所轄税務署長に対し、相続時精算課税選択届出書を提出しなければなりません。

ロ、撤回

いったん提出された相続時精算課税選択届出書は撤回することができませんので注意が必要です。

また、届出後同一の者からの贈与は、すべて相続時精算課税の対象財産となります。

③　特別控除額と税率

イ、特別控除

相続時精算課税の特別控除額は、2,500万円です。この特別控除の適用には、期限内申告書に特別控除を受ける旨等の一定の要件を満たすことが必要です。

ロ、税率

適用される税率は、固定税率であり、一律20％です。

ハ、税額の計算

贈与税＝（相続時精算課税適用財産－2,500 万円）×20％

④　相続時の精算

贈与者が死亡した場合、相続時精算課税適用財産は相続税の課税財産となり、他の財産と合わせ相続税が計算され、既に納付した贈与税額が相続税額から控除されます。

⑤　住宅取得等資金の贈与を受けた場合の特例

一定の住宅取得又は改築等のために資金の贈与を受けた場合には、贈与者が 60 歳未満であっても、この相続時精算課税の制度を適用することができます。

【図表 7-10 暦年課税及び相続時精算課税別の申告状況】

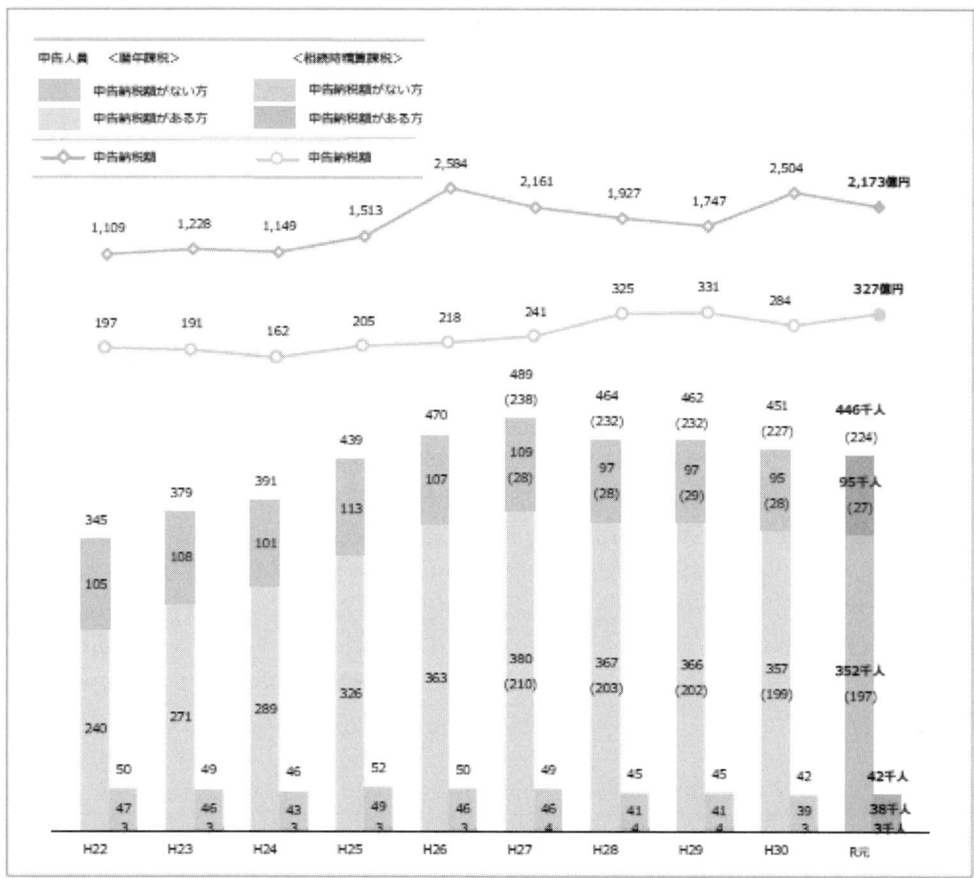

（出典：国税庁）

【図表 7-11　暦年課税贈与と相続時精算課税贈与の比較】

		暦年課税	相続時精算課税
贈与者		制限なし	60 歳以上の者（住宅取得資金の場合は年齢制限なし）
受贈者		制限なし	20 歳以上の推定相続人及び孫
贈与時	控除額	贈与を受ける人ごとに年間 110 万円	贈与する人ごとに生涯にわたり 2,500 万円
	税金の計算方法	（もらった価額－110 万円）×超過累進税率	（もらった価額－2,500 万円）×20％
	計算期間	暦年（1/1～12/31）	届出があった年から相続開始まで
	申告	控除額内であれば申告不要（ただし配偶者控除の特例を受ける場合は必要）	控除額内でも、最初に贈与を受けた翌年の 2/1～3/15 までに提出（その後は贈与があった年に申告）
	課税価格	相続開始前 3 年以内に受けた暦年贈与のみ生前贈与加算	相続財産に相続時精算課税適用財産をプラスして計算
相続時	過大贈与税	還付なし	還付
	メリット	相続財産を減らすことが可能。結果的に相続税の減税効果あり。	一度に多額の贈与が可能。2,500 万円までは贈与税が課税されない。
	デメリット	一度に多額の贈与をすると多額の贈与税負担が発生する。	一度この制度を選択すると撤回できない。

◆◆　第八章　国際課税の概要　◆◆

1.国際化の進展

経済のグローバル化に伴い、多くの企業が海外に進出し、それに伴い社員や家族も海外に居住するようになりました。今後、中国、インド、東南アジアに加え、東欧、西アジア諸国、アフリカ諸国、南アメリカ諸国の経済成長が見込まれ、紆余曲折があるも世界経済はさらに拡大し、グローバル化（企業、人、文化、資金、情報等の世界的拡大）が進むと考えられます。

このような環境下、少子高齢化・人口減少が進む日本では、世界に市場を求め、多くの日本企業や日本人が全世界に居住し、全世界で事業活動や仕事を行い、全世界で財産を保有するようになっています。同様に、世界各国の企業や人が日本に来て、ビジネスを行い、観光等を楽しむようになっています。

2.日本での課税関係

（1）グローバル化への対応

当初、日本の税法はグローバル化した社会を想定して作られたものではありませんでした。

しかし、グローバル化に伴い、企業や人の活動に変化が生じ、国際取引が増加し、全世界に日本企業が進出し、そこに日本人が居住し資産を有するようになると、企業や個人の課税関係が複雑化するとともに、海外の様々な国との間で、税務上の調整も必要になります。

租税は国家の収入の源泉であり、また、その課税権は国権の発動でもあります。世界の国々は、自国の租税債権の確保のため、取引の国際化、企業や人の国際化、財産保有の国際化に合わせ、租税法を改正し、その取扱いを変更させています。

日本においても、このような経済活動の国際化や諸外国の租税法の改正に合わせ、法人税法・所得税法・相続税法等租税法の改正を行うと同時に、租税条約の締結等を行い、世界各国との調整を図っています。日本における税制の改正は、取引の実態、他国の動向、租税条約、ＯＥＣＤモデル条約等を斟酌して行われております。

このようなグローバル化に対応するため、法人税では移転価格税制、外国子会社合算税制、過小資本税制、過大支払利子制度、外国税額控除、外国法人等課税制度の税制が導入されています。また、所得税や相続税・贈与税では、出国課税制度、国外財産調書制度、納税義務者の範囲拡大等の税制が施行されています。

■ Check Point !!

☑ 令和２年10月１日現在、日本は77の租税条約等を締結し、140の国や地域との間に適用しています。

☑ 租税条約は、国際的な二重課税を調整し、条約締結国の税務当局間の相互協議や納税者情報の交換、租税に関する紛争解決、脱税や租税回避の防止を目的にしています。

（２）納税義務者

相続税の納税義務者に関しては第三章、贈与税の納税義務者に関しては第七章で説明しています。ここでは、事例を交えながら、海外に居住する場合の納税義務を中心に説明します。

相続税及び贈与税の納税義務者は、日本を含め全世界にある財産が課税の対象となる無制限納税義務者と日本国内にある財産のみが課税の対象となる制限納税義務者に分類されます。

①　相続人（受贈者）の住所が日本国内にある場合

相続人の住所が日本国内にある場合は、通常、無制限納税義務者となります。

しかし、相続人等が次のイに該当し、かつ被相続人等が次のロのいずれかに該当する場合には制限納税義務者となります。

イ、相続人（受贈者）

一時居住者（出入国管理等の在留資格を持ち、過去15年間に日本に居住した期間が10年以下である者）であること。

ロ、被相続人（贈与者）

（イ）一時居住被相続人

相続時に国内に住所があるが、一時居住者に該当する者。

（ロ）非居住被相続人

次のいずれかに該当する者

A、相続時に国内に住所はないが、相続開始前10年以内のいずれかの時に日本に住所を有したことのある人で、そのいずれの時にも日本国籍を有しない者。

B、相続時に国内に住所がなく、かつ10年以内に日本国内に住所がない者。

【事例8-1　相続税の納税義務の判定】

◇前提条件◇

相続時に日本に住所を有するXは、15年前にタイから日本に来て、在留資格を得て仕事につきましたが、途中6年間は日本での仕事がなく、タイに住所を有していました。Xの父Aは20年前から日本に来て、在留資格を得て仕事をし、4年前に仕事をやめタイに帰国しました。タイに帰国後、今年10月死亡し、タイにある財産は、息子Xが相続しました。

◇結論◇

相続人Xは、日本での居住期間が通算9年であることから一時居住者に該当します。しかし、父Aは、過去15年で、日本で住所を有する合計期間が11年であることから、非居住被相続人に該当しません。このため、相続人Xは、タイにある財産に関し、日本で相続税を納税する義務があります。

② 相続人（受贈者）の住所が日本国内にない場合

相続時に、相続人等の住所が日本国にない場合には、次のようになります。

イ、相続人等が日本国籍を有し、10 年以内に日本に住所がある場合

相続人等は無制限納税義務者となり、全世界の財産が課税対象となります。

ロ、相続人等が日本国籍を有し、10 年以内に日本に住所がない場合

この場合には、被相続人が次にいずれかに該当するときには、制限納税義務者となり、該当しない場合は無制限納税義務者となります。

（イ）一時居住被相続人

相続時に国内に住所があるが、一時居住者に該当する者。

（ロ）非居住被相続人

次のいずれかに該当する者

A、相続時に国内に住所はないが、相続開始前 10 年以内のいずれかの時に日本に住所を有したことのある人で、そのいずれの時にも日本国籍を有しない者。

B、相続時に国内に住所がなく、かつ 10 年以内に日本国内に住所がない者。

【事例 8-2　相続税の納税義務の判定】

◇前提条件◇

日本国籍のＢは、事業の関係で 12 年前に日本を出国し、米国に住所を有し、事業を行っていましたが、今年 10 月、米国で死亡しました。Ｂの長男Ｙ（日本国籍）は、9 年前、父Ｂの事業を手伝うため、米国にきて就業しています。米国にあるＢの財産は、長男Ｙが相続しました。

◇結論◇

この場合、相続人Ｙは、相続時において日本に住所がないが、日本国籍を有し、10 年以内に日本に住所があることから、無制限納税義務者となり、米国にある相続財産に対し、日本で相続税を納税する義務があります。

③　非居住外国人の納税義務の特例

仕事の関係等で、日本に住所を有していた外国籍の者が、平成29年3月31日以前に帰国し、その後に死亡（贈与）した場合において、外国に居住する外国籍の相続人が、外国にある財産を相続したときには、相続税は課税されません。

これは、相続税法の納税義務の範囲が広く、優秀な外国人が仕事のため日本に来て、定年等により帰国した場合にまで、外国籍の相続人に対し、外国にある財産に、日本の相続税を課税するのは、優秀な人材確保等の観点からも問題であることから、附則の規定により、相続税が非課税とされています。

【事例 8-3　相続税の納税義務の判定】

◇前提条件◇

ドイツ国籍のCは、仕事の関係で平成19年3月30日に、日本にきて就業していましたが、平成29年3月31日日本企業を退職し、ドイツに帰国し、令和2年10月1日死亡しました。Cのドイツにある財産は、Cの配偶者Z（ドイツ国籍、ドイツのみに住所がある者）が相続しました。

◇結論◇

この場合、相続人Yは、相続時において日本に住所がなく、かつ日本国籍を有しません。また、夫Cは、過去13年6ケ月超の期間に通算10年超日本に住所を有していますが、平成29年4月1日以後日本に住所がなく、日本国籍を有しない非居住外国人であることから、特例の規定により、相続人Zは、制限納税義務者となり、ドイツにある相続財産に対し、日本で相続税を納税する義務はありません。

④　特定納税義務

相続や遺贈により財産を取得しなかった者のうち、相続時精算課税の適用を受ける財産の贈与を受けた者を特定納税義務者といいます。

【図表 8-1　納税義務者の区分と課税範囲】

納税義務者	課税財産の範囲
（1）居住無制限納税義務者 相続時に日本に住所があり、次のいずれかに該当する者 ①相続人が一時居住者でない者 ②相続人は一時居住者であるが、被相続人が、次に該当しない場合 イ、一時居住被相続人 ロ、非居住被相続人	国内・国外すべての財産
（2）非居住無制限納税義務者 相続時に日本に住所がなく、次に該当する相続人 ①相続人が日本国籍を有し、次に該当する者 イ、相続開始前 10 年以内に日本に住所を有して場合 ロ、相続開始前 10 年以内に日本に住所を有してないが、被相続人が上記②のイ、又はロでない者 ②相続人が日本国籍を有せず、かつ、被相続人が上記②のイ又はロに該当しない場合	国内・国外すべての財産
（3）居住制限納税義務者 相続時に日本に住所を有するが、上記（1）に該当しない者	国内の財産のみ
（4）非居住制限納税義務者 相続時に日本に住所を有せず、上記（2）に該当しない者	国内の財産のみ

（3）納税義務者の住所の判定

① 原則

住所とは、各人の生活の本拠をいい、生活の本拠がどこであるかは、客観的事実により判定されます。

② 日本国籍を有する場合（日本での永住者を含む）

日本国籍を有する者が課税時期に日本を離れている場合でも、次の理由で日本を離れている場合には、日本に住所があるものとされます（相続税基本通達1の3・1の4共-6）。

イ、子供等が海外で留学している場合

学術、技芸の習得のため留学している者で、日本国内にいる者の扶養親族である者

ロ、短期海外滞在者

国外で1年以下の勤務や役務提供をする者（その者の配偶者や生計を一にする者を含む）

■ Check Point !!

☑ 住所とは生活の本拠をいいます。生活の本拠とは、客観的事実である、住居、職業、配偶者や親族の所在、資産の所在等を総合的に勘案し決定されます。

☑ 日本国籍と外国籍を併せ持つ者も日本国籍を有する者に含まれます。

☑ 相続人及び被相続人の双方が日本国籍を有する場合、相続人が制限納税義務者となるには、相続人及被相続人の双方が、過去10年間、日本国内に住所が無い場合のみです。

（4）外国税額控除

①　海外財産に対する外国での課税

日本に居住する者や外国に居住する者で無制限納税義務者に該当する者が、外国に所在する財産を相続や贈与により取得した場合には、海外にある財産に対し、外国の相続税や贈与税が課税されることがあります。

外国では、相続や贈与で取得した財産に対し、相続税や贈与税が課税される国と課税されない国があります。相続税や贈与税が課税される国では、一般に、居住者に対しては緩やかな課税ですが、非居住者が取得した財産に対する課税は厳しくなっています（本章の3以降を参照）。

②　日本での課税

日本では、無制限納税義務者に関しては全世界にある財産が課税対象となり、相続税や贈与税が課税されます。このため、海外にある財産も日本にある財産と合算され、相続税や贈与税が課税されます。つまり、一つの財産に対し外国で課税された上に、さらに日本で課税される結果となります。

③　外国税額控除

②で課税された国際的二重課税を回避するため、相続や贈与により外国にある財産を取得し、その取得した財産に関して相続税や贈与税に相当する税金（以下「外国税額」といいます）が課税された場合、その外国税額は日本での相続税や贈与税から控除することができます。

なお、外国税額のすべてが日本での相続税又は贈与税から控除できるわけではなく、控除できる金額は次の金額を限度とします。

$$\text{控除限度額} = \text{相続税額（贈与税額）} \times \frac{\text{海外財産の課税価格}}{\text{全財産の課税価格}}$$

（5）海外財産の評価

①　増加する海外財産

日本企業や日本人が海外に進出し事業を行うことが多くなり、海外で財産を取得し、それをもって事業や居住の用に供することが多くなってきています。

また、日本に居ながら海外財産を取得し、これを自用資産として保有し、資産運用している人も多くなってきました。

②　海外財産の評価

イ、海外財産に対する課税

海外財産に関しては、相続税や贈与税ばかりでなく、所得税や法人税が課税される場合もあります。

（注）個人が海外にある財産を売却した場合には所得税、法人が海外にある財産を売却した場合には法人税の課税対象となります。資産の売買取引があった場合、通常、適正な時価を前提に取引がなされたものとして課税がなされます。

ロ、海外財産の評価

日本の税法（所得税、法人税、相続税・贈与税）は、財産の評価に関し、原則として、取引時又は相続時の時価でもって評価します。この場合の時価とは、財産が所在する国において、不特定多数の者が参加する市場において、形成される取引価格をいいます。

しかし、このような市場取引価格が無いこともよくあります。例えば、海外の非上場株式を評価する場合において、株式保有特定会社に区分される会社、中会社や小会社に区分される会社等では、全ての資産や負債を評価し、時価純資産価格を算出し、これを時価とします。

③　海外財産の評価方法

海外財産の評価に関し、相続税財産評価基本通達では、次のように規定しています。

イ、原則として、国内にある財産と同じ方法で評価する。

ロ、上記イにより評価することができない財産に関しては、それに準じた方法、売買実例額、精通者意見価格等を斟酌して評価する。

ハ、上記イ及びロにより評価できない財産は、課税上弊害がない限り、取得価額に物価上昇を考慮した金額又は課税時期後の譲渡価額の修正金額で評価する。

実際に海外財産を評価する場合には、現地において、財産の状況（取得時期、利用状況、気候状況等）、現地の法令、財産に付帯する権利（定期借地権等）の確認、現地の財産評価の専門家の意見、取引相場、取引に係る費用、減価償却の方法等を検討することが望まれます。

海外にある土地・建物に関しては現地での時価評価、また取引相場のない海外子会社株式等に関しては日本の純資産価額方式に準じて評価することになります（類似する会社がないことから、純資産価額方式での評価）。

④　海外財産の税務調査の状況

相続に関する海外関連資産に係る税務調査（実地調査）件数は、平成30年度において、1,202件（前年度1,129件）であり、その中で海外資産の申告漏れ等の国別件数は、次の図のとおりです。

【図表 8-2　海外資産関連調査事案に係る調査実績の推移】

（事務年度）	北米	アジア	欧州	オセアニア	その他	（延件数）
26	56	33	19	11	7	126
27	61	40	12	8	1	122
28	65	30	19	9	3	126
29	62	35	24	16	1	138
30	73	37	22	15	5	152

（出典：国税庁）

（6）国外財産調書制度

平成24年の税制改正により、国税の適正な課税及び徴収に資するため、5,000万円を超える国外財産を有する個人（非永住者以外の居住者）に対し、国外財産にかかる調書の提出を求める制度が創設されました。

① 制度の概要

その年の12月31日において5,000万円を超える国外財産を有する個人は、その財産の種類、数量及び価額その他必要な事項を記載した調書である「国外財産調書」を、翌年3月15日までに住所地の所轄税務署長に提出しなければなりません。

② 提出しない場合の罰則等

国外財産調書制度において、国外財産証書の適正な提出を確保するため、次の規定が設けられています。

イ、提出がある場合の過少申告加算税の優遇

国外財産調書を提出した場合、記載された国外財産に関し、所得税や相続税の申告漏れがある場合、加算税が5%減額されます。

ロ、提出がない場合の過少申告加算税の加重

国外財産調書の提出がない場合、又は提出された国外調書に国外財産の記載がない場合（記載が不十分と認められる場合を含む）、所得税の申告漏れがある場合には、加算税が5%加重されます。

③ 故意の国外財産調書の不提出等に対する罰則

国外財産調書に偽りの記載をした場合、又は正当な理由がなく、期限内に提出しなかった場合には、1年以下の懲役又は50万円以下の罰金が科されます。

④ 居住者と非永住者

国外財産調書を提出しなければならない者は、非永住者以外の居住者です。

イ、居住者

居住者とは、国内に住所を有し、又は現在まで引き続いて1年以上国内に居所を有する者をいいます。

ロ、非永住者

非永住者とは、居住者のうち、日本の国籍を有しておらず、かつ、過去10年以内において、国内に住所又は居所を有していた期間の合計が5年以下である者をいいます。

⑤　国外財産の価額

国外財産の価額は、財産の「時価」又は時価に準ずる「見積価額」によります。

イ、時価

時価とは、その年の12月31日の財産の現況において、不特定多数の当事者間で自由な取引が行われた場合に通常成立すると認められる価額をいいます。このような価格として専門家による鑑定評価額、金融商品取引所等の公表する最終価格があります。

ロ、見積価額

見積価額とは、その年の12月31日の財産の現況に応じ、その財産の取得価額や売買実例価額などを基に、合理的な方法により算定された価額をいいます。

この見積価額に関しては、各資産の種類ごとに例示が公表されています。

なお、国外財産調書及び国外財産の合計表の書式については、次ページを参照して下さい。

■ **Check Point !!**

☑　海外にある建物は気候条件（熱帯）や建築基準（新興国）等により、日本の建物と比較し、早く劣化する場合があります。現地での確認が必要です。

☑　現地での海外資産に適用される減価償却における耐用年数は、日本と異なる場合がほとんどです。現地会社の株式評価では、減価償却の方法や耐用年数を日本に合わせる必要があります。

FA5102

整理番号

令和 01 年12月31日分　国外財産調書

受付印

提出用

平成二十八年十二月三十一日分以降用

国外財産を有する者		
	住所（又は事業所、事務所、居所など）	名古屋市中区〇〇町２－２－〇〇
	氏名	大須太郎
	個人番号	
	電話番号（自宅・勤務先・携帯）	－ －

国外財産の区分	種類	用途	所在 国名	所在	数量	（上段は有価証券等の取得価額）価額	備考
土地		事業用	オーストラリア	〇〇州△△通り0000	1地所 200 ㎡	円 54,508,000円	
建物		事業用	オーストラリア	〇〇州△△通り0000	1戸 150 ㎡	80,000,000	
建物		一般用	アメリカ	△△州〇〇市××通り4440	1戸 200 ㎡	77,800,000	土地を含む
預貯金	普通預金	事業用	オーストラリア	〇〇州△△×		58,951,955	
預貯金	定期預金	一般用	アメリカ	△△州〇〇市××通り123		12,000,000	
有価証券（上場株式）		一般用	アメリカ	△△州△△市××通り321 △△証券××支店	10000 株	3,300,000	
貸付金		一般用	アメリカ	〇〇州△△市××通り10 (Axxx B. Yxxx)		15,600,000	
未収入金		事業用	オーストラリア	〇〇州△△××通り (Bxxx A. Jxxx)		4,400,000	
書画骨とう・美術工芸品	書画	一般用	アメリカ	△△州〇〇市××通り4440	2 点	2,000,000	
貴金属類	金	一般用	アメリカ	△△州〇〇市××通り4440	1 kg	5,000,000	
動産	自動車	一般用	アメリカ	△△州〇〇市××通り4440	1 台	6,000,000	
その他の財産	ストックオプション	一般用	アメリカ	〇〇州△△市××通り400	1000 株	8,200,650	
合計額						合計表㉕へ 327,760,605	

（摘要）

（ 1 ）枚のうち（ 1 ）枚目

通信日付印（年月日）（ . . ）

FA5003

＿＿＿＿税務署長
＿＿年＿＿月＿＿日

令和 01 年12月31日分　国外財産調書合計表

提出用

住所（又は事業所・事務所・居所など）	〒
	名古屋市中区○○町２－２－○○
個人番号	
フリガナ	オオスタロウ
氏名	大須太郎　㊞
性別	㊚・女
職業	
電話番号	（自宅・勤務先・携帯）　－　－
生年月日	.　.
財産債務調書の提出有	
整理番号	

受付印

財産の区分		価額又は取得価額	財産の区分		価額又は取得価額
土地	①	54508000	未決済デリバティブ取引に係る権利	⑫	
建物	②	157800000	取得価額	㋕	
山林	③		貸付金	⑬	15600000
現金	④		未収入金	⑭	4400000
預貯金	⑤	70951955	書画骨とう美術工芸品	⑮	2000000
有価証券（特定有価証券を除く）上場株式	⑥	3300000	貴金属類	⑯	5000000
取得価額	㋐		動産（④、⑮、⑯以外）	⑰	6000000
非上場株式	⑦		その他の財産 保険の契約に関する権利	⑱	
取得価額	㋑		株式に関する権利	⑲	
株式以外の有価証券	⑧		預託金等	⑳	
取得価額	㋒		組合等に対する出資	㉑	
特定有価証券※	⑨		信託に関する権利	㉒	
匿名組合契約の出資の持分	⑩		無体財産権	㉓	
取得価額	㋓		その他の財産（上記以外）	㉔	8200650
未決済信用取引等に係る権利	⑪		合計額	㉕	327760605
取得価額	㋔				

（単位：百万・千・円）

備考　※訂正等で再提出する場合はその旨ご記載ください。

税理士署名押印　㊞
電話番号　－　－

整理欄	通信日付印	確認印	異動年月日	身元確認
			年　月　日	
枚数	区分			
枚	A B C D E F G H I			

平成二十八年十二月三十一日分以降用

※特定有価証券に該当する有価証券は⑨欄に記載し、⑥欄から⑧欄への記載は要しません。

（7）海外転出時課税制度

平成27年7月1日より、「国外転出する場合の譲渡所得等の特例」及び「贈与等により非居住者に資産が移転した場合の譲渡所得等の特例」が施行されています。

①　概要

この制度は、居住者の保有する株式等の有価証券に関し、その所有権が日本国内から海外に移転する場合、時価により移転したとみなし、時価と取得原価との損益を認識し、その含み益に譲渡所得税を課税するものです。

イ、対象者

この制度の対象者（以下同じ。）は、次の（イ）及び（ロ）のいずれにも該当する居住者です。

（イ）国外転出時等において、保有する対象資産（株式や投資信託等の有価証券、未決済信用取引、未決済デリバティブ取引。以下同じ。）の時価の合計額が1億円以上である者

（ロ）国外転出の日の前10年以内において、国内在住期間が5年を超えている者

ロ、課税が生じる場合

この制度は、次に該当する場合に、課税関係が発生します。

（イ）対象者が国外に転出する時

（ロ）対象者が国外に居住する親族等（非居住者）に対象資産を贈与する時

（ハ）対象者が死亡し、相続又は遺贈により国外に居住する相続人又は受遺者が対象資産を取得する時

このように、この制度は、対象資産を保有する対象者が出国（海外に居住）する場合だけでなく、海外に居住する親族等に対象資産を贈与した場合や、対象者が死亡し海外にいる親族等が相続や遺贈により対象財産を取得した場合など、対象者が出国しない場合でも適用されます。

②　対象者が出国した場合の課税

対象者が出国した場合の課税関係は次のとおりです。

イ、対象資産の時価の判定時期

対象資産の合計額が１億円以上となるのかどうかについての判定時期は次のようになります。

（イ）国外転出前に確定申告を提出する場合

この場合には、国外転出予定日の３ヶ月前の日の価額で判定します。

（ロ）国外出国後に確定申告書を提出する場合

この場合には、国外転出日の価額で判定します。

ロ、申告期限

申告期限は次のようになります。

（イ）国外転出時までに納税管理人を届けた場合

この場合には、国外転出をした年分の確定申告期限（翌年の 3 月 15 日）となります。

（ロ）納税管理人を定めず出国する場合

この場合には、出国時までに他の所得（不動産所得、給与所得等）と合わせて、準確定申告の提出と納税をする必要があります。

ハ、課税の取消と納税の猶予

海外転出課税の適用を受ける所得税の納税については次のとおりです。

（イ）一旦納税し、帰国後課税の取消を求める場合

出国時に納税するのが原則です。ただし、出国後５年以内に帰国した場合で、帰国時まで引き続き所有する対象資産に関しては課税の取消（更正の請求）を求めることができます。

（ロ）納税の猶予を受ける場合

出国時までに納税管理人の届出を行った者で５年（期限延長届出を提出した場合 10 年）以内に帰国する予定の者は、一定の書類を確定申告書に添付して所轄の税務署長に提出した場合に、納税の猶予を受けることができます。

③　課税対象者が出国した場合の課税

イ、対象となる取引

対象者が出国しない場合であっても、対象者が、海外に居住する親族等（非居住者）に、対象資産を贈与した場合には、受贈者への贈与税課税のほか、贈与時に対象資産を譲渡したとみなし、その含み益に対し譲渡所得税が課されます。

ロ、納税猶予と課税の取消

対象者は確定申告書の申告時に納税をするのが原則ですが、一定の書類を提出し、担保を提供した場合には、5年（又は10年）の納税猶予の適用ができます。

なお、贈与を受けた者が贈与後5年（又は10年）以内に帰国した場合には、課税の取消（更正の請求）を受けることができます。

④ 相続又は遺贈により、非居住者が対象資産を取得した場合の課税

イ、対象となる取引

対象者が死亡し、相続又は遺贈により、海外に居住する親族等（非居住者）が対象資産を取得した場合には、相続人又は受遺者への相続税課税のほか、死亡時に対象資産を譲渡したとみなし、その含み益に対し、死亡した対象者に対し譲渡所得税が課されます。

ロ、納税猶予と課税の取消

死亡した対象者の相続人等は、準確定申告書により、申告並びに納税をするのが原則ですが、一定の書類を提出し、担保を提供した場合には、5年（又は10年）の納税猶予の適用ができます。

なお、相続又は遺贈により財産を取得した者が相続開始後5年（又は10年）以内に帰国した場合には、課税の取消（更正の請求）を受けることができます。

⑤ 納税猶予期間中に、譲渡とみなされた対象資産が下落した場合

納税猶予期間中に、譲渡したとみなされた対象資産の時価が下落した場合には、課税された税額を更正の請求により減額することができます。

3.米国の相続税・贈与税の課税制度

（1）相続と贈与の税目と納税義務者

日本の課税体系では、財産を得た者に担税力を認め、受益者が納税義務者となります。このため相続では財産を取得した相続人に相続税、贈与では財産を取得した受贈者に贈与税が課税されます。

しかしながら、米国では財産を移転した者に担税力を認め、これに課税する遺産課税方式です。このため、相続及び贈与の場合、米国の納税義務者は、財産を保有していた者（被相続人または贈与者）が納税義務者となります。

米国における相続及び贈与に関する税目は次のとおりです。

①　遺産税（Estate Tax）

遺産税は日本の相続税に相当する税目であり、死亡した者（被相続人）の遺産に対し課される税金です。

②　贈与税(Gift Tax)

贈与により財産を移転した場合に、贈与した者に課される税金です。

③　世代飛越移転税(Generation－Skipping Transfer Tax)

これは、贈与や信託の方法により、父から孫のように一世代超えて、財産を移転させた場合等に、遺産税や贈与税に代えて課税される税金です。納税義務者は遺産税や贈与税と同様、資産を移転した者です。

④　州税(State Tax)

上記の遺産税、贈与税及び世代飛越移転税は連邦税（国税）ですが、米国の場合、州によっては相続税や贈与税が課税されるところがあります。

（2）納税義務者と課税関係

米国では、納税義務者となる被相続人や贈与者が米国非居住者であるかないかで課税関係が大きく異なります。

① 米国市民及び米国居住者

米国市民とは米国に市民権を有する者であり、米国居住者とは米国に生活の本拠地を有する者をいいます。

米国市民や米国居住者に対しては、全世界の財産が課税対象財産となります。

② 米国非居住者

米国市民及び米国居住者以外の者は米国非居住者となります。米国非居住者に対しては、遺産税については米国内にある財産が課税対象となり、贈与税に関しては、米国内にある財産のうち、無形資産（株式や投資信託等の有価証券、国債や社債等）を除く財産が課税対象となります。

（3）遺産税の概要

① 遺産税の計算方法

イ、課税遺産総額＝遺産総額－（債務等＋配偶者控除＋寄付金控除）
　　　　　　　　　－遺産にかかる州税＋贈与税の課税価格

ロ、遺産税総額＝課税遺産総額×税率

ハ、納付遺産税額＝遺産税総額－（統合税額控除＋贈与税額控除
　　　　　　　　　＋外国税額控除＋相次相続税額控除）

② 遺産税と贈与税の統合

米国では、遺産税と贈与税とは統合され、生涯累積課税方式が採用されています。これは、贈与も相続も同じ財産の移転であることから、生涯にわたり同一人からなされる贈与と相続による移転財産を合計し、これを課税対象財産とし、そこに（贈与税と相続税の）同じ税率を乗じ、生涯の財産移転にかかる税金を算出し、一定の税額控除を行い、生涯における納付税金を算出する制度です。

③ 税率

令和 2 年における米国の遺産税や贈与税にかかる統合税率は、18%～40%です。累進課税制度が採用され、課税遺産総額 10,000 ドル以下の 18%の税率から課税遺産総額 100 万ドル以上の 40%の税率構造となっています。

④　配偶者控除（Marital deduction）

配偶者が財産を取得した場合には、配偶者控除により、免税となります（遺産税がかからない）。この配偶者控除は、配偶者が米国市民である場合に適用されます。配偶者が米国市民でない場合には、原則として、配偶者控除はありません（例外的に認められるものもあります）。

⑤　統合基礎控除(Exemption)

米国では課税最低限が高く、令和2年の場合、課税遺産総額が1,158万ドルを超えない場合には納付する遺産税はゼロとなります。つまり、1,158万ドルの基礎控除額が認められ、それ以下の課税遺産総額の場合、納付すべき税額はゼロとなります（遺産税の計算上、統合基礎控除は統合税額控除として、控除されます）。

この多額の統合基礎控除は、米国市民及び米国居住者については認められ、米国非居住者には60,000ドルの基礎控除額が認められるだけです。

【図表8-3　米国の控除額と税額控除額】

年度	統合基礎控除額（Exemption）	統合税額控除額（Credit）
平成27年	543万ドル	2,117,800ドル
平成28年	545万ドル	2,125,800ドル
平成29年	549万ドル	2,141,800ドル
平成30年	1,118万ドル	4,417,800ドル
令和 1年	1,140万ドル,	4,505,800ドル
令和 2年	1,158万ドル	4,577,800ドル

（出典：内国歳入庁）

⑥　申告と納付期限

遺産税の申告及び納付期限は、相続開始から9ケ月以内です。なお、この期間については伸長することができます。

⑦　相続税に関する日米租税条約

米国と日本では、相続税に関する租税条約が締結され、米国で課税された相続税を日本の相続税から控除することができます。また、米国と租税条約を締結している国の居住者であれば、米国の非居住者であっても、内国歳入庁に申告することで、上記⑤の統合基礎控除の適用が受けられます。

(4) 贈与税

上記のように、贈与税と遺産税は統合された課税体系となっており、生涯にわたり同一人からなされる贈与と相続による移転財産を合計し、生涯累積課税方式が採用されています。

毎年の贈与に関しては、年間15,000ドルの基礎控除があり、年間15,000ドルを超える場合には、生涯累積課税により、1,158 万ドルの統合基礎控除が適用されます。また、100 万ドルを超える財産を一世代飛び超えて贈与した場合には、世代飛越移転税(GST 税)の課税対象となります。

① 基礎控除

平成 29 年までの基礎控除は、14,000 ドルでしたが、平成 30 年に引き上げられ、令和 2 年度における基礎控除額は、15,000 ドルです。

② 配偶者控除

米国市民である配偶者は、贈与財産全額が配偶者控除の対象とされます(課税なし)。米国市民以外の者は 155,000 ドル(令和 1 年)です。

(5) 各州における遺産税と相続税

米国では、州により、州税として遺産税や相続税が課税される場合があります。遺産税を課している州は、ハワイ州、ニューヨーク州、ワシントン州など 15 の州とコロンビア特別区です。相続税を課している州は、ケンタッキー州、アイオワ州など 6 州です(メリーランド州では、遺産税と相続税の双方を課税しています)。

カリフォルニア州では、州税としての遺産税や相続税はありません。このため、引退後に、カリフォルニア州に移住する人もいます。

4.相続税や贈与税が課税される国

世界には、日本や米国のほか、相続税や贈与税が課税される国があります。先進国では、英国、フランス、ドイツ、オランダ、ベルギー等において相続税課税制度あり、また、新興国でも韓国や台湾では、相続税課税制度があります。

（1）イギリス

イギリスでは、遺産課税方式を採用し、325,000 ポンドを超える遺産（死亡前 7 年内の贈与を含む）に対し、40%の税率で課税されます。

個人間の贈与に関しては、贈与税課税はありませんが、死亡前 7 年内の贈与に対しては、経過年数に応じて、8%～40%の相続税が課税されます。

（2）ドイツ

ドイツでは、相続財産を取得した者に課税する遺産取得者課税方式を採用しています。税率は配偶者や子に対しては 7%～30%、兄弟姉妹、その他の者に関しては、高い税率（最高 50%）です。また、相続前 10 年以内の贈与が相続財産に加算されます。

配偶者に関しては、婚姻中に増加した財産の 50%が免税となり、加えて基礎控除 500,000 ユーロ及び特別扶養控除 256,000 ユーロが控除されます。また、子供の基礎控除は 400,000 ユーロとされ、27 歳以下の子には特別扶養控除があります。

（3）フランス

フランスでは、相続財産を取得した者に課税する遺産取得者課税方式を採用しています。税率は配偶者や子に対しては 5%～45%、兄弟姉妹、その他の者に関しては高い税率（最高 60%）です。また、相続前 15 年以内の贈与が相続財産に加算されます。

配偶者の相続税は免税であり、直系血族の基礎控除は、100,000 ユーロです。

（4）韓国

韓国では、遺産課税方式を採用し、課税価格の計算上、基礎控除2億ウォンの他、配偶者控除は30億ウォンが限度です。子供控除は一人5千万ウォンや未成年者控除、障害者控除及び老人控除は各一人1千万ウォンの人的控除、その他の控除が適用されます。その他家業相続控除（500億ウォンが限度）、同居住宅控除等の諸控除があります。

適用税率は1億ウォン以下10%から30億ウォン超50%までの累進税率です。なお、世代省略割増課税が適用される場合には、算出税額に対し30%（一定の場合には40%）の相続税が割増課税されます。

（5）台湾

台湾では、遺産課税方式を採用し、被相続人が台湾居住者である場合には全世界の財産が課税対象となり、台湾非居住者の場合には台湾にある財産のみが課税対象となります。

台湾では平成29年4月に税制改正があり、これまでの一律10%課税から、3段階の累進課税方式が採用されています。

課税価格の計算上、基礎控除（相続税1,200万元、贈与税220万元）、相続税の配偶者控除（445万元）、法定相続人控除、債務・葬式費用控除、その他控除が適用されます。

相続税及び贈与税の適用税率は、10%、15%、20%の3段階税率です。

（6）その他

現在、相続税や贈与税を課税している国では、課税緩和の方向に向かうところ（米国等）、課税強化に向かうところ（日本、韓国、台湾等）と様々です。

経済社会のグローバル化に伴い、経済発展を重視する国では、課税を緩和する傾向にあり、また税収入に苦しむ国では課税を強化する傾向にあります。

（注）イギリス、ドイツ、フランスの税制は、平成30年1月現在のものです。

5.相続税や贈与税が課税されない国

世界には、最初から相続税や贈与税がない国に加え、相続税や贈与税に対する課税を廃止した国、さらに今後相続税や贈与税の課税廃止を検討している国があります。相続税や贈与税が課税されない国は、次のとおりです。

（1）アジア諸国

中国、香港、マレーシア、ベトナム、シンガポール、インドネシア、インド等日本企業が多く進出するアジア主要国においては、相続や贈与による財産取得に関し、相続税や贈与税が課税されません。

中国のようにもともと相続や贈与に対する課税制度がない国もありますが、多くの国では課税制度を廃止し、外国からの投資促進、国内での産業拡大を目指しています。

なお、ベトナムでは、相続や贈与により取得した財産に関し、所得税（10%）が課税されます。

また、タイでは、平成 28 年 2 月から相続税・贈与税の課税制度が導入されました。

（2）アジア以外の地域

アジア以外に、オーストラリア、ニュージーランド、スイス（一部州税として残る)、スウェーデン、モナコ、ロシア、カナダ（ケベック州を除く)、メキシコ等の国でも相続税や贈与税課税はありません。

ロシアのようにもともと相続や贈与に対する課税制度がない国もありますが、多くの国が課税制度を廃止しています。

なお、カナダでは相続により資産を取得した場合、みなし譲渡益に対し所得税が課税されます。

◆◆　巻末資料　◆◆

1.最近の税制改正

（1）平成 29 年度の税制改正

平成 29 年度の税制改正の内容は、次のとおりです。

①　事業承継税制

イ、被災者に係る適用要件の緩和

ロ、雇用確保要件の緩和

ハ、相続時精算課税贈与が適用対象

②　相続・贈与税の納税義務

イ、一時居住者の創設

一時居住者とは、出入国管理及び難民認定法の在留資格を有し、相続開始前 15 年以内において、日本国内に住所を有する合計期間が 10 年以下の者をいいます。

ロ、非居住被相続人の創設

非居住被相続人とは、**次のいずれかに該当する者をいいます。**

（イ）相続時に国内に住所はないが、相続開始前 10 年以内のいずれかの時に日本に住所を有したことのある人で、そのいずれの時にも日本国籍を有しない者

（ロ）相続時に国内に住所がなく、かつ 10 年以内に日本国内に住所がない者

③　タワーマンションの固定資産税等の計算

相続税等の節税対策に利用されていたタワーマンションについて、固定資産税と不動産取得税において低層階と高層階において格差を設けることになりました。

なお、今回の見直しは、固定資産税評価額の見直しでなく、建物全体の固定資

産税額をどのように按分するに関する見直しのため、相続税評価に影響を与えません。

④　医療法人の納税猶予制度

イ、医業継続に係る相続税・贈与税の納税猶予制度等の適用期間延長

出資持分あり医療法人から出資持分なし医療法人への移行計画認定期間が令和２年９月まで延長されるため、それに合わせて期間が延長されます。

ロ、持分放棄の場合の贈与税

移行計画の認定を受けた出資持分あり医療法人の持分を有する個人が、その持分を放棄したことにより当該医療法人が受けた経済的利益については、当該医療法人に贈与税を課さないこととされました。

ただし、出資持分なし医療法人へ移行後６年以内に移行計画の認定要件に該当しないこととなった場合には、当該医療法人を個人とみなして贈与税が課されます。

⑤　物納における上場株式等

上場株式等の物納順位が第２順位から第１順位に切上げされました。

⑥　財産評価

イ、取引相場のない株式の規模区分

大会社や中会社の適用範囲が拡大しました。

ロ、類似業種比準方式

	改正前	改正後
類似業種の株価	課税時期の前３ヶ月の各月の株価、前年平均株価から選択	さらに、課税時期前２年間平均株価を加える
計算要素の比重割合	配当金額・利益金額・簿価純資産価額＝１：３：１	配当金額・利益金額・簿価純資産価額＝１：１：１
計算要素の金額	個別決算による配当金額・利益金額・簿価純資産価額	連結決算による配当金額・利益金額・簿価純資産価額

ハ、株式保有特定会社の判断基準

株式保有特定会社とは、保有株式及び出資の価額が総資産価額の50%以上を占める非上場会社（会社規模関係なし）のことをいいますが、この保有の判断基準に新株予約権付社債が加わることになります。

ニ、地積規模の大きい宅地の評価

広大地の評価に関する取扱いがなくなり、地積規模の大きい宅地の評価に関する取扱いが新設されました。

（2）平成30年度の税制改正

平成30年度の税制改正の内容は、次のとおりです。

① 事業承継税制

事業承継税制の特例が創設され、平成30年1月1日からの10年間、納税猶予の対象となる株式が 100%となり、また株式に係る相続税の 100%が納税猶予の対象となりました。

② 一般社団法人に対する相続税・贈与税の課税制

イ、一般社団法人に対し、一定の要件に該当する場合、相続税が課税されます。

ロ、贈与税課税について、適用要件が明確化されます。

③ 農地の納税猶予制度

イ、都市部の一定の農地（これまで納税猶予が適用されていない「貸し付けられている生産緑地」）に対しても納税猶予が適用されます。

ロ、営農継続が困難な場合の農地貸付について、納税猶予の継続が可能となります。

（注）生産緑地は、生産緑地指定（平成3年が最も多い）から30年たつと、農地の所有者はいつでも買取りの申し出ができます。しかし、平成29年の改正において、買取りを10年遅らせる特定生産緑地制度が創設されました。

④　小規模宅地等の特例

居住用宅地、貸付事業用宅地への適用に関し、次のように改正されました。

項目	改正前	改正後
居住用宅地の別居親族の適用要件	イ、配偶者、同居相続人がいない。 ロ、相続開始前3年以内に、自己又は配偶者が所有する家屋に居住していない	イ、同左 ロ、相続開始前3年以内に次の者が所有する家屋に居住していない （イ）自己又は配偶者 （ロ）3親等内の親族 （ハ）特別の関係のある法人 ハ、相続開始時に居住していた家屋を過去に所有していない
貸付事業用宅地の範囲	相続開始直前に、貸付事業の用に供されていた宅地	相続開始前3年以内に貸付事業の用に供された宅地は除外（ただし、相続開始前3年を超え、事業的規模で貸付事業を行っている場合を除く）
被相続人の居住の用に供されていた宅地	要介護認定を受けていた被相続人が老人ホーム等へ入所していた場合は、特例の対象	介護医療院に入所したことにより、居住の用に供されなくなった宅地についても特例の対象

⑤　その他

イ、特定の美術品に係る納税猶予制度の新設

個人が、一定の美術館と特定美術品を長期の寄託契約を締結した場合には、その美術品のかかる課税価格の80%に相当する相続税の納税が猶予されます。

ロ、外国人の出国後の納税義務

次の要件を満たす者に関しては、相続又は贈与等により取得する相続財産については相続税又は贈与税が課税されません。

（イ）相続人等

相続又は贈与時に、国外に住所を有し、日本国籍を有しない者

（ロ）被相続人等

国外に住所を有し、日本国籍を有しない被相続人等で、出国前 15 年以内において、日本国内に 10 年を超えて住所を有する被相続人等

ハ、登録免許税の免税措置の創設

相続登記未了となっている土地に関し、次の免税措置が新設されました。

（イ）先代名義の土地の相続登記に係る登録免許税の免税措置

平成 30 年 4 月 1 日から令和 3 年 3 月 31 日までに移転登記をする場合に適用されます。

（ロ）法務大臣の指定を受けた土地の相続登記に係る登録免許税の免税措置

所有者不明土地の利用の円滑化等に関する特別措置法の施行日から令和 3 年 3 月 31 日までの間に相続による所有権の移転登記を受ける場合について適用されます。

（3）平成 31 年度の税制改正

平成 31 年度の税制改正の内容は、次のとおりです。

①　個人事業者の事業用資産に係る納税猶予制度の創設等

個人事業者の事業承継を促進するため、10 年間限定で、特定事業用資産に係る相続税・贈与税を 100％納税猶予する「個人版事業承継税制」が創設されました。

②　特定事業用宅地等に係る小規模宅地等

小規模宅地等の課税の特例について、特定事業用宅地等の範囲から、相続開始前 3 年以内に事業の用に供された宅地等が除外されました。ただし、当該宅地等の上で事業の用に供されている減価償却資産の価額が、当該宅地等の相続時の価額の 15％以上である場合は、小規模宅地等の課税の特例を受けることができます。

③　教育資金、結婚・子育て一括贈与の非課税措置

イ、教育資金、結婚・子育ての一括贈与非課税制度に受贈者の所得制限が導入されました。

ロ、教育資金の範囲の見直しが行われます。

ハ、贈与者の相続開始前3年以内に贈与した残額について、一定の場合、相続財産に加算されることになります。

ニ、教育資金管理契約の終了事由が変更になります。

④　非上場株式等に係る相続税・贈与税の納税猶予制度

イ、受贈者の年齢要件が18歳以上に引き下げられます。

ロ、認定承継会社等が資産保有型等に該当した場合でも一定期間内に解消されれば、納税猶予の取消事由に該当しないことになります。

ハ、一定の届出の添付書類を不要とするなどの手続きの簡素化が行われます。

⑤　相続時精算課税の贈与税申告手続き等における添付書類の不要化

贈与税では平成28年分より「贈与税の配偶者控除」について住民票の写しの添付が不要とされていますが、「相続時精算課税選択届出書」についても住民票の写しは添付を要しないこととなります。

⑥　民法における成年年齢引き下げによる税制上の措置

民法の一部を改正する法律が平成30年6月13日に成立し、成年年齢が20歳から18歳に引き下げられ、令和4年4月1日から施行されることとなりました。民法の改正に合わせて、税制も改正となりました

⑦　特別寄与料の金銭での請求権の創設

民法の改正に伴い、相続人以外の親族が被相続人の療養看護等を行った場合に、相続人に対して金銭の請求をすることができるようになりました。これに対応して、特別寄与料に係る課税関係につき改正が行われました。

	税額計算	申告手続
相続人以外の親族	特別寄与料の額を被相続人から遺贈により取得したものとみなして税額計算をする（2割加算）。	新たに相続税の納税義務が生じた者は、その事由が生じたことを知った日から 10 月以内に申告しなければならない。

⑧　配偶者居住権の創設

民法の改正に伴い、配偶者が相続開始時に相続人所有の建物に居住していた場合に、配偶者は、遺産分割において配偶者居住権を取得することにより、終身又は一定期間、その建物に無償で居住することができるようになりました。これに対応して、配偶者居住権に係る評価方法が定められました。

（4）令和２年度の税制改正

令和２年度の税制改正の内容は、次のとおりです。

①　配偶者居住権等の消滅等の取り決めの創設

イ、配偶者居住権等の消滅

配偶者居住権は譲渡することができません。配偶者居住権が消滅する場合は、合意解除や放棄の場合です。なお、無償により消滅した場合には、配偶者が建物等所有者に贈与したものとして取り扱われます。

ロ、配偶者居住権が対価を得て消滅した場合

配偶者が対価を得て配偶者居住権を消滅させた場合は、配偶者の譲渡所得として課税されます。その際、取得費の計算は下記のとおりです。

【計算式】

被相続人の居住建物等の取得費（減価償却控除後）×配偶者居住割合－設定日から消滅日までの減価の額

ハ、配偶者居住権が消滅する前に所有者が譲渡した場合

相続により居住建物等を取得した相続人が、配偶者居住権等が消滅する前に当該居住建物等を譲渡した場合における取得費の金額は、下記のとおりです。

【計算式】

居住建物等の取得費（減価償却控除後）－配偶者居住権の取得費（減価償却控除後）

② 農地等の相続税・贈与税の納税猶予制度

農地等に係る相続税・贈与税の納税猶予制度について、特例適用農地等の範囲に、平成３年１月１日において三大都市圏の特定市の市街化区域内に所在する農地で、地区計画農地保全条例（仮称）により制限を受ける一定の地区計画の区域内に所在するものが加わりました。

③ 医業継続に係る相続税・贈与税の納税猶予制度

医業継続に係る相続税・贈与税の納税猶予制度等の適用期限が３年延長されます。

④ 非上場株式等における納税猶予制度

相続税・贈与税における以下に掲げる届出書等について、貸借対照表・損益計算書の添付を要しないこととされます。

イ、非上場株式等についての相続税・贈与税の納税猶予における継続届出書等

ロ、担保が保証人（法人）の保証である場合における延納申請書

ハ、非上場株式を物納する場合における物納申請書

2.財産リストと相続税の総額の簡易計算表

（1）財産リスト（サンプル）

① 資産リスト

種類	細目	銘柄・数量等	金額	取得者名
預金	大須銀行	普通預金	2,000,000 円	大須花子
	四菱銀行	定期預金	10,000,000 円	大須二郎
土地	自宅	330.00 ㎡	45,000,000 円	大須花子
	貸家の敷地	330.00 ㎡	33,000,000 円	大須一郎
建物	自宅	136.29 ㎡	14,000,000 円	大須花子
	貸家	200.05 ㎡	36,000,000 円	大須一郎
株式等	非上場	○○㈱	2,000,000 円	大須花子
	上場	○○電力㈱	8,000,000 円	大須二郎
	投資信託	○○ファンド	1,500,000 円	大須一郎
	MMF 他	豪ドル分配ファンド	10,000,000 円	大須二郎
生命保険	終身	○○生命	10,000,000 円	大須花子
その他	車両	○○自動車	500,000 円	大須花子
	家財一式		300,000 円	大須花子
合　計　①			172,300,000 円	

② 債務・葬式費用

種類	細目	予定相手先	金額	負担者
債務	未払金	○○商店	1,000,000 円	大須花子
葬式費用	通夜・葬儀代	△△葬祭	2,500,000 円	大須花子
合　計　②			3,500,000 円	

（2）相続税の総額の計算

① 予定法定相続人等の把握

配偶者の有無 (有)・無　　子供 2名　　　法定相続人 合計　3名

続柄	氏名
配偶者	大 須　花 子
長男	大 須　一 郎
次男	大 須　二 郎

② 財産リストから正味財産額の算出

資産合計(1)①－債務・葬式費用合計(1)② ＝正味財産	168,800,000円（A）

③ 小規模宅地等の課税価格計算の特例による減額金額

減額金額	36,000,000円（B）

イ、居住用宅地について優先適用（1㎡の単価及び適用地積）

45,000,000円×80%＝36,000,000円（自宅330㎡全てに適用）

ロ、賃貸用宅地については、適用限度枠がない（居住用宅地で利用）

④ 生命保険金等・退職手当金等の非課税金額

取得金額又は非課税限度額のうち少ない金額	10,000,000円（C）

花子さんが取得した生命保険金1,000万円は、非課税限度額の範囲内

非課税限度額＝法定相続人の数×500万円＝1,500万円

⑤ 正味財産額から各種控除金額を控除した金額

（A）―（B）―（C）＝課税遺産総額	122,800,000円（D）

⑥ 基礎控除額の算出

3,000万円＋600万円×法定相続人の数	48,000,000円（E）

⑦　課税遺産総額から基礎控除額を差し引いた金額

(D) − (E)	74,800,000 円 (F)

⑧　法定相続人が法定相続分に応じて取得した場合の各取得金額

法定相続人	法定相続分	(F) ×法定相続分＝各取得金額
大須　花子	2 分の 1	37,400,000 円
大須　一郎	4 分の 1	18,700,000 円
大須　二郎	4 分の 1	18,700,000 円

⑨　各取得金額に相続税の速算表をかけて相続税の総額を算出

各取得金額	税率	控除額	各人ごとの税額
37,400,000 円	20%	2,000,000	5,480,000 円
18,700,000 円	15%	500,000	2,305,000 円
18,700,000 円	15%	500,000	2,305,000 円
		相続税の総額 (G)	10,090,000 円

【相続税の税率表】

法定相続分に応じた取得金額	税率	控除額
1,000 万円以下	10%	—
3,000 万円以下	15%	50 万円
5,000 万円以下	20%	200 万円
1 億円以下	30%	700 万円
2 億円以下	40%	1,700 万円
3 億円以下	45%	2,700 万円
6 億円以下	50%	4,200 万円
6 億円超	55%	7,200 万円

3.贈与税の簡易計算表

（1）暦年課税贈与税の計算

① 令和1年10月31日贈与により取得した財産価額の合計額

受贈者名： 大須　花子　（婚姻期間20年以上の贈与者の配偶者）

贈与者名	受け取った財産名	財産金額
大須　太郎	居住用家屋	9,000,000円
〃	居住用宅地	17,000,000円
	贈与財産の合計（A）	26,000,000円

② 贈与税の課税価格から控除できるもの

項目	金額
非課税財産	0円
贈与税の配偶者控除※1	20,000,000円
直系尊属から住宅取得等資金の贈与を受けた場合※2	―　円
控除額の合計（B）	20,000,000円

※1、居住用不動産の贈与に関し、配偶者控除2,000万円の適用ができます。

この規定の適用には一定の要件を満たす必要があります。

※2 直系尊属から住宅取得資金等の贈与は、贈与年ごとに控除金額は異なります

⇒詳しくは、本文参照

③ 贈与財産の合計額から控除額を控除した残額

（A）－（B）	6,000,000円（C）

④ ③から基礎控除額を差し引いた残額

（C）－1,100,000円（基礎控除）	4,900,000円（D）

⑤　（D）に贈与税の速算表を用いて計算し納付税額を算出

課税価格	税率	控除額	納付税額
4,900,000 円	30%	650,000 円	820,000 円

【贈与税の税率表】

（a）20 歳以上の子や孫が直系尊属から贈与を受け取る場合

基礎控除後の課税価格	税率	控除額
200 万円以下	10%	—
400 万円以下	15%	10 万円
600 万円以下	20%	30 万円
1,000 万円以下	30%	90 万円
1,500 万円以下	40%	190 万円
3,000 万円以下	45%	265 万円
4,500 万円以下	50%	415 万円
4,500 万円超	55%	640 万円

（b）（a）以外の場合

基礎控除後の課税価格	税率	控除額
200 万円以下	10%	—
300 万円以下	15%	10 万円
400 万円以下	20%	25 万円
600 万円以下	30%	65 万円
1,000 万円以下	40%	125 万円
1,500 万円以下	45%	175 万円
3,000 万円以下	50%	250 万円
3,000 万円超	55%	400 万円

※今回のケースは配偶者であるため（b）の税率表で計算します。

⑥　贈与税の申告

贈与税の申告は、贈与を受けた年分（令和 1 年）の翌年 2 月 1 日～3 月 15 にまでの期間において、受贈者の住所地を管轄する税務署長に対し、申告書に必要な計算明細と書類を添付して提出します。

なお、具体的な贈与税申告書の様式と記載内容については巻末の贈与税の申告書を参照して下さい。

（2）相続時精算課税の計算

① その年分（1/1～12/31）の取得財産の価額の合計額

贈与者名：　大須　花子　（特定贈与者）

受贈者名：　大須　太郎

特定贈与者から受け取った財産名	財産金額
土地	30,000,000 円
贈与財産の合計	30,000,000 円（A）

② 特別控除額

特別控除額※	25,000,000 円　（B）

※特別控除額

特定贈与者からの贈与財産の合計額（3,000 万円）と 2,500 万円のいずれか少ない金額

③ 贈与財産の合計額から特別控除額を控除した残額

（A）－（B）	5,000,000 円（C）

④ 納付税額

（C）　×　20%	1,000,000 円

4.遺言書の見本

（1）自筆証書遺言のサンプル

【必修】全文自筆で記入
ボールペンなど消せないものを使用

遺言書

表題は「遺言書」とする

第1条　遺言者は、遺言者の所有する下記の不動産を、夫大須一郎(昭和15年9月18日生)に相続させる。

相続人に相続させる場合は、明確に「相続させる」と記入するほうが望ましい

相続人の生年月日、続柄を記入し相続人を特定する

(1)所在　愛知県名古屋市中区大須

地番　○番○○

地目　宅地

地積　280.25㎡

不動産は登記簿通りに記入

(2)所在　愛知県名古屋市中区大須○○番地○

家屋番号　○番の○○

種類　居宅

構造　木造瓦葺弐階建

床面積　壱階　80.50㎡　弐階　70.56㎡

第2条　遺言者は、遺言者の貯金のうち、金弐千萬円を長女大須花子(昭和 48 年 2 月 12 日生)に相続させる。

金額は漢数字を使用する方が望ましい

第3条　遺言者は、前2条記載の財産を除く遺言者の有する不動産、預貯金、現金その他一切の財産を、孫大須太郎(平成 15 年 10 月 10 日生)に相続させる。

第 4 条　遺言者は、この遺言の遺言執行者として下記の者を指定する。

住　所　名古屋市中区大須××号

職　業　公認会計士

氏　名　辻中　修

生年月日　昭和〇〇年×月△日

・遺言で１人または数人の遺言執行人を指定、または、その指定を第三者に委任することができます
・未成年者、破産人は遺言執行人になることはできません

【必須】作成日を自筆

令和 2 年 10 月 10 日

住所　愛知県名古屋市中区大須〇番〇〇

遺言者　大須　みらい

大須

【必須】氏名を自筆
二人以上の共同遺言はできません

【必須】押印
（認印でも可だが実印が望ましい）
拇印でも可

【必須】自筆証書中の文字の加除、その他の変更をする場合は、遺言者がその場所を指示し、これを変更した旨を付記し、その付記につき署名し、かつ、その変更の場所に印をおさなければ、加除または変更として認められません

（2）公正証書遺言のサンプル

遺言者が遺言内容を公証人に口述します
公証人は、それに基づいて文書をまとめ、公正証書遺言を作成します
【必須】証人２名の立会が必要

令和○○年第○○号

本公証人は、遺言者大須みらいの嘱託により、証人中川四郎、同佐藤花子の立会のもとに、遺言者の口述を筆記してこの証書を作成する。

第１条　遺言者は、遺言者の所有する下記の不動産を、夫大須一郎（昭和 15 年 9 月 18 日生）に相続させる。

（1）所在　愛知県名古屋市中区大須
　地番　○番○○
　地目　宅地
　地積　280.25 ㎡

（2）所在　愛知県名古屋市中区大須○○番地○
　家屋番号　○番の○○
　種類　居宅
　構造　木造瓦葺弐階建
　床面積　壱階　80.50 ㎡　弐階　70.56 ㎡

第 2 条　遺言者は、○○銀行に対する遺言者名義の下記預金債権を長女大須花子（昭和 48 年 2 月 12 日生）に相続させる。

（1）普通預金
　記号　０１２３４５
　番号　１２３４５６７８

第３条　遺言者は、前２条記載の財産を除く遺言者の有する不動産、預貯金、現金その他一切の財産を、孫大須太郎（平成 15 年 10 月 10 日生）に相続させる。

本旨外要件

愛知県名古屋市中区大須○番○○

遺言者　大須　みらい

昭和○○年××月△△日生

上記は印鑑証明書を提出させてその人違いでないことを証明させた。

愛知県名古屋市中川区××○番○○

証人　弁護士　中川　四郎

昭和○○年××月△△日生

愛知県名古屋市瑞穂区××○番○○

証人　会社員　佐藤　花子

昭和○○年××月△△日生

> 以下の者は証人になることができません
> ・未成年者
> ・推定相続人
> ・受遺者、及びその配偶者及び直系血族
> ・公証人の配偶者、四親等以内の親族、書記及び雇人

上記を遺言者及び証人に読み聞かせたところ、各自筆記の正確であることを承認したので、下記にそれぞれ署名押印する。

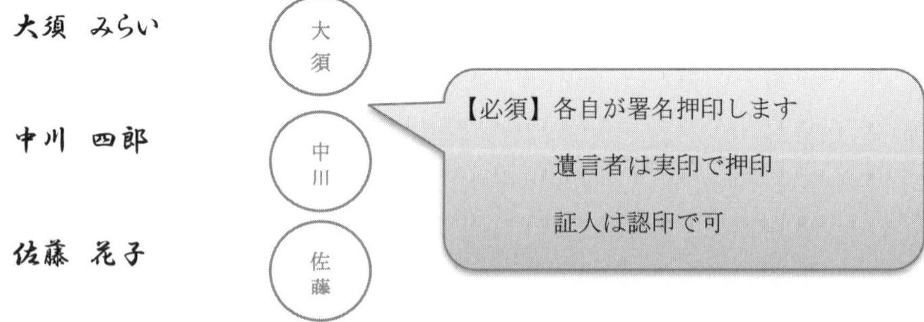

この証書は民法 969 条第 1 号ないし第 4 号の方式に従い作成し同条第 5 号に基づき署名押印する。

令和○○年□月××日

役所所在地

○○法務局所属

公証人　□□□□　㊞

> 管轄はありません。どこの公証役場でも手続きできます

> 事前に下記資料を準備しておきましょう
> ・遺言者の印鑑証明書
> ・遺言者と相続人との続柄がわかる戸籍謄本
> ・財産を相続人以外の人に遺贈する場合、その人の住民票
> ・財産の中に不動産がある場合、その登記簿謄本と固定資産税評価証明書
> ・証人予定者の氏名、住所、生年月日及び職業のメモ書き
> 遺言の財産の総額によって、手数料が異なります

（3）秘密証書遺言のサンプル

表題及び本文をワープロで入力し、
出力したものでも可能
ただし、自書での署名が必要

遺言書

第１条　遺言者は、遺言者の所有する下記の不動産を、夫大須一郎（昭和 15 年 9 月 18 日生）に相続させる。

（1）所在　愛知県名古屋市中区大須
　　地番　○番○○
　　地目　宅地
　　地積　280.25 ㎡

（2）所在　愛知県名古屋市中区大須
　　家屋番号　○番の○○
　　種類　居宅
　　構造　木造瓦葺弐階建
　　床面積　　壱階　80.50 ㎡　　弐階　70.56 ㎡

第 2 条　遺言者は、○○銀行に対する遺言者名義の下記預金債権を長女大須花子（昭和 48 年 2 月 12 日生）に相続させる。

（1）普通預金
　　記号　０１２３４５
　　番号　１２３４５６７８

第3条　遺言者は、前2条記載の財産を除く遺言者の有する不動産、預貯金、現金その他一切の財産を、孫大須太郎（平成15年10月10日生）に相続させる。

令和2年10月10日

住所　愛知県名古屋市中区大須○番○○

遺言者　大須　みらい

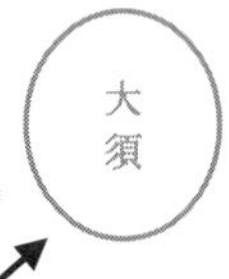

大須

【必須】署名

【必須】押印

【必須】この2つが同一の印鑑

遺言者が、証書を封筒入れて、証書に用いた印で封印をしなければなりません

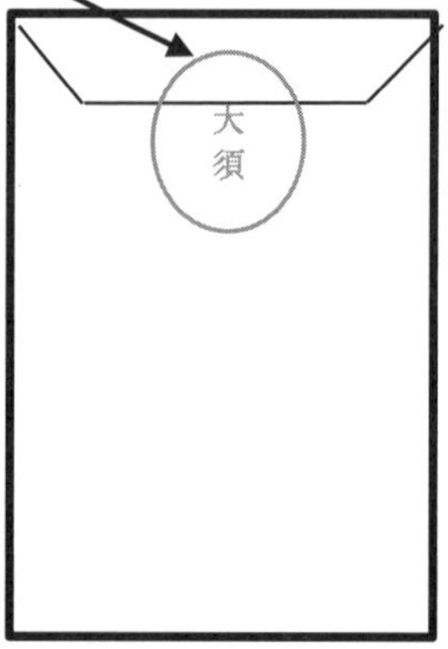

大須

【必須】

・公証人及び証人2名の前に封書を提出し、「自己の遺言書である旨」及び「氏名住所」を申述します

・公証人が、その提出した日付及び遺言者の上記申述を封書に記載します

・公証人、遺言者、証人2名が署名、押印します

5.贈与契約書の見本

（1）通常の贈与契約書のサンプル

贈与契約書

贈与者大須太郎を甲、受贈者大須花子を乙として、甲乙間において次の通り贈与契約を締結した。

（贈与の目的）

第１条　甲は、甲の所有する下記記載の財産（以下「本件財産」という）を乙に贈与し、乙はこれを受諾した。

（1）土地　所在　名古屋市中区大須○丁目
地番　○番○○
地目　宅地
地積　320.52 ㎡

（2）現金　1,000,000円

（登記簿謄本の通り記載する（土地の場合）所在地、地番、地目、地積）

（引渡時期・費用負担を明確にする）

（移転登記等）

第２条　甲は乙に対して、令和２年10月10日限り、本件財産を乙に引渡し、土地については所有権移転登記手続きを行い、現金については乙名義の口座に振り込むものとする。

２　土地につき、甲は乙に対して、現状有姿の状態で引き渡すとともに、担保権その他の権利の制約のないことを確約する。

３　土地の所有権移転登記手続きに必要な一切の費用は、乙が負担する。

（公租公課の負担）

第３条　土地に課税される公租公課については、所有権移転登記申請日までは甲が負担し、所有権移転登記申請日以後は乙が負担する。

上記の通り契約が成立したので、本書面を２通作成し、甲乙各１通を所持するものとする。

令和２年10月10日

住所：愛知県名古屋市中区大須○丁目○番○号
贈与者　大須太郎　（大須）

住所：愛知県名古屋市中区大須○丁目○番○号
受贈者　大須花子　（大須）

（契約締結日）

（贈与者、受贈者双方が記名又は署名、押印する）

（2）死因贈与契約書のサンプル

実際には、公証人役場にて、契約書に「確定日付」を押捺してもらうか、死因贈与を確実にするためには、公正証書にすることが望ましい

死因贈与契約書

贈与者大須太郎を甲、受贈者大須花子を乙として、甲乙間において、次のとおり 死因贈与契約を締結した。

（贈与の目的物等）

第1条　甲は、甲の所有にかかる下記記載の財産（以下「本件土地」という）を乙に贈与することを約し、乙はこれを受諾した。

（1）土地　　所在　名古屋市中区大須〇丁目
地番　〇番〇〇
地目　宅地
地積　320.52 ㎡

登記簿謄本の通り記載する
（土地）
所在、地番、地目、地積

（効力の発生）

第2条　前項の贈与は、甲の死亡により効力を生じ、本件土地の所有権は甲から乙に移転するものとする。

（贈与の保全）

第3条　甲は、本契約に基づく乙の権利を保全するために、令和2年10月10日限り、所有権移転請求権保全の仮登記手続きを行う。

2　前項の仮登記手続きに必要な費用は、乙が負担する。

（乙の死亡）

第4条　万一、甲が死亡するより先に乙が死亡したときには、本契約はその効力を失う。

（甲の解除）

第5条　乙が甲に対して重大な侮辱またはこれに類するような行為及び乙にその他著しい非行行為があるときには、甲は乙に対して、本契約を解除することができる。

（執行者の指定）

第6条　甲は、本契約の執行者として、次の者を指定する。
住所：名古屋市中区〇〇町〇〇番〇号
氏名：　〇〇　〇〇

登記の際、公正証書であっても執行者の指定がない場合は贈与者の相続人全員の実印と印鑑証明書を添付して申請する必要がある

以上のとおり、契約が成立したので、本書面を2通作成し、甲乙がその1通ずつを所持する。

令和2年10月10日

実印が望ましい

住所：愛知県名古屋市中区大須〇丁目〇番〇号
贈与者　　大須太郎　（大須）

住所：愛知県名古屋市中区大須〇丁目〇番〇号
受贈者　　大須花子　（大須）

6.各種添付書類一覧表

（1）各種特例等の適用を受けない場合

	添付資料	チェック
①	被相続人の全ての相続人を明らかにする戸籍謄本	□
②	遺言書の写し又は遺産分割協議書の写し	□
③	相続人全員の印鑑証明書（遺産分割協議書に押印したもの）	□
④	被相続人及び相続時精算課税適用者の戸籍の附票の写し※	□

※相続時精算課税適用者がいる場合

（2）配偶者の税額軽減の適用を受ける場合

	添付資料	チェック
①	被相続人の全ての相続人を明らかにする戸籍謄本	□
②	遺言書の写し又は遺産分割協議書の写し	□
③	相続人全員の印鑑証明書（遺産分割協議書に押印したもの）	□
④	申告期限後 3 年以内の分割見込書（申告期限内に分割できない場合）	□

（3）小規模宅地等についての相続税の課税価格計算の特例の適用を受ける場合

	添付資料	チェック
①	被相続人の全ての相続人を明らかにする戸籍謄本	□
②	遺言書の写し又は遺産分割協議書の写し	□
③	相続人全員の印鑑証明書（遺産分割協議書に押印したもの）	□
④	申告期限後 3 年以内の分割見込書（申告期限内に分割できない場合）	□

⑤	特定居住用宅地等	イ、居住の用に供していることを明らかにする書類（マイナンバーを有する場合には不要）	□
		ロ、被相続人の親族等が適用を受ける場合	
		（イ）相続開始前３年以内の住所又は居所を明らかにする書類 （戸籍の附表等）	□
		（ロ）相続開始後３年以内に居住していた家屋が、取得者又はその配偶者の所有する家屋以外の家屋である旨を証する書類	□
		ハ、被相続人が養護老人ホームに入所していた場合	
		（イ）被相続人の戸籍の附表、	□
		（ロ）障害者福祉サービス受給証、要介護認定書類、	□
		（ハ）施設との契約書等で入居施設の住所、名称、該当施設であることを明らかにする書類	□
⑥	特定同族会社事業用宅地等の場合	・特例の対象となる法人の定款（相続開始の時に効力を有するものに限ります。）の写し	□
		・特例の対象となる法人が一定の事項を証明した書類	□

（4）非上場株式等についての相続税の納税猶予の特例の適用を受ける場合

	添付資料	チェック
①	被相続人の全ての相続人を明らかにする戸籍謄本	□
②	遺言書の写し又は遺産分割協議書の写し	□
③	相続人全員の印鑑証明書（遺産分割協議書に押印したもの）	□
④	中小企業における経営の承継の円滑化に関する法律施行規則第7条第4項の経済産業大臣の認定書の写し及び同条第3項の申請書の写し	□
⑤	会社の定款の写し	□
⑥	会社の貸借対照表及び損益計算書	□
⑦	会社の登記事項証明書	□
⑧	その他の適用要件を確認する書類	□
⑨	担保提供関係書類 ※　担保提供関係書類の主なもの（担保が特例非上場株式等の場合） (1)　株式の場合 供託書正本（株券を法務局（供託所）に供託する必要があります。） (2)　出資の持分の場合 質権設定の承諾書、印鑑証明書、特例非上場株式等に係る会社が自社の持分に質権を設定されることについて承諾したことを証する書類（非上場株式等について相続税の納税猶予の適用を受ける経営承継相続人等が持分の全部を担保提供する場合に限ります。）	 □ □

（5）特定計画山林の特例の適用を受ける場合

	添付資料	チェック
①	被相続人の全ての相続人を明らかにする戸籍謄本	□
②	遺言書の写し又は遺産分割協議書の写し	□
③	相続人全員の印鑑証明書（遺産分割協議書に押印したもの）	□
④	特例の適用要件に該当することについて市町村長等の証明書並びに農林水産大臣の確認書	□
⑤	認定を受けた森林計画書の写し及び認定に関する通知書	□
⑥	森林法の届出書、適用要件を確認する書類、担保関係書類等	□

（6）特定受贈同族会社株式等に係る特定事業用資産の特例の適用を受ける場合

	添付資料	チェック
①	被相続人の全ての相続人を明らかにする戸籍謄本	□
②	遺言書の写し又は遺産分割協議書の写し	□
③	相続人全員の印鑑証明書（遺産分割協議書に押印したもの）	□
④	その他の適用要件を確認する書類	□

（7）農地についての相続税の納税猶予及び免除の特例の適用を受ける場合

	添付資料	チェック
①	被相続人の全ての相続人を明らかにする戸籍謄本	□
②	遺言書の写し又は遺産分割協議書の写し	□
③	相続人全員の印鑑証明書（遺産分割協議書に押印したもの）	□
④	相続税の納税猶予に関する適格者証明書	□
⑤	担保関係書類	□

（8）本人確認書類

	添付資料	チェック
①	マイナンバー確認書類（マイナーバーカード【裏面】の写し、住民票の写し等）	□
②	身元確認書類 マイナンバーカード【表面】の写し、運転免許証の写し、パスポートの写し等	□

7.相続に関する用語集

用　語	説　　明	参照頁
遺産分割	相続人が複数いる場合、被相続人の財産を各相続人に具体的に分配し、各相続人固有の財産にすること。	P19.P38 P50
遺産分割協議	相続人間の共有財産である被相続人の財産に関し、相続人全員が参加し、遺産分割に関する話し合いを行うこと。	P7.P23 P50
遺産分割協議書	遺産分割協議の結果、相続人全員の合意のもとで作成される文書を「遺産分割協議書」という。これには全員の署名と実印による押印が必要となる。	P23 P50
遺贈	遺言によって財産を贈与すること。遺贈する相手は法定相続人である必要はなく、遺贈を受ける人は放棄することもできる。	P23
一次相続・二次相続	夫婦のうち、早く死亡した者の相続を一次相続といい、残された配偶者が死亡した場合の相続を二次相続という。	P87 P209
遺留分	相続財産のうち、法定相続人が最低限相続することのできる割合。遺留分があるのは被相続人の配偶者、子供、父母などで、兄弟姉妹には遺留分はない。	P38 P42
遺留分減殺請求	遺言書に記載された相続分が遺留分より少ない相続人が、遺留分を侵害している相続人に対して相続財産の返還を請求すること。	P42
延滞税	国税を法定納付期限内に納めない場合に課せられる利息相当のものを「延滞税」といい、法定納期限の翌日から完納するまでの期間に応じて課される。	P163
貸宅地	賃貸契約により、自己の所有する土地を他の者に貸す場合のその土地のこと。	P111
貸家建付地	自己の所有する土地の上に、自己所有の貸家（貸アパート・貸事務所等）がある場合のその土地のこと。	P116

形見分け	被相続人が愛用していた貴金属や装飾品、書物など思い出の品物を親族等で分けること。	P52
家庭裁判所	裁判所組織の中で、家庭内の事件・問題、青少年の事件・問題に関する調停や裁判を所管する部署。家庭裁判所の調停や判決に不服がある場合には、上級裁判所に上訴される。	P7
換価分割	相続財産の大部分が土地や建物などの不動産である場合に、その財産を売却し、その売却した現金で財産を分割する方法。	−
協議分割	相続人が２人以上いる場合の財産分割の一つ。遺言書がない場合などに、相続人全員で話し合って財産の分割方法を決めること。	−
共有分割	相続財産の一部または全部を複数の相続人で共有する形で相続すること。	−
寄与分	相続人が、被相続人の事業を助け、又は被相続人の介護等をしたこと等により、被相続人の財産を増加又は支出を減少させた金額。　寄与分は、相続人間の協議又は家庭裁判所の調停で決定される。	P47
限定承認	相続方法の１つで、借入金などマイナスの財産がある場合に、プラスの財産の範囲内でマイナスの財産を相続すること。限定承認は、相続開始を知った日から３ケ月以内に家庭裁判所に申述する必要がある。	P36
検認	家庭裁判所で遺言書（公正証書遺言書を除く）の存在と内容を確認してもらう手続き。遺言を保管又は発見した相続人は遅滞なく家庭裁判所に提出し、検認の申立てを行わなければならない。	P21 P39
公社債	国や地方自治体、企業などが資金調達のために発行する有価証券。「利付公社債」「割引債」「転換社債型新株予約権付社債（転換社債）」がある。	P94
公証人	法務大臣によって任命され、全国各地の「公証役場」で業務を行っている公務員。主な仕事に公正証書の作成、会社などの定款、	P38

	私署証書の認証などがある。	
更正の請求	相続税の申告書を提出した後、財産評価や計算誤り等により、課税価格や税額を過大に申告した場合、これらを正当な金額とするように税務署長に対して請求すること。	P165
戸籍謄本・戸籍抄本	本籍地の市区町村役場にある戸籍原本に記載されている全部の情報を写しとったものを「戸籍謄本」といい、一部分のみを写しとったものを「戸籍抄本」という。	P40
祭祀財産	墓地・墓石、仏壇や位牌などの仏具を指す。財産の性格上、相続税の非課税財産となり、分割できるものではないので、遺産分割の対象にならない。	P24 P224
債務控除	相続財産の価額から被相続人の借入金などの債務や葬儀費用などを差し引くこと。	P81
財産評価基本通達	相続税の課税対象となる財産を評価する際の評価方法を定めた、国税庁の通達。相続税法に定める一部財産を除き、相続税及び贈与税における財産評価は、これによる。	P6 P89
財産目録	被相続人の財産すべてを書き出し、財産の状況を一覧表にしたもの。遺産分割協議で相続人が財産を分ける際の基準となる。	P35
死因贈与	贈与する人の死亡によってその効力が生じる贈与。	P246
失踪宣告	関係者の申立てにより、家庭裁判所が法律上、生死不明の人等に対し死亡したものとみなす制度。	P162
指定分割	遺言の指定どおりに遺産を分割すること。	—
借地権	建物の所有を目的とした土地の賃貸契約により発生する建物所有者の土地利用権。契約内容により財産としての価値が異なる。	P95 P111
受遺者	被相続人から遺贈により財産を受ける人。	P36
修正申告	当初の申告書に記載した課税価格や税額が、正当な金額より少ない場合、これを訂正するために、税務署長に提出する申告書。	P164

小規模宅地等の課税価格の特例	居住用、事業用、貸付事業用、同族会社事業用に供されている宅地等のうち、一定の規模の土地（小規模宅地等）に対し、相続税の課税価格の計算上、一定の評価減を認める制度。	P150
成年後見人	認知症や知的障害、精神障害などで合理的な判断や意思表示ができない場合、相続人に代わって協議に参加し、財産管理や契約を行う人。家庭裁判所に申し立てて選任してもらう。	P50
生前贈与	生きている間に贈与すること。	P23
全血兄弟姉妹・半血兄弟姉妹	父と母の双方を同じくする兄弟姉妹を「全血兄弟姉妹」、父と母のどちらか一方だけが同じ兄弟姉妹を「半血兄弟姉妹」という。半血兄弟姉妹の相続分は全血兄弟姉妹の相続分の 2 分の 1 となる。	P34
相続	被相続人の財産上の権利・義務を、法定相続人が包括的に承継すること。	P4
相続関係説明図	被相続人の相続人が誰であるかを、一目でわかるように図式化したもの。登記申請の際、この書面を添えて法務局に提出すると、戸籍謄本や住民票などの原本を返却してもらえる。	P31
相続欠格	故意に被相続人や先又は同順位の相続人を死亡させ刑に処せられたり、脅迫・詐欺により遺言の作成や撤回等をさせ、遺言書を偽造、変造、破棄したことにより、相続人になれないこと。	P30
相続時精算課税	贈与により取得した財産であるが、相続時に、相続税の課税財産に含まれ、相続税が課税されることにより、生前に負担した贈与税が相続時に精算される課税制度。一度、相続時精算課税を選択した場合には撤回ができないので選択する際には注意が必要。	P269
相続人	法律上、被相続人の遺産を受け継ぐ権利のある人。相続人になる人の順位などは法律で決まっている。	P4

相続税	相続または遺贈により財産を取得した場合に課される国税。	P5
相続登記	被相続人の所有していた土地や不動産などの名義を相続開始後にその財産を取得した相続人に変更する登記。	P7
相続廃除	被相続人に対して侮辱や虐待等を加えたり、推定相続人に著しい非行がある場合に、被相続人は家庭裁判所に推定相続人の廃除（相続人から除外する）の請求を行う。これは遺言でも可能。	P30
相続分	相続人が複数いる場合、各相続人が相続する財産の分割割合。被相続人が遺言書で自由に指定できる「指定相続分」と、民法による「法定相続分」がある。	P29
相続放棄	相続方法の１つで、相続人が被相続人の有するすべての相続財産の受取を拒否すること。相続を放棄するには、相続の開始を知った時から３ケ月以内に家庭裁判所に申述しなければならない。	P35
贈与	財産を有する者が、他の者にその財産を無償で渡し、他の者がこれを無償で取得する契約のこと。贈与契約は、口頭でもでき、また書面でもできる。口頭契約による贈与は、いつでも取り消すことができる。	P245
贈与税	贈与により財産を取得した場合に課される国税。	P244
代襲相続	被相続人より子供が先に死亡している場合に、本来、相続人になるはずだった子供（故人）に代わってその子供（被相続人の孫）が相続すること。このような形で相続人となる者を「代襲相続人」という。	P29
代償分割	分割しにくい財産を一人の相続人が取得する代わりに、他の相続人に対して現金などを代償として与える遺産分割の方法。	－
宅地	住宅や商業、工業活動のために利用されている建物の敷地になる土地。	P96

単純承認	相続方法の１つで、被相続人の全ての財産を包括的に相続すること。	P35
嫡出子	法律上の婚姻関係にある夫婦の間に生まれた子ども。	P29
調停分割・審判分割	遺産分割協議がまとまらない場合、家庭裁判所に申し立てて第三者の助言や指導を仰ぐことを「調停分割」という。調停不成立の場合は、自動的に審判手続きに移行し、これを「審判分割」という。	—
直系尊属	本人の父母、祖父母、またはそれより上の血族。	P29
直系卑属	本人の子、孫、またはそれより下の血族。	P29
定期借地権	建物所有を目的とする土地の賃貸契約で発生する借地権のうち、一定の賃借期間を定め、期間満了時に、建物の撤去等を行い、その土地を地主に返還しなければならない借地権。	P114
同時死亡の推定	自動車や飛行機事故などで複数人が死亡し、死亡した順が明らかでない場合、同時に死亡したとみなすこと。	—
特別縁故者	被相続人に相続人がいない場合、被相続人と特別の縁故があるとして、その者の申請により、家庭裁判所が被相続人の縁故者として認めた者。特別縁故者に対して家庭裁判所は、遺産の一部を与えることができる。	P30
特別受益	被相続人が生前に、相続人に対して贈与等した財産。	P47
特別代理人	相続人が未成年の場合、通常、親権者が代理人となるが、未成年者とその親が共同相続人の場合、利益が相反する関係にあるため親は代理人になれないことから、未成年者のための代理人として、家庭裁判所で選任された者。	P50
内縁	婚姻届を出しておらず、法律上の婚姻関係にはないが、事実上は同居し、夫婦として生活を共にしている男女の関係。	P42

任意後見制度	将来、認知症などで判断能力が衰えたときに備えて、判断能力があるうちに、財産管理や代理権を与える後見人を任意に選任する制度。この契約は公正証書で作成される。	－
認知	法律上の婚姻関係にない女性との間に生まれた子を自分の子供として認めること。認知された子供は法定相続人となる。	P19
配偶者	夫婦の一方から見た他方の者をいう。婚姻関係にある配偶者は、常に相続人となる。	P29
配偶者の税額軽減	被相続人の死亡後の生活保障や被相続人の財産形成に貢献したことから、配偶者を対象に設けられている税額軽減制度。 配偶者の相続する財産が 16,000 万円以下の場合、税負担はなく、それ以上でも法定相続分までの額であれば税負担はない。	P81
倍率方式	相続税・贈与税を計算するにあたり、路線価が定められていない土地を評価する方法。固定資産税評価額に一定の倍率を乗じて計算する。	P106
被相続人	相続人(子)が相続により取得した遺産や権利義務の所有者(父)。	P4
非課税財産	相続税がかからない財産のこと。墓地や墓石、仏壇、仏具などの祭祀のほか相続税法や租税特別措置法で非課税とされる財産。	P91
非嫡出子	法律上の婚姻関係にない男女の間に生まれた子ども。非嫡出子は認知されることで法定相続人になる。	P29
不在者財産管理人	行方不明の相続人に代わって遺産分割などを行う人。家庭裁判所に申し立てを行い選任してもらう。	－
負担付遺贈	なんらかの義務を負わせることを条件に遺贈すること。 （借入金の返済を条件に金銭や不動産を遺贈するなど）	－
負担付死因贈与	受贈者に対し、一定の義務を負わせて死亡を条件に贈与すること。	P246
物納	相続税を現金ではなく、相続した不動産などで納めること。	P170

包括遺贈	遺言で、財産の全部または一部を、一定の割合で取得させる遺贈の方法。たとえば「遺産の３分の１を相続させる」といった形をとる。	−
法定後見人制度	裁判所によって選任された後見人によって、判断力の不十分な人を対象とした後見制度。医師など専門家に判断力のレベルを鑑定してもらい、後見人・保佐人・補助者のうちどの後見人にするか決める。	P50
法定相続人	民法の定める相続人のこと。配偶者は常に相続人となり、子がいる場合には子と配偶者、子がいない場合には直系尊属と配偶者、子と直系尊属がいないときには兄弟姉妹と配偶者が相続人となる。	P29
未成年後見人	親権者のない未成年者の教育や財産管理などため、裁判所が選任した後見人。	P50
みなし相続財産	民法上の相続財産でないが、被相続人の死亡を起因として取得する金銭等で、相続税法上、相続財産とみなされるもの。死亡退職金や死亡保険金などがこれに当たる。	P64
名義預金	名義が被相続人でなくても、被相続人が通帳や印鑑を手元に保管するなどしていた預金は名義預金として被相続人のものと判断される場合がある。また名義預金は被相続人の相続財産に含まれる。	P238
遺言	被相続人が、生前に、遺産の処分や祭祀等の継承等に関し、その取得者や承継者を誰にするかなどの意思表示をすること。	P38
遺言執行者	遺言書がある場合、遺言のとおりに相続財産を分割・処理する人。	P41
遺言書	被相続人の遺言を書面としたもの。これには、本人が直筆で書いた「自筆証書遺言」、公証人に作成を依頼した「公正証書遺言」、本人が作成して封をした後に公証人に確認してもらう「秘密証書	P38

	遺言」がある。	
遺言信託	信託銀行が行う遺言作成・保管、執行などのサービス。	−
養子縁組	血縁とは関係なく法律上の親子になること。養子が実の親との関係を残したまま行う「普通養子」と、実の親とは法律上の関係を解消し養親の実子となる「特別養子」がある。普通養子も特別養子も養親の法定相続人になり、普通養子は実の親の法定相続人にもなる。	P75
暦年贈与	贈与税の暦年課税制度が適用される贈与のこと。贈与税の基礎控除額（110 万円）以下なら、贈与税は発生しない。	P270
連帯納付の義務	相続人や受遺者の中で相続税を納めない人がいる場合、ほかの相続人や受遺者が代わりに納めなければならない義務のこと。	P166
路線価方式	宅地の評価方法の 1 つで、路線価地区内の宅地を評価する場合、宅地の面する道路に設定された路線価を用いて計算する方法。宅地の評価は、1 ㎡の評価額に地積を乗じて算定される。	P96

8.相続税・贈与税の申告書サンプル

（1）相続税の申告書の作成事例

大須太郎は、令和2年1月10日に亡くなりました。大須太郎の相続人は、①親族図表の通りであり、相続人間の協議により②・③の通り資産および債務を相続しました。

① 親族図表

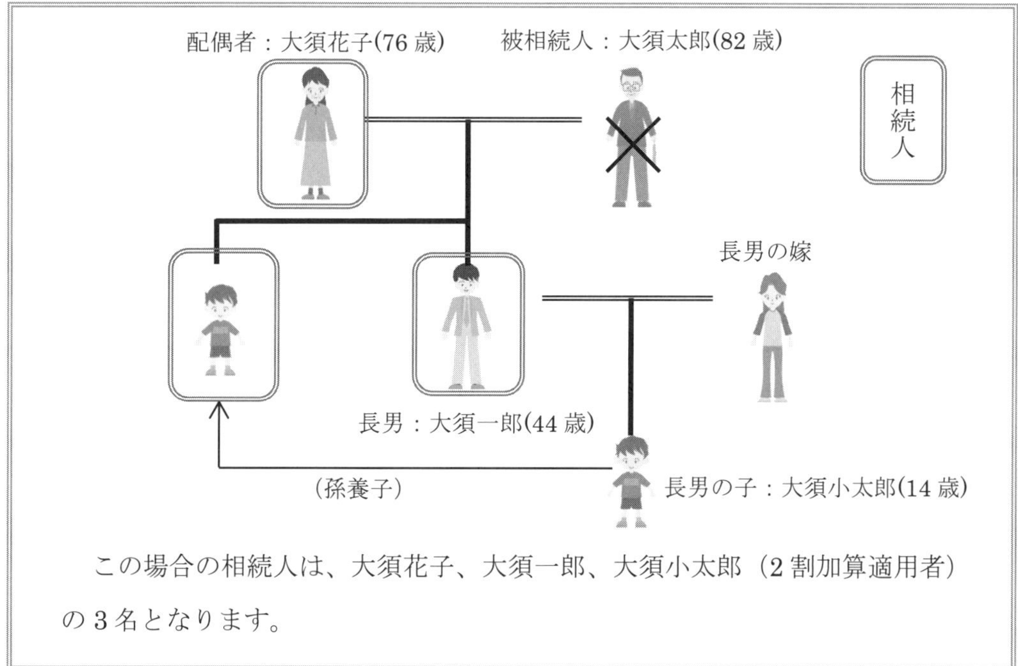

この場合の相続人は、大須花子、大須一郎、大須小太郎（2割加算適用者）の3名となります。

② 資産リスト

種類	細目	銘柄・数量等	金額	取得者名
現金預金	現金	手許現金	300,000円	大須一郎
	普通預金	○○銀行○○支店	10,278,100円	大須一郎
	普通預金	○○銀行○○支店	30,500,000円	大須花子
	定期預金	○○銀行○○支店	10,000,000円	大須小太郎
土地	自宅	350.00㎡	52,500,000円	大須花子(※1)

土地	貸家の敷地	150.52 ㎡	25,588,400 円	大須一郎
建物	自宅	150.29 ㎡	5,500,000 円	大須花子
	貸家	180.00 ㎡	8,494,500 円	大須一郎
株式等	上場株式	○○電力㈱	4,500,000 円	大須小太郎
	上場株式	○○自動車㈱	4,000,000 円	大須小太郎
	上場株式	○○建設㈱	15,000,000 円	大須花子
	投資信託	ＭＲＦ	1,000,000 円	大須一郎
生命保険	終身	○○生命保険㈱	20,000,000 円	大須花子(※2)
	終身	○○生命保険相互会	10,000,000 円	大須一郎(※2)
その他	家財一式		300,000 円	大須花子
	車両	○○自動車	1,500,000 円	大須一郎
合　計			199,461,000 円	

※1　小規模宅地等の課税価格計算の特例適用前の金額 52,500,000 円であり、小規模宅地適用後の金額は、12,900,000 円（相続税の申告書の第 11・11 の 2 表等参照）。

※2　生命保険金の非課税金額控除前の金額 30,000,000 円であり、生命保険金の非課税金額控除後の金額は、15,000,000 円（相続税申告書第 9 表参照）。

③　債務・葬式費用

種類	細目	支払先	金額	負担者
債務	未払医療費	○○病院	500,000 円	大須一郎
	R2 年度住民税	名古屋市	400,000 円	大須一郎
葬式費	通夜・葬儀代	○○葬祭	2,500,000 円	大須一郎
合　計			3,400,000 円	

④　相続前 3 年以内の贈与について

被相続人大須太郎は、平成 30 年 5 月 25 日に現金 3,000,000 円を大須小太郎に贈与しました。大須小太郎は平成 30 年分の贈与税 190,000 円を納付しました。

被相続人大須太郎は、令和元年 8 月 25 日に現金 1,500,000 円を大須小太郎に贈与しました。大須小太郎は令和元年分贈与税 40,000 円を納付しました。

相続税の申告書

FD3561

名古屋中 税務署長
2 年 10 月 31 日 提出

相続開始年月日 令和 2 年 1 月 10 日

※申告期限延長日 年 月 日

○フリガナは、必ず記入してください。

項目	各人の合計	財産を取得した人
フリガナ	（被相続人） オオス タロウ	オオス ハナコ
氏名	大須 太郎	大須 花子 ㊞
個人番号又は法人番号		↓個人番号の記載に当たっては、左端を空欄としここから記入してください。
生年月日	昭和12 年 3 月 13 日（年齢 82 歳）	昭和18年 10 月 20 日（年齢 76 歳）
住所（電話番号）	愛知県名古屋市中区	〒 愛知県名古屋市中区 （ － － ）
被相続人との続柄 ／ 職業	無職	妻 ／ 無職
取得原因	該当する取得原因を○で囲みます。	㊞相続・遺贈・相続時精算課税に係る贈与
※整理番号		

			各人の合計	財産を取得した人
課税価格の計算	取得財産の価額（第11表③）	①	144861000 円	74200000 円
	相続時精算課税適用財産の価額（第11の2表1⑦）	②		
	債務及び葬式費用の金額（第13表3⑦）	③	3400000	
	純資産価額（①＋②－③）（赤字のときは0）	④	141461000	74200000
	純資産価額に加算される暦年課税分の贈与財産価額（第14表1④）	⑤	4500000	
	課税価格（④＋⑤）（1,000円未満切捨て）	⑥	145961000 Ⓐ	74200000
各人の算出税額の計算	法定相続人の数 ／ 遺産に係る基礎控除額		3 人 ／ 48000000 円 Ⓑ	左の欄には、第2表の②欄の㋺の人数及び㋩の金額を記入します。
	相続税の総額	⑦	14143000	左の欄には、第2表の⑧欄の金額を記入します。
	一般の場合（⑩の場合を除く） あん分割合（各人の⑥／Ⓐ）	⑧	1.00	0.51
	算出税額（⑦×各人の⑧）	⑨	14143000 円	7212930 円
	農地等納税猶予の適用を受ける場合 算出税額（第3表⑬）	⑩		
	相続税額の2割加算が行われる場合の加算金額（第4表⑦）	⑪	42429 円	円
各人の納付・還付税額の計算 税額控除	暦年課税分の贈与税額控除額（第4表の2㉕）	⑫	230000	
	配偶者の税額軽減額（第5表㋑又は㋥）	⑬	7189665	7189665
	未成年者控除額（第6表1②、③又は⑥）	⑭	600000	
	障害者控除額（第6表2②、③又は⑥）	⑮		
	相次相続控除額（第7表⑬又は⑱）	⑯		
	外国税額控除額（第8表1⑧）	⑰		
	計	⑱	8019665	7189665
	差引税額（⑨＋⑪－⑱）又は（⑩＋⑪－⑱）（赤字のときは0）	⑲	6547625	23265
	相続時精算課税分の贈与税額控除額（第11の2表1⑧）	⑳	00	00
	医療法人持分税額控除額（第8の4表2B）	㉑		
	小計（⑲－⑳－㉑）（黒字のときは100円未満切捨て）	㉒	6547500	23200
	納税猶予税額（第8の8表⑧）	㉓	00	00
	申告納税額（㉒－㉓） 申告期限までに納付すべき税額	㉔	6547500	23200
	還付される税額	㉕	△	△

※税務署整理欄： 申告区分 ／ 年分 ／ グループ番号 ／ 補完番号 ／ 名簿番号 ／ 申告年月日 ／ 関与区分 ／ 書面添付 ／ 検算印 ／ 管理補完 ／ 確認

作成税理士の事務所所在地・署名押印・電話番号 ㊞

☐ 税理士法第30条の書面提出有
☐ 税理士法第33条の2の書面提出有

（資4－20－1－1－A4統一）第1表

第1表（平成31年1月分以降用）

（注）㉒欄の金額が赤字となる場合は、㉒欄の左端に△を付してください。なお、この場合で、㉒欄の金額のうちに贈与税の外国税額控除額（第11の2表1⑨）があるときの㉕欄の金額については、「相続税の申告のしかた」を参照してください。

○この申告書は機械で読み取りますので、黒ボールペンで記入してください。また、申告書と添付資料を一緒にとじないでください。

※の項目は記入する必要がありません。

税務署受付印

※税務署整理欄 通信日付印 年月日 確認者印

相続税の申告書（続）

FD3562

○この申告書は機械で読み取りますので、黒ボールペンで記入してください。

○フリガナは、必ず記入してください。

項目		財産を取得した人	財産を取得した人
※申告期限延長日		年　月　日	年　月　日
フリガナ		オオス イチロウ	オオス コタロウ
氏名		大須　一郎　㊞	大須　小太郎　㊞
個人番号又は法人番号		↓個人番号の記載に当たっては、左端を空欄としここから記入してください。	↓個人番号の記載に当たっては、左端を空欄としここから記入してください。
生年月日		昭和50年　2月　12日（年齢　44歳）	平成17年　4月　17日（年齢　14歳）
住所（電話番号）		〒 愛知県名古屋市中区 （　－　－　）	〒 愛知県名古屋市中区 （　－　－　）
被相続人との続柄／職業		長男／会社員	孫養子／学生
取得原因		(相続)・遺贈・相続時精算課税に係る贈与	(相続)・遺贈・相続時精算課税に係る贈与
※整理番号			
課税価格の計算　取得財産の価額（第11表③）	①	52161000円	18500000円
相続時精算課税適用財産の価額（第11の2表1⑦）	②		
債務及び葬式費用の金額（第13表3⑦）	③	3400000	
純資産価額（①＋②－③）（赤字のときは0）	④	48761000	18500000
純資産価額に加算される暦年課税分の贈与財産価額（第14表1④）	⑤		4500000
課税価格（④＋⑤）（1,000円未満切捨て）	⑥	48761000	23000000
各人の算出税額の計算　法定相続人の数／遺産に係る基礎控除額			
相続税の総額	⑦		
一般の場合（⑩の場合を除く）　あん分割合（各人の⑥／Ⓐ）	⑧	0.34	0.15
算出税額（⑦×各人の⑧）	⑨	4808620円	2121450円
農地等納税猶予の適用を受ける場合　算出税額（第3表⑬）	⑩		
相続税額の2割加算が行われる場合の加算金額（第4表⑦）	⑪	円	424290円
各人の納付・還付税額の計算　税額控除　暦年課税分の贈与税額控除額（第4表の2㉖）	⑫		230000
配偶者の税額軽減額（第5表㋺又は㋬）	⑬		
未成年者控除額（第6表1②、③又は⑥）	⑭		600000
障害者控除額（第6表2②、③又は⑥）	⑮		
相次相続控除額（第7表⑬又は⑱）	⑯		
外国税額控除額（第8表1⑧）	⑰		
計	⑱		830000
差引税額（⑨＋⑪－⑱）又は（⑩＋⑪－⑱）（赤字のときは0）	⑲	4808620	1715740
相続時精算課税分の贈与税額控除額（第11の2表1⑧）	⑳	00	00
医療法人持分税額控除額（第8の4表2B）	㉑		
小計（⑲－⑳－㉑）（黒字のときは100円未満切捨て）	㉒	4808600	1715700
納税猶予税額（第8の8表⑧）	㉓	00	00
申告納税額（㉒－㉓）　申告期限までに納付すべき税額	㉔	4808600	1715700
還付される税額	㉕	△	△

※税務署整理欄	
申告区分／年分／グループ番号／補完番号	補完番号
名簿番号／申告年月日／管理補完／確認／検算印	管理補完／確認

※の項目は記入する必要がありません。

第1表（続）（平成31年1月分以降用）

（注）㉒欄の金額が赤字となる場合は、㉒欄の左端に△を付してください。なお、この場合で、㉒欄の金額のうちに贈与税の外国税額控除額（第11の2表1⑨）があるときの㉕欄の金額については、「相続税の申告のしかた」を参照してください。

（資4－20－2－1－A4統一）第1表（続）

相続税の総額の計算書

被相続人	大須　太郎

第2表（平成27年分以降用）

○この表を修正申告書の第2表として使用するときは、㋑欄には修正申告書第1表の㋺欄の⑥Ⓐの金額を記入し、㋭欄には修正申告書第3表の1の㋺欄の⑥Ⓐの金額を記入します。

この表は、第1表及び第3表の「相続税の総額」の計算のために使用します。
なお、被相続人から相続、遺贈や相続時精算課税に係る贈与によって財産を取得した人のうちに農業相続人がいない場合は、この表の㋭欄及び㋬欄並びに⑨欄から⑪欄までは記入する必要がありません。

① 課税価格の合計額		② 遺産に係る基礎控除額		③ 課税遺産総額	
㋑（第1表⑥Ⓐ）	145,961,000 円	3,000万円＋(600万円×㋺（Ⓐの法定相続人の数）3人)＝	㋩ 4,800 万円	㊁（㋑－㋩）	97,961,000 円
㋭（第3表⑥Ⓐ）	,000	㋺の人数及び㋩の金額を第1表Ⓑへ転記します。		㋬（㋭－㋩）	,000

④ 法定相続人（(注)1参照）氏名	被相続人との続柄	⑤ 左の法定相続人に応じた法定相続分	第1表の「相続税の総額⑦」の計算 ⑥ 法定相続分に応ずる取得金額（㊁×⑤）（1,000円未満切捨て）	⑦ 相続税の総額の基となる税額（下の「速算表」で計算します。）	第3表の「相続税の総額⑦」の計算 ⑨ 法定相続分に応ずる取得金額（㋬×⑤）（1,000円未満切捨て）	⑩ 相続税の総額の基となる税額（下の「速算表」で計算します。）
大須　花子	妻	1/2	48,980,000 円	7,796,000 円	,000 円	円
大須　一郎	長男	1/4	24,490,000	3,173,500	,000	
大須　小太郎	孫養子	1/4	24,490,000	3,173,500	,000	
			,000		,000	
			,000		,000	
			,000		,000	
			,000		,000	
			,000		,000	
			,000		,000	
法定相続人の数	Ⓐ 3人	合計 1	⑧ 相続税の総額（⑦の合計額）（100円未満切捨て）	14,143,000	⑪ 相続税の総額（⑩の合計額）（100円未満切捨て）	00

（注）1　④欄の記入に当たっては、被相続人に養子がある場合や相続の放棄があった場合には、「相続税の申告のしかた」をご覧ください。
2　⑧欄の金額を第1表⑦欄へ転記します。財産を取得した人のうちに農業相続人がいる場合は、⑧欄の金額を第1表⑦欄へ転記するとともに、⑪欄の金額を第3表⑦欄へ転記します。

相続税の速算表

法定相続分に応ずる取得金額	10,000千円以下	30,000千円以下	50,000千円以下	100,000千円以下	200,000千円以下	300,000千円以下	600,000千円以下	600,000千円超
税率	10%	15%	20%	30%	40%	45%	50%	55%
控除額	－	500千円	2,000千円	7,000千円	17,000千円	27,000千円	42,000千円	72,000千円

この速算表の使用方法は、次のとおりです。
⑥欄の金額×税率－控除額＝⑦欄の税額　　⑨欄の金額×税率－控除額＝⑩欄の税額
例えば、⑥欄の金額30,000千円に対する税額（⑦欄）は、30,000千円×15%－500千円＝4,000千円です。

○**連帯納付義務について**
相続税の納税については、各相続人等が相続、遺贈や相続時精算課税に係る贈与により受けた利益の価額を限度として、お互いに連帯して納付しなければならない義務があります。

第2表　　（資4－20－3－A4統一）

相続税額の加算金額の計算書

被相続人	大須　太郎

この表は、相続、遺贈や相続時精算課税に係る贈与によって財産を取得した人のうちに、被相続人の一親等の血族（代襲して相続人となった直系卑属を含みます。）及び配偶者以外の人がいる場合に記入します。

なお、相続や遺贈により取得した財産のうちに、租税特別措置法第70条の２の２（直系尊属から教育資金の一括贈与を受けた場合の贈与税の非課税）第10項第２号に規定する管理残額又は同法第70条の２の３（直系尊属から結婚・子育て資金の一括贈与を受けた場合の贈与税の非課税）第10項第２号に規定する管理残額がある人は、第４表の付表を作成します。

（注）一親等の血族であっても相続税額の加算の対象となる場合があります。詳しくは「相続税の申告のしかた」をご覧ください。

加算の対象となる人の氏名			大須　小太郎			
各人の税額控除前の相続税額（第１表⑨又は第１表⑩の金額）		①	円 2,121,450	円	円	円
相続時精算課税に係る贈与を受けている人で、かつ、相続開始の時までに被相続人との続柄に変更（養子縁組の解消等）があった場合に記入します。	被相続人の一親等の血族であった期間内にその被相続人から相続時精算課税に係る贈与によって取得した財産の価額	②	円	円	円	円
	被相続人から相続、遺贈や相続時精算課税に係る贈与によって取得した財産などで相続税の課税価格に算入された財産の価額（第１表①＋第１表②＋第１表⑤）	③				
	加算の対象とならない相続税額（①×②÷③）	④				
措置法第70条の２の２第10項第２号に規定する管理残額がある場合の加算の対象とならない相続税額（第４表の付表⑦）		⑤	円	円	円	円
措置法第70条の２の３第10項第２号に規定する管理残額がある場合の加算の対象とならない相続税額（第４表の付表⑭）		⑥	円	円	円	円
相続税額の加算金額（①×0.2）ただし、上記④～⑥の金額がある場合には、（(①-④-⑤-⑥)×0.2）となります。		⑦	円 424,290	円	円	円

（注）１　相続時精算課税適用者である孫が相続開始の時までに被相続人の養子となった場合は、「相続時精算課税に係る贈与を受けている人で、かつ、相続開始の時までに被相続人との続柄に変更があった場合」には含まれませんので②欄から④欄までの記入は不要です。

２　各人の⑦欄の金額を第１表のその人の「相続税額の２割加算が行われる場合の加算金額⑪」欄に転記します。

第４表（平成31年１月分以降用）

第４表　（資４－20－５－１－Ａ４統一）

暦年課税分の贈与税額控除額の計算書

被相続人	大須　太郎

第4表の2（平成31年1月分以降用）

この表は、第14表の「1 純資産価額に加算される暦年課税分の贈与財産価額及び特定贈与財産価額の明細」欄に記入した財産のうち相続税の課税価格に加算されるものについて、贈与税が課税されている場合に記入します。

	控除を受ける人の氏名		大須　小太郎		
相続開始の年の前年分（令和1年分）	贈与税の申告書の提出先		名古屋中　税務署	税務署	税務署
	被相続人から暦年課税に係る贈与によって租税特別措置法第70条の2の5第1項の規定の適用を受ける財産（特例贈与財産）を取得した場合				
	相続開始の年の前年中に暦年課税に係る贈与によって取得した特例贈与財産の価額の合計額	①	円	円	円
	①のうち被相続人から暦年課税に係る贈与によって取得した特例贈与財産の価額の合計額（贈与税額の計算の基礎となった価額）	②			
	その年分の暦年課税分の贈与税額（裏面の「2」参照）	③			
	控除を受ける贈与税額（特例贈与財産分）（③×②÷①）	④			
	被相続人から暦年課税に係る贈与によって租税特別措置法第70条の2の5第1項の規定の適用を受けない財産（一般贈与財産）を取得した場合				
	相続開始の年の前年中に暦年課税に係る贈与によって取得した一般贈与財産の価額の合計額（贈与税の配偶者控除後の金額）	⑤	円 1,500,000	円	円
	⑤のうち被相続人から暦年課税に係る贈与によって取得した一般贈与財産の価額の合計額（贈与税額の計算の基礎となった価額）	⑥	1,500,000		
	その年分の暦年課税分の贈与税額（裏面の「3」参照）	⑦	40,000		
	控除を受ける贈与税額（一般贈与財産分）（⑦×⑥÷⑤）	⑧	40,000		
相続開始の年の前々年分（平成30年分）	贈与税の申告書の提出先		名古屋中　税務署	税務署	税務署
	被相続人から暦年課税に係る贈与によって租税特別措置法第70条の2の5第1項の規定の適用を受ける財産（特例贈与財産）を取得した場合				
	相続開始の年の前々年中に暦年課税に係る贈与によって取得した特例贈与財産の価額の合計額	⑨	円	円	円
	⑨のうち被相続人から暦年課税に係る贈与によって取得した特例贈与財産の価額の合計額（贈与税額の計算の基礎となった価額）	⑩			
	その年分の暦年課税分の贈与税額（裏面の「2」参照）	⑪			
	控除を受ける贈与税額（特例贈与財産分）（⑪×⑩÷⑨）	⑫			
	被相続人から暦年課税に係る贈与によって租税特別措置法第70条の2の5第1項の規定の適用を受けない財産（一般贈与財産）を取得した場合				
	相続開始の年の前々年中に暦年課税に係る贈与によって取得した一般贈与財産の価額の合計額（贈与税の配偶者控除後の金額）	⑬	円 3,000,000	円	円
	⑬のうち被相続人から暦年課税に係る贈与によって取得した一般贈与財産の価額の合計額（贈与税額の計算の基礎となった価額）	⑭	3,000,000		
	その年分の暦年課税分の贈与税額（裏面の「3」参照）	⑮	190,000		
	控除を受ける贈与税額（一般贈与財産分）（⑮×⑭÷⑬）	⑯	190,000		
相続開始の年の前々々年分（平成29年分）	贈与税の申告書の提出先		名古屋中　税務署	税務署	税務署
	被相続人から暦年課税に係る贈与によって租税特別措置法第70条の2の5第1項の規定の適用を受ける財産（特例贈与財産）を取得した場合				
	相続開始の年の前々々年中に暦年課税に係る贈与によって取得した特例贈与財産の価額の合計額	⑰	円	円	円
	⑰のうち相続開始の日から遡って3年前の日以後に被相続人から暦年課税に係る贈与によって取得した特例贈与財産の価額の合計額（贈与税額の計算の基礎となった価額）	⑱			
	その年分の暦年課税分の贈与税額（裏面の「2」参照）	⑲			
	控除を受ける贈与税額（特例贈与財産分）（⑲×⑱÷⑰）	⑳			
	被相続人から暦年課税に係る贈与によって租税特別措置法第70条の2の5第1項の規定の適用を受けない財産（一般贈与財産）を取得した場合				
	相続開始の年の前々々年中に暦年課税に係る贈与によって取得した一般贈与財産の価額の合計額（贈与税の配偶者控除後の金額）	㉑	円	円	円
	㉑のうち相続開始の日から遡って3年前の日以後に被相続人から暦年課税に係る贈与によって取得した一般贈与財産の価額の合計額（贈与税額の計算の基礎となった価額）	㉒			
	その年分の暦年課税分の贈与税額（裏面の「3」参照）	㉓			
	控除を受ける贈与税額（一般贈与財産分）（㉓×㉒÷㉑）	㉔			
	暦年課税分の贈与税額控除額計（④＋⑧＋⑫＋⑯＋⑳＋㉔）	㉕	円 230,000	円	円

（注）各人の㉕欄の金額を第1表のその人の「暦年課税分の贈与税額控除額⑫」欄に転記します。

第4表の2　（資4－20－5－3－A4統一）

配偶者の税額軽減額の計算書

被相続人	大須　太郎

第5表（平成21年4月分以降用）

私は、相続税法第19条の2第1項の規定による配偶者の税額軽減の適用を受けます。

1　一般の場合

（この表は、①被相続人から相続、遺贈や相続時精算課税に係る贈与によって財産を取得した人のうちに農業相続人がいない場合又は②配偶者が農業相続人である場合に記入します。）

課税価格の合計額のうち配偶者の法定相続分相当額	（第1表のⒶの金額）〔配偶者の法定相続分〕 145,961,000円 × 1/2 ＝ 72,980,500円 上記の金額が16,000万円に満たない場合には、16,000万円 →	㋑※ 160,000,000円

配偶者の税額軽減額を計算する場合の課税価格	① 分割財産の価額（第11表の配偶者の①の金額）	② 債務及び葬式費用の金額（第1表の配偶者の③の金額）	③ 未分割財産の価額（第11表の配偶者の②の金額）	④（②－③）の金額（③の金額が②の金額より大きいときは0）	⑤ 純資産価額に加算される暦年課税分の贈与財産価額（第1表の配偶者の⑤の金額）	⑥（①－④＋⑤）の金額（⑤の金額より小さいときは⑤の金額）（1,000円未満切捨て）
		分割財産の価額から控除する債務及び葬式費用の金額				
	74,200,000円	円	円	円	円	※ 74,200,000円

⑦ 相続税の総額（第1表の⑦の金額）	⑧ ㋑の金額と⑥の金額のうちいずれか少ない方の金額	⑨ 課税価格の合計額（第1表のⒶの金額）	⑩ 配偶者の税額軽減の基となる金額（⑦×⑧÷⑨）
14,143,000円	74,200,000円	145,961,000円	7,189,665円

配偶者の税額軽減の限度額	（第1表の配偶者の⑨又は⑩の金額）（第1表の配偶者の⑫の金額）（7,212,930円 － 円）	㋺ 7,212,930円
配偶者の税額軽減額	（⑩の金額と㋺の金額のうちいずれか少ない方の金額）	㋩ 7,189,665円

（注）㋩の金額を第1表の配偶者の「配偶者の税額軽減額⑬」欄に転記します。

2　配偶者以外の人が農業相続人である場合

（この表は、被相続人から相続、遺贈や相続時精算課税に係る贈与によって財産を取得した人のうちに農業相続人がいる場合で、かつ、その農業相続人が配偶者以外の場合に記入します。）

課税価格の合計額のうち配偶者の法定相続分相当額	（第3表のⒶの金額）〔配偶者の法定相続分〕 ,000円 × ― ＝ 円 上記の金額が16,000万円に満たない場合には、16,000万円 →	㊁※ 円

配偶者の税額軽減額を計算する場合の課税価格	⑪ 分割財産の価額（第11表の配偶者の①の金額）	⑫ 債務及び葬式費用の金額（第1表の配偶者の③の金額）	⑬ 未分割財産の価額（第11表の配偶者の②の金額）	⑭（⑫－⑬）の金額（⑬の金額が⑫の金額より大きいときは0）	⑮ 純資産価額に加算される暦年課税分の贈与財産価額（第1表の配偶者の⑤の金額）	⑯（⑪－⑭＋⑮）の金額（⑮の金額より小さいときは⑮の金額）（1,000円未満切捨て）
		分割財産の価額から控除する債務及び葬式費用の金額				
	円	円	円	円	円	※ ,000円

⑰ 相続税の総額（第3表の⑦の金額）	⑱ ㊁の金額と⑯の金額のうちいずれか少ない方の金額	⑲ 課税価格の合計額（第3表のⒶの金額）	⑳ 配偶者の税額軽減の基となる金額（⑰×⑱÷⑲）
00円	円	,000円	円

配偶者の税額軽減の限度額	（第1表の配偶者の⑩の金額）（第1表の配偶者の⑫の金額）（ 円 － 円）	㋭ 円
配偶者の税額軽減額	（⑳の金額と㋭の金額のうちいずれか少ない方の金額）	㋬ 円

（注）㋬の金額を第1表の配偶者の「配偶者の税額軽減額⑬」欄に転記します。

※　相続税法第19条の2第5項（（隠蔽又は仮装があった場合の配偶者の相続税額の軽減の不適用））の規定の適用があるときには、「課税価格の合計額のうち配偶者の法定相続分相当額」の（第1表のⒶの金額）、⑥、⑦、⑨、「課税価格の合計額のうち配偶者の法定相続分相当額」の（第3表のⒶの金額）、⑯、⑰及び⑲の各欄は、第5表の付表で計算した金額を転記します。

第5表　（資4－20－6－1－A4統一）

未成年者控除額 障害者控除額 の計算書

被相続人	大須　太郎

第6表（平成27年分以降用）

1　未成年者控除（この表は、相続、遺贈や相続時精算課税に係る贈与によって財産を取得した法定相続人のうちに、満20歳にならない人がいる場合に記入します。）

未成年者の氏名		大須　小太郎				計
年齢（1年未満切捨て）	①	14　歳	歳	歳	歳	
未成年者控除額	②	10万円×(20歳−14歳) ＝ 600,000円	10万円×(20歳−＿歳) ＝ 0,000円	10万円×(20歳−＿歳) ＝ 0,000円	10万円×(20歳−＿歳) ＝ 0,000円	円 600,000
未成年者の第1表の(⑨＋⑪−⑫−⑬)又は(⑩＋⑪−⑫−⑬)の相続税額	③	円 2,315,740	円	円	円	円 2,315,740

(注) 1　過去に未成年者控除の適用を受けた人は、②欄の控除額に制限がありますので、「相続税の申告のしかた」をご覧ください。
2　②欄の金額と③欄の金額のいずれか少ない方の金額を、第1表のその未成年者の「未成年者控除額⑭」欄に転記します。
3　②欄の金額が③欄の金額を超える人は、その超える金額（②−③の金額）を次の④欄に記入します。

控除しきれない金額（②−③）	④	円	円	円	円	計 Ⓐ 円

（扶養義務者の相続税額から控除する未成年者控除額）
Ⓐ欄の金額は、未成年者の扶養義務者の相続税額から控除することができますから、その金額を扶養義務者間で協議の上、適宜配分し、次の⑥欄に記入します。

扶養義務者の氏名						計
扶養義務者の第1表の(⑨＋⑪−⑫−⑬)又は(⑩＋⑪−⑫−⑬)の相続税額	⑤	円	円	円	円	円
未成年者控除額	⑥					

(注)　各人の⑥欄の金額を未成年者控除を受ける扶養義務者の第1表の「未成年者控除額⑭」欄に転記します。

2　障害者控除（この表は、相続、遺贈や相続時精算課税に係る贈与によって財産を取得した法定相続人のうちに、一般障害者又は特別障害者がいる場合に記入します。）

		一般障害者		特別障害者		計
障害者の氏名						
年齢（1年未満切捨て）	①	歳	歳	歳	歳	
障害者控除額	②	10万円×(85歳−＿歳) ＝ 0,000円	10万円×(85歳−＿歳) ＝ 0,000円	20万円×(85歳−＿歳) ＝ 0,000円	20万円×(85歳−＿歳) ＝ 0,000円	円 0,000
障害者の第1表の(⑨＋⑪−⑫−⑬−⑭)又は(⑩＋⑪−⑫−⑬−⑭)の相続税額	③	円	円	円	円	円

(注) 1　過去に障害者控除の適用を受けた人の控除額は、②欄により計算した金額とは異なりますので税務署にお尋ねください。
2　②欄の金額と③欄の金額のいずれか少ない方の金額を、第1表のその障害者の「障害者控除額⑮」欄に転記します。
3　②欄の金額が③欄の金額を超える人は、その超える金額（②−③の金額）を次の④欄に記入します。

控除しきれない金額（②−③）	④	円	円	円	円	計 Ⓐ 円

（扶養義務者の相続税額から控除する障害者控除額）
Ⓐ欄の金額は、障害者の扶養義務者の相続税額から控除することができますから、その金額を扶養義務者間で協議の上、適宜配分し、次の⑥欄に記入します。

扶養義務者の氏名						計
扶養義務者の第1表の(⑨＋⑪−⑫−⑬−⑭)又は(⑩＋⑪−⑫−⑬−⑭)の相続税額	⑤	円	円	円	円	円
障害者控除額	⑥					

(注)　各人の⑥欄の金額を障害者控除を受ける扶養義務者の第1表の「障害者控除額⑮」欄に転記します。

第6表　　（資4−20−7−A4統一）

生命保険金などの明細書

被相続人	大須　太郎

第9表（平成21年4月分以降用）

1　相続や遺贈によって取得したものとみなされる保険金など

この表は、相続人やその他の人が被相続人から相続や遺贈によって取得したものとみなされる生命保険金、損害保険契約の死亡保険金及び特定の生命共済金などを受け取った場合に、その受取金額などを記入します。

保険会社等の所在地	保険会社等の名称	受取年月日	受取金額	受取人の氏名
東京都	○○生命保険㈱	令和 2・3・30	20,000,000円	大須　花子
大阪府	○○生命保険相互会社	令和 2・2・15	10,000,000	大須　一郎

（注）1　相続人（相続の放棄をした人を除きます。以下同じです。）が受け取った保険金などのうち一定の金額は非課税となりますので、その人は、次の2の該当欄に非課税となる金額と課税される金額とを記入します。
2　相続人以外の人が受け取った保険金などについては、非課税となる金額はありませんので、その人は、その受け取った金額そのままを第11表の「財産の明細」の「価額」の欄に転記します。
3　相続時精算課税適用財産は含まれません。

2　課税される金額の計算

この表は、被相続人の死亡によって相続人が生命保険金などを受け取った場合に、記入します。

保険金の非課税限度額	（500万円×［第2表のⒶの法定相続人の数］3人 により計算した金額を右のⒶに記入します。）	Ⓐ 15,000,000円

保険金などを受け取った相続人の氏名	① 受け取った保険金などの金額	② 非課税金額 $\left(Ⓐ \times \frac{各人の①}{Ⓑ}\right)$	③ 課税金額（①－②）
大須　花子	20,000,000円	10,000,000円	10,000,000円
大須　一郎	10,000,000	5,000,000	5,000,000
合計	Ⓑ 30,000,000	15,000,000	15,000,000

（注）1　Ⓑの金額がⒶの金額より少ないときは、各相続人の①欄の金額がそのまま②欄の非課税金額となりますので、③欄の課税金額は0となります。
2　③欄の金額を第11表の「財産の明細」の「価額」欄に転記します。

第9表　（資4－20－10－A4統一）

相続税がかかる財産の明細書
（相続時精算課税適用財産を除きます。）

被相続人	大須　太郎

第11表（平成31年1月分以降用）

○相続時精算課税適用財産の明細については、この表によらず第11の2表に記載します。

この表は、相続や遺贈によって取得した財産及び相続や遺贈によって取得したものとみなされる財産のうち、相続税のかかるものについての明細を記入します。

遺産の分割状況	区分	①全部分割	2 一部分割	3 全部未分割
	分割の日	・　・	・　・	

財産の明細							分割が確定した財産	
種類	細目	利用区分、銘柄等	所在場所等	数量 固定資産税評価額	単価 倍数	価額	取得した人の氏名	取得財産の価額
土地	宅地 (11表付表1)	自用地	名古屋市	350㎡ 円	150,000円	12,900,000円	大須　花子	12,900,000円
土地	宅地	貸家建付地	名古屋市中村区	150.52㎡	170,000	25,588,400	大須　一郎	25,588,400
〔計〕						〔　38,488,400〕		
家屋	家屋	居住用家屋	名古屋市	150.29㎡ 5,500,000	 1	5,500,000	大須　花子	5,500,000
家屋	家屋	貸家	名古屋市中区	180㎡ 12,135,000	 1×0.7	8,494,500	大須　一郎	8,494,500
〔計〕						〔　13,994,500〕		
有価証券	上場株式	○○電力㈱		3,000株	1,500	4,500,000	大須　小太郎	4,500,000
有価証券	上場株式	○○自動車㈱		4,000株	1,000	4,000,000	大須　小太郎	4,000,000
有価証券	上場株式	○○建設㈱		30,000株	500	15,000,000	大須　花子	15,000,000
	(小計)					(　23,500,000)		
有価証券	証券投資信託	MRF	○○証券㈱	10,000口	100	1,000,000	大須　一郎	1,000,000
	(小計)					(　1,000,000)		
〔計〕						〔　24,500,000〕		
現金、預貯金	現金					300,000	大須　一郎	300,000
現金、預貯金	普通預金	00000000	○○銀行　○○支店			10,278,100	大須　一郎	10,278,100

合計表		(各人の合計)					
財産を取得した人の氏名		(各人の合計)					
分割財産の価額	①	円	円	円	円	円	円
未分割財産の価額	②						
各人の取得財産の価額　(①+②)	③						

（注）1 「合計表」の各人の③欄の金額を第1表のその人の「取得財産の価額①」欄に転記します。
2 「財産の明細」の「価額」欄は、財産の細目、種類ごとに小計及び計を付し、最後に合計を付して、それらの金額を第15表の①から㉘までの該当欄に転記します。

第11表　　(資4－20－12－1－A4統一)

相続税がかかる財産の明細書
（相続時精算課税適用財産を除きます。）

被相続人　大須　太郎

第11表（平成31年1月分以降用）

○相続時精算課税適用財産の明細については、この表によらず第11の2表に記載します。

この表は、相続や遺贈によって取得した財産及び相続や遺贈によって取得したものとみなされる財産のうち、相続税のかかるものについての明細を記入します。

遺産の分割状況	区分	1 全部分割	2 一部分割	3 全部未分割
	分割の日	・　・	・　・	

種類	細目	利用区分、銘柄等	所在場所等	数量 固定資産税評価額	単価 倍数	価額	取得した人の氏名	取得財産の価額
現金、預貯金	普通預金	1111111	○○銀行　○○支店	円	円	円 30,500,000	大須　花子	円 30,500,000
現金、預貯金	定期預金	666666	○○銀行　○○支店			10,000,000	大須　小太郎	10,000,000
〔計〕						〔　51,078,100〕		
家庭用財産	一式					300,000	大須　花子	300,000
〔計〕						〔　300,000〕		
その他の財産	生命保険金等	○○生命保険㈱	東京都			10,000,000	大須　花子	10,000,000
その他の財産	生命保険金等	○○生命保険相互会社	大阪府			5,000,000	大須　一郎	5,000,000
	（小計）					（　15,000,000）		
その他の財産	車両	○○自動車				1,500,000	大須　一郎	1,500,000
	（小計）					（　1,500,000）		
〔計〕						〔　16,500,000〕		
〔合計〕						〔　144,861,000〕		

合計表	財産を取得した人の氏名	（各人の合計）	大須　花子	大須　一郎	大須　小太郎		
	分割財産の価額 ①	円 144,861,000	円 74,200,000	円 52,161,000	円 18,500,000	円	円
	未分割財産の価額 ②						
	各人の取得財産の価額（①+②） ③	144,861,000	74,200,000	52,161,000	18,500,000		

（注）1 「合計表」の各人の③欄の金額を第1表のその人の「取得財産の価額①」欄に転記します。
2 「財産の明細」の「価額」欄は、財産の細目、種類ごとに小計及び計を付し、最後に合計を付して、それらの金額を第15表の①から㉘までの該当欄に転記します。

第11表　（資4－20－12－1－A4統一）

小規模宅地等についての課税価格の計算明細書

F D 3 5 4 7

被相続人　大須　太郎

この表は、小規模宅地等の特例（租税特別措置法第69条の4第1項）の適用を受ける場合に記入します。
なお、被相続人から、相続、遺贈又は相続時精算課税に係る贈与により取得した財産のうちに、「特定計画山林の特例」の対象となり得る財産又は「個人の事業用資産についての相続税の納税猶予及び免除」の対象となり得る宅地等がある場合には、第11・11の2表の付表2を、「特定事業用資産の特例」の対象となり得る財産がある場合には、第11・11の2表の付表2の2を作成します（第11・11の2表の付表2又は付表2の2を作成する場合には、この表の「1 特例の適用にあたっての同意」欄の記入を要しません。）。
（注）この表の1又は2の各欄に記入しきれない場合には、第11・11の2表の付表1（続）を使用します。

1 特例の適用にあたっての同意

この欄は、小規模宅地等の特例の対象となり得る宅地等を取得した全ての人が次の内容に同意する場合に、その宅地等を取得した全ての人の氏名を記入します。

私（私たち）は、「2 小規模宅地等の明細」の①欄の取得者が、小規模宅地等の特例の適用を受けるものとして選択した宅地等又はその一部（「2 小規模宅地等の明細」の⑤欄で選択した宅地等）の全てが限度面積要件を満たすものであることを確認の上、その取得者が小規模宅地等の特例の適用を受けることに同意します。

氏名	大須　花子	大須　一郎	

（注）小規模宅地等の特例の対象となり得る宅地等を取得した全ての人の同意がなければ、この特例の適用を受けることはできません。

2 小規模宅地等の明細

この欄は、小規模宅地等の特例の対象となり得る宅地等を取得した人のうち、その特例の適用を受ける人が選択した小規模宅地等の明細等を記載し、相続税の課税価格に算入する価額を計算します。

「小規模宅地等の種類」欄は、選択した小規模宅地等の種類に応じて次の1～4の番号を記入します。
小規模宅地等の種類：1 特定居住用宅地等、2 特定事業用宅地等、3 特定同族会社事業用宅地等、4 貸付事業用宅地等

選択した小規模宅地等	小規模宅地等の種類（1～4の番号を記入します。）	① 特例の適用を受ける取得者の氏名〔事業内容〕 ② 所在地番 ③ 取得者の持分に応ずる宅地等の面積 ④ 取得者の持分に応ずる宅地等の価額	⑤ ③のうち小規模宅地等（「限度面積要件」を満たす宅地等）の面積 ⑥ ④のうち小規模宅地等（④×⑤/③）の価額 ⑦ 課税価格の計算に当たって減額される金額（⑥×⑨） ⑧ 課税価格に算入する価額（④－⑦）
	1	① 大須　花子〔　〕	⑤ 330. ㎡
		② 名古屋市	⑥ 49500000 円
		③ 350. ㎡	⑦ 39600000 円
		④ 52500000 円	⑧ 12900000 円
		①〔　〕	⑤ ㎡
		②	⑥ 円
		③ ㎡	⑦ 円
		④ 円	⑧ 円
		①〔　〕	⑤ ㎡
		②	⑥ 円
		③ ㎡	⑦ 円
		④ 円	⑧ 円

（注）1 ①欄の〔　〕は、選択した小規模宅地等が被相続人等の事業用宅地等（2、3又は4）である場合に、相続開始の直前にその宅地等の上で行われていた被相続人等の事業について、例えば、飲食サービス業、法律事務所、貸家などのように具体的に記入します。
2 小規模宅地等を選択する一の宅地等が共有である場合又は一の宅地等が貸家建付地である場合において、その評価額の計算上「賃貸割合」が1でないときには、第11・11の2表の付表1（別表1）を作成します。
3 ⑧欄の金額を第11表の「財産の明細」の「価額」欄に転記します。

○「限度面積要件」の判定

上記「2 小規模宅地等の明細」の⑤欄で選択した宅地等の全てが限度面積要件を満たすものであることを、この表の各欄を記入することにより判定します。

小規模宅地等の区分	被相続人等の居住用宅地等	被相続人等の事業用宅地等		
小規模宅地等の種類	1 特定居住用宅地等	2 特定事業用宅地等	3 特定同族会社事業用宅地等	4 貸付事業用宅地等
⑨ 減額割合	80/100	80/100	80/100	50/100
⑩ ⑤の小規模宅地等の面積の合計	330 ㎡	㎡	㎡	㎡
⑪限度面積 イ 小規模宅地等のうちに4貸付事業用宅地等がない場合	〔1の⑩の面積〕 330 ≦ 330㎡	〔2の⑩及び3の⑩の面積の合計〕 ㎡ ≦ 400㎡		
⑪限度面積 ロ 小規模宅地等のうちに4貸付事業用宅地等がある場合	〔1の⑩の面積〕 ㎡ × 200/330 ＋	〔2の⑩及び3の⑩の面積の合計〕 ㎡ × 400/400 ＋		〔4の⑩の面積〕 ㎡ ≦ 200㎡

（注）限度面積は、小規模宅地等の種類（「4 貸付事業用宅地等」の選択の有無）に応じて、⑪欄（イ又はロ）により判定を行います。「限度面積要件」を満たす場合に限り、この特例の適用を受けることができます。

※税務署整理欄	年分		名簿番号		申告年月日		一連番号		グループ番号		補完	

○この申告書は機械で読み取りますので、黒ボールペンで記入してください。

※の項目は記入する必要がありません。

第11・11の2表の付表1（平成31年1月分以降用）

第11・11の2表の付表1　（資4－20－12－3－1－A4統一）

債務及び葬式費用の明細書

被相続人	大須　太郎

第13表（平成30年分以降用）

1　債務の明細（この表は、被相続人の債務について、その明細と負担する人の氏名及び金額を記入します。）

種類	細目	債権者 氏名又は名称	債権者 住所又は所在地	発生年月日 弁済期限	金額	負担する人の氏名	負担する金額
債務	未払医療費	○○病院	名古屋市	令和 2・1・20	500,000円	大須　一郎	500,000円
債務	令和2年度住民税	名古屋市			400,000	大須　一郎	400,000
合計					900,000		

（債務の明細／負担することが確定した債務）

2　葬式費用の明細（この表は、被相続人の葬式に要した費用について、その明細と負担する人の氏名及び金額を記入します。）

支払先 氏名又は名称	支払先 住所又は所在地	支払年月日	金額	負担する人の氏名	負担する金額
○○葬祭	名古屋市	令和 2・1・15	2,500,000円	大須　一郎	2,500,000円
合計			2,500,000		

（葬式費用の明細／負担することが確定した葬式費用）

3　債務及び葬式費用の合計額

債務などを承継した人の氏名			（各人の合計）	大須　一郎			
債務	負担することが確定した債務	①	900,000円	900,000円	円	円	円
債務	負担することが確定していない債務	②					
債務	計（①＋②）	③	900,000	900,000			
葬式費用	負担することが確定した葬式費用	④	2,500,000	2,500,000			
葬式費用	負担することが確定していない葬式費用	⑤					
葬式費用	計（④＋⑤）	⑥	2,500,000	2,500,000			
合計（③＋⑥）		⑦	3,400,000	3,400,000			

（注）1　各人の⑦欄の金額を第1表のその人の「債務及び葬式費用の金額③」欄に転記します。
　　　2　③、⑥及び⑦欄の金額を第15表の㉟、㊱及び㊲欄にそれぞれ転記します。

第13表　（資4－20－14－A4統一）

純資産価額に加算される暦年課税分の贈与財産価額及び特定贈与財産価額
出資持分の定めのない法人などに遺贈した財産
特定の公益法人などに寄附した相続財産・
特定公益信託のために支出した相続財産 の明細書

被相続人	大須　太郎

第14表（平成31年4月分以降用）

1　純資産価額に加算される暦年課税分の贈与財産価額及び特定贈与財産価額の明細

この表は、相続、遺贈や相続時精算課税に係る贈与によって財産を取得した人(注)が、その相続開始前3年以内に被相続人から暦年課税に係る贈与によって取得した財産がある場合に記入します。

(注) 被相続人から租税特別措置法第70条の2の2（直系尊属から教育資金の一括贈与を受けた場合の贈与税の非課税）第10項第2号に規定する管理残額及び同法第70条の2の3（直系尊属から結婚・子育て資金の一括贈与を受けた場合の贈与税の非課税）第10項第2号に規定する管理残額以外の財産を取得しなかった人は除きます（相続時精算課税に係る贈与によって財産を取得している人を除きます。）。

番号	贈与を受けた人の氏名	贈与年月日	相続開始前3年以内に暦年課税に係る贈与を受けた財産の明細					② ①の価額のうち特定贈与財産の価額	③ 相続税の課税価格に加算される価額（①−②）
			種類	細目	所在場所等	数量	①価額		
1	大須　小太郎	平成30・5・25	現金				円 3,000,000	円	円 3,000,000
2	大須　小太郎	令和1・8・25	現金				1,500,000		1,500,000
3									
4									

贈与を受けた人ごとの③欄の合計額	氏名	（各人の合計）	大須　小太郎			
	④金額	円 4,500,000	円 4,500,000	円	円	円

上記「②」欄において、相続開始の年に被相続人から贈与によって取得した居住用不動産や金銭の全部又は一部を特定贈与財産としている場合には、次の事項について、「（受贈配偶者）」及び「（受贈財産の番号）」の欄に所定の記入をすることにより確認します。

（受贈配偶者）　（受贈財産の番号）

私［　　　］は、相続開始の年に被相続人から贈与によって取得した上記［　］の特定贈与財産の価額については贈与税の課税価格に算入します。

なお、私は、相続開始の年の前年以前に被相続人からの贈与について相続税法第21条の6第1項の規定の適用を受けていません。

(注) ④欄の金額を第1表のその人の「純資産価額に加算される暦年課税分の贈与財産価額⑤」欄及び第15表の㊴欄にそれぞれ転記します。

2　出資持分の定めのない法人などに遺贈した財産の明細

この表は、被相続人が人格のない社団又は財団や学校法人、社会福祉法人、宗教法人などの出資持分の定めのない法人に遺贈した財産のうち、相続税がかからないものの明細を記入します。

遺贈した財産の明細					出資持分の定めのない法人などの所在地、名称
種類	細目	所在場所等	数量	価額	
				円	
		合計			

3　特定の公益法人などに寄附した相続財産又は特定公益信託のために支出した相続財産の明細

私は、下記に掲げる相続財産を、相続税の申告期限までに、

(1) 国、地方公共団体又は租税特別措置法施行令第40条の3に規定する法人に対して寄附をしましたので、租税特別措置法第70条第1項の規定の適用を受けます。

(2) 租税特別措置法施行令第40条の4第3項の要件に該当する特定公益信託の信託財産とするために支出しましたので、租税特別措置法第70条第3項の規定の適用を受けます。

(3) 特定非営利活動促進法第2条第3項に規定する認定特定非営利活動法人に対して寄附をしましたので、租税特別措置法第70条第10項の規定の適用を受けます。

寄附（支出）年月日	寄附（支出）した財産の明細					公益法人等の所在地・名称（公益信託の受託者及び名称）	寄附(支出)をした相続人等の氏名
	種類	細目	所在場所等	数量	価額		
					円		
			合計				

(注) この特例の適用を受ける場合には、期限内申告書に一定の受領書、証明書類等の添付が必要です。

第14表　（資4−20−15−A4統一）

相続財産の種類別価額表（この表は、第11表から第14表までの記載に基づいて記入します。）

FD3537

第15表（平成30年分以降用）

（単位は円）

種類	細目	番号	各人の合計（被相続人 大須 太郎）	（氏名）大須 花子
	※整理番号		被相続人	
土地（土地の上に存する権利を含みます。）	田	①		
	畑	②		
	宅地	③	38488400	12900000
	山林	④		
	その他の土地	⑤		
	計	⑥	38488400	12900000
	⑥のうち特例農地等 通常価額	⑦		
	⑥のうち特例農地等 農業投資価格による価額	⑧		
家屋、構築物		⑨	13994500	5500000
事業（農業）用財産	機械、器具、農耕具、その他の減価償却資産	⑩		
	商品、製品、半製品、原材料、農産物等	⑪		
	売掛金	⑫		
	その他の財産	⑬		
	計	⑭		
有価証券	特定同族会社の株式及び出資 配当還元方式によったもの	⑮		
	特定同族会社の株式及び出資 その他の方式によったもの	⑯		
	⑮及び⑯以外の株式及び出資	⑰	23500000	15000000
	公債及び社債	⑱		
	証券投資信託、貸付信託の受益証券	⑲	1000000	
	計	⑳	24500000	15000000
現金、預貯金等		㉑	51078100	30500000
家庭用財産		㉒	300000	300000
その他の財産	生命保険金等	㉓	15000000	10000000
	退職手当金等	㉔		
	立木	㉕		
	その他	㉖	1500000	
	計	㉗	16500000	10000000
合計（⑥+⑨+⑭+⑳+㉑+㉒+㉗）		㉘	144861000	74200000
相続時精算課税適用財産の価額		㉙		
不動産等の価額（⑥+⑨+⑩+⑮+⑯+㉕）		㉚	52482900	18400000
⑯のうち株式等納税猶予対象の株式等の価額の80％の額		㉛		
⑰のうち株式等納税猶予対象の株式等の価額の80％の額		㉜		
⑯のうち特例株式等納税猶予対象の株式等の価額		㉝		
⑰のうち特例株式等納税猶予対象の株式等の価額		㉞		
債務等	債務	㉟	900000	
	葬式費用	㊱	2500000	
	合計（㉟+㊱）	㊲	3400000	
差引純資産価額（㉘+㉙−㊲）（赤字のときは0）		㊳	141461000	74200000
純資産価額に加算される暦年課税分の贈与財産価額		㊴	4500000	
課税価格（㊳+㊴）（1,000円未満切捨て）		㊵	145961000	74200000

※税務署整理欄　申告区分　年分　名簿番号　申告年月日　グループ番号

○この申告書は機械で読み取りますので、黒ボールペンで記入してください。

※の項目は記入する必要がありません。

第15表

（資4−20−16−1−A4統一）

相続財産の種類別価額表(続)(この表は、第11表から第14表までの記載に基づいて記入します。)

FD3538

(単位は円)

被相続人　大須　太郎

種類	細目	番号	(氏名) 大須　一郎	(氏名) 大須　小太郎
※整理番号				
土地(土地の上に存する権利を含みます。)	田	①		
	畑	②		
	宅地	③	25588400	
	山林	④		
	その他の土地	⑤		
	計	⑥	25588400	
	⑥のうち特例農地等　通常価額	⑦		
	⑥のうち特例農地等　農業投資価格による価額	⑧		
家屋、構築物		⑨	8494500	
事業(農業)用財産	機械、器具、農耕具、その他の減価償却資産	⑩		
	商品、製品、半製品、原材料、農産物等	⑪		
	売掛金	⑫		
	その他の財産	⑬		
	計	⑭		
有価証券	特定同族会社の株式及び出資　配当還元方式によったもの	⑮		
	特定同族会社の株式及び出資　その他の方式によったもの	⑯		
	⑮及び⑯以外の株式及び出資	⑰		8500000
	公債及び社債	⑱		
	証券投資信託、貸付信託の受益証券	⑲	1000000	
	計	⑳	1000000	8500000
現金、預貯金等		㉑	10578100	10000000
家庭用財産		㉒		
その他の財産	生命保険金等	㉓	5000000	
	退職手当金等	㉔		
	立木	㉕		
	その他	㉖	1500000	
	計	㉗	6500000	
合計(⑥+⑨+⑭+⑳+㉑+㉒+㉗)		㉘	52161000	18500000
相続時精算課税適用財産の価額		㉙		
不動産等の価額(⑥+⑨+⑩+⑮+⑯+㉕)		㉚	34082900	
⑯のうち株式等納税猶予対象の株式等の価額の80%の額		㉛		
⑰のうち株式等納税猶予対象の株式等の価額の80%の額		㉜		
⑯のうち特例株式等納税猶予対象の株式等の価額		㉝		
⑰のうち特例株式等納税猶予対象の株式等の価額		㉞		
債務等	債務	㉟	900000	
	葬式費用	㊱	2500000	
	合計(㉟+㊱)	㊲	3400000	
差引純資産価額(㉘+㉙−㊲)(赤字のときは0)		㊳	48761000	18500000
純資産価額に加算される暦年課税分の贈与財産価額		㊴		4500000
課税価格(㊳+㊴)(1,000円未満切捨て)		㊵	48761000	23000000

※税務署整理欄	申告区分		年分		名簿番号		申告年月日		グループ番号	

第15表(続)　(資4−20−16−2−A4統一)

第15表(続)(平成30年分以降用)

○この申告書は機械で読み取りますので、黒ボールペンで記入してください。

※の項目は記入する必要がありません。

（2）贈与税の申告書の作成事例

次の事例を用いて、贈与税の申告書を作成しています。

≪事例≫配偶者控除がある場合の暦年課税贈与

①　贈与の日

令和元年10月31日贈与により取得した財産価額の合計額

②　当事者

イ、贈与者

氏名　大須太郎（昭和22年2月22日生）

住所　名古屋市中区大須2丁目2番20号

ロ、受贈者

氏名　大須花子（昭和25年5月10日生、大須太郎の妻）

住所　名古屋市中区大須2丁目2番20号

ハ、その他

大須太郎と大須花子は40年前に婚姻しています。

なお、以前に居住用不動産の贈与に関し、配偶者控除の適用を受けていません。

③　贈与した財産

イ、家屋

（イ）用途等　　居住用の家屋（固定資産税評価額9,000,000円）

（ロ）所在　　　名古屋市中区大須2丁目2番20号

ロ、土地

（イ）用途等　　上記イの家屋の敷地（相続税評価額17,000,000円）

（ロ）所在　　　名古屋市中区大須2丁目2番20号

≪参考≫

上記の事例の場合、居住用不動産の贈与に関し、2,000万円の配偶者控除が受けることができ、さらに基礎控除110万円の適用ができます。

このため、贈与取得資産合計金額2,600万円から配偶者控除2,000万円及び基礎控除110万円を控除した課税価格490万円に対し、贈与税率が適用されます。

名古屋中 税務署長
2年 3月10日提出

令和 01 年分贈与税の申告書(兼贈与税の額の計算明細書)

F D 4 7 2 8

提出用

項目	内容
住所	〒 − (電話 − −) 名古屋市中区大須2丁目2番20号
フリガナ	オオスハナコ
氏名	大須花子 ㊞
個人番号又は法人番号	↓個人番号の記載に当たっては、左端を空欄とし、ここから記入してください。
生年月日	3 25.05.10 (明治1 大正2 昭和3 平成4 令和5)
職業	主婦

税務署整理欄(記入しないでください。)
整理番号 / 名簿 / 補完 / 事案 / 申告書提出年月日 / 財産細目コード / 短期 / 確認 / 災害等延長年月日 / 処理 / 関与区分 / 出国年月日 / 訂正 / 修正 / 死亡年月日 / 作成区分 / 枚数

第一表(令和元年分以降用)

I 暦年課税分

i 特例贈与財産分

私は、租税特別措置法第70条の2の5第1項又は第3項の規定による直系尊属から贈与を受けた場合の贈与税の税率(特例税率)の特例の適用を受けます。

贈与者の住所・氏名(フリガナ)・申告者との続柄・生年月日	取得した財産の明細(種類・細目・利用区分・銘柄等・所在場所等)	数量/固定資産税評価額	単価/倍数	財産を取得した年月日/財産の価額/過去の贈与税の申告状況
住所 / フリガナ / 氏名 / 続柄(直系尊属 父1 母2 祖父3 祖母4 上記以外5) / 生年月日			円 / 倍	平成・令和 年 月 日 / 過去に、特例税率の適用を受けるために左記の贈与者との続柄を明らかにする書類を提出している場合には、その提出した年分及び税務署名を記入します。 平成 年分 署
住所 / フリガナ / 氏名 / 続柄 / 生年月日			円 / 倍	平成・令和 年 月 日 / 平成 年分 署

特例贈与財産の価額の合計額(課税価格) ①

ii 一般贈与財産分

贈与者	種類	細目	利用区分・銘柄等	数量	単価	取得年月日	財産の価額
住所 名古屋市中区大須2丁目2番20号 / フリガナ オオス タロウ / 氏名 大須 太郎 / 続柄 6 / 生年月日 3 22.02.22	土地	宅地	居住用	100㎡	170,000円	令和01年10月31日	17000000
所在場所等	名古屋市中区大須2丁目2−20						
住所 名古屋市中区大須2丁目2番20号 / フリガナ オオス タロウ / 氏名 大須 太郎 / 続柄 6 / 生年月日 3 22.02.22	家屋	家屋	居住用家屋	80㎡		令和01年10月31日	9000000
所在場所等	名古屋市中区大須2丁目2−20			固定資産税評価額 9,000,000円	倍数 1		

(続柄:直系尊属 父1 母2 祖父3 祖母4 上記以外5 / 直系尊属以外 夫6 妻7 上記以外8 ※5又は8の場合に記入します。)

一般贈与財産の価額の合計額(課税価格) ② 26000000

配偶者控除額(右の事実に該当する場合には、「□」にレ印を記入します。… ☑ 私は、今回の贈与者からの贈与について、初めて贈与税の配偶者控除の適用を受けます。)(贈与を受けた居住用不動産の価額及び贈与を受けた金銭のうち居住用不動産の取得に充てた部分の金額の合計額) 26,000,000円 (最高2,000万円) ③ 20000000

【合計欄】 暦年課税分(③の控除後の課税価格) (単位:円)

I	暦年課税分の課税価格の合計額(①+(②−③))	④	6000000
I	基礎控除額	⑤	1100000
I	⑤の控除後の課税価格(④−⑤)	⑥	4900000
I	⑥に対する税額「贈与税の速算表」を使用して計算します。	⑦	820000
I	外国税額の控除額	⑧	
I	医療法人持分税額控除額	⑨	
I	差引税額(⑦−⑧−⑨)	⑩	820000
II	相続時精算課税分の課税価格の合計額(特定贈与者ごとの第二表の㉓の金額の合計額)	⑪	
II	相続時精算課税分の差引税額の合計額(特定贈与者ごとの第二表の㉛の金額の合計額)	⑫	

III 合計	課税価格の合計額(①+②+⑪)	⑬	26000000
III 合計	差引税額の合計額(納付すべき税額)(⑩+⑫)	⑭	820000
III 合計	農地等納税猶予税額	⑮	00
III 合計	株式等納税猶予税額	⑯	00
III 合計	特例株式等納税猶予税額	⑰	00
III 合計	医療法人持分納税猶予税額	⑱	00
III 合計	事業用資産納税猶予税額	⑲	00
III 合計	申告期限までに納付すべき税額(⑭−⑮−⑯−⑰−⑱−⑲)	⑳	820000
この申告書が修正申告書である場合	差引税額の合計額(納付すべき税額)の増加額	㉑	00
この申告書が修正申告書である場合	申告期限までに納付すべき税額の増加額	㉒	00

⑦欄の税額の計算方法等については、申告書第一表(控用)の裏面をご確認ください。

(住宅取得等資金の非課税の申告は申告書第一表の二又は第一表の三と、相続時精算課税の申告は申告書第二表と、一緒に提出してください。)

作成税理士の事務所所在地・署名押印・電話番号 ㊞

□ 税理士法第30条の書面提出有
□ 税理士法第33条の2の書面提出有

通信日付印 確認者 ㊞

(資5−10−1−1−A4統一)

著者略歴

辻中　修（つじなか　おさむ）

1953 年長崎県に生まれる。
1976 年3 月九州大学経済学部卒業。
1976 年から1986 年まで国税庁、国税局等に勤務後、1987 年税理士登録。
1988 年太田昭和監査法人に非常勤勤務し、企業の上場等の業務に従事。
1997 年太田昭和監査法人を退所し、公認会計士辻中事務所を開業。
1998 年コーポレートサポート㈱設立
2012 年SINGAPORE MIRAI PTE. LTD.設立
2012 年未来サポート㈱設立
2015 年税理士法人みらい設立、現在に至る。

【主な業務】
税務（国内税務、国際税務）、監査業務、マネジメントサービス（経営管理全般）、
企業の海外進出支援、多くの企業の役員及び顧問、経営塾「未来ネット」主催等

【著書】
「中国進出と国際化への対応」
「企業実務のための新会社法」
「よくわかる！ 相続への対応」

【税理士法人みらい】
【公認会計士辻中事務所】
〒460-0011
名古屋市中区大須2丁目2番20号
電話　法人:052-201-5388(代)　事務所:052-201-3488(代)
FAX　法人:052-201-1510(代)　事務所:052-201-1510(代)
Web　http://www.tsujinaka-jp.com/
E-mail　info@tsujinaka-jp.com

よくわかる！　相続への対応　三訂版

2013年11月 2日　初版発行
2016年12月 9日　改訂増補版発行
2020年12月10日　三訂版発行

著　者　辻中　修

発行所　株式会社　三恵社
〒462-0056 愛知県名古屋市北区中丸町2-24-1
TEL 052(915)5211
FAX 052(915)5019
URL http://www.sankeisha.com

乱丁・落丁の場合はお取替えいたします。

ISBN978-4-86693-338-2 C0032